Informática Activa 2

Castellanos • Ferreyra

Alfaomega

Pitágoras 1139, Col. Del Valle, 03100 México, D. F.

Miembro de la Cámara Nacional de la Industria Editorial Mexicana
Registro No. 2317

Internet: **http://www.alfaomega.com.mx**
Email: **escolar@alfaomega.com.mx**

ISBN 970-15-0972-2
ISBN 970-15-0975-7 Colección completa

Primera edición: México, mayo 2004
Primera reimpresión: México, octubre 2004
Segunda reimpresión: México, junio 2005

Colaboraron en la edición de esta obra:

Osvaldo Ortiz Rocha
Aurea Rojano
Edición

Martha Elena Figueroa Gutiérrez
Revisión tipográfica

María Paz Zúñiga Álvarez
Diseño y diagramación

Javier Perdomo Muñoz
Ilustraciones

Guillermo González Dorantes
Producción

Impresiones Digitales Fraduark
Pre-prensa digital

Impreso en México - Printed in Mexico

Contenido

Introducción

La Informática se ha convertido en una herramienta indispensable en todas las actividades de la vida cotidiana de cualquier hombre o mujer en la actualidad. Internet es un excelente medio para la recopilación y procesamiento del gran cúmulo de datos que se requieren para no quedar fuera de la nueva era de la información, la comunicación y el conocimiento.

Los países en desarrollo se encuentran inmersos en programas de modernización tecnológica donde la investigación, el desarrollo y la aplicación de la tecnología informática en los procesos educativos adquieren dimensiones de prioridad nacional, ya que se afrontan problemas como el desempleo, porque las necesidades de personal calificado son cada vez mayores.

La serie **Informática activa**, es la respuesta de Alfaomega, ante los requerimientos de materiales educativos de los profesores y estudiantes de educación secundaria. Es mucho más que sólo libros de texto; es, en su conjunto, un sistema educativo completo para introducirse a la tecnología informática.

Está compuesto de tres libros redactados de manera didáctica y gradual, tomando en cuenta el nivel de desarrollo de los alumnos para ir construyendo el conocimiento con información nueva, estableciendo relaciones con sus ideas y experiencias previas, para lograr un aprendizaje significativo. Se complementa con láminas y posters que ayudan a la profesora o profesor, a concentrar la atención de sus alumnos en el aula de computación.

Los profesores que adoptan la serie como texto, cuentan con una Guía para el maestro y un CD-ROM que incluye: presentaciones en PowerPoint y Flash que profundizan en los temas e incrementan los conocimientos; las respuestas a todos los problemas, ejercicios y actividades que se tratan en los libros; prácticas guiadas que permiten repasar los temas y ejercitar los procedimientos explicados; programas, y manuales de enriquecimiento en Informática.

Los libros contemplan tres áreas básicas de conocimiento: técnico, usuario y programador. Sin embargo, se ha dado más importancia al uso de los programas, porque la mayoría de los alumnos estarán capacitados para continuar con un proyecto educativo, o podrán ingresar al campo laboral, con una mayor preparación tecnológica.

La serie **Informática activa** presenta el trabajo de dos autores de reconocida calidad, tanto técnica como didáctica, avalada por la experiencia del trabajo con las computadoras desde hace muchos años, además de la preparación académica y profesional en el ámbito de la computación, uno como experimentado profesor de esta y otras materias, y el otro, como escritor de libros de computación y editor especializado en obras relativas al tema.

La Unidad 1 de este segundo libro continúa con el tema de la red mundial de información Internet, ya que actualmente representa un gran acervo de información y cultura. El procesamiento de textos y de imágenes, siguen siendo de gran importancia, por lo que se introducen temas avanzados de formatos especiales con Microsoft Publisher y retoque de imágenes con Corel Photo-Paint 12. Se ofrece una unidad sobre los fundamentos y aplicaciones básicas de Excel, y se continúa con la preparación personal del individuo, apoyándose en las técnicas de la programación estructurada.

Para facilitar el uso del libro en el aula de informática se dispone de las siguientes ayudas: después de cada tema explicado se incluyen actividades para realizar con la computadora; está profusamente ilustrado para aclarar las explicaciones; contiene las definiciones de las palabras nuevas en el mismo lugar donde éstas aparecen; las referencias a los comandos y menús conservan la letra subrayada para usarlos con el teclado; al final de cada unidad se incluye la sección **Reafirmación del aprendizaje** con 10 preguntas que sirven para evaluar el tema, y todas las actividades están relacionadas con las demás materias.

Los editores

Unidad 1 Servicios de Internet

Una **red de computadoras** consta de dos o más computadoras conectadas entre sí, mediante diversos elementos, con la finalidad de compartir datos, recursos y servicios. **Internet** es una red mundial conocida como la "supercarretera de la información", compuesta por millones de computadoras y redes que comparten texto, imágenes, audio y video, mediante una serie de servicios, protocolos y programas.

Hay quienes creen que la red Internet tiene escasos cinco o seis años, dada su reciente popularidad; sin embargo, es una veterana de más de 35 años de existencia, que vio la luz, creció y se desarrolló a la sombra de los avances tecnológicos de las fuerzas armadas de los países industrializados y de instituciones de investigación y educativas, tanto gubernamentales como particulares, sobre todo en Estados Unidos.

Figura 1.1 Millones de computadoras, distribuidas en todo el mundo, comparten información y recursos.

1.1 Historia de Internet y de la World Wide Web

El término de la Segunda Guerra Mundial dio paso a un largo período denominado *Guerra Fría*, en el cual los países se fueron dividiendo y aliando en dos bloques políticos en constante pugna por militarizarse y conquistar espacios, dentro y fuera del planeta. Por una parte, Estados Unidos y sus aliados en América y Europa y, por la otra, la Unión de Repúblicas Socialistas Soviéticas (URSS) y sus aliados en varios continentes.

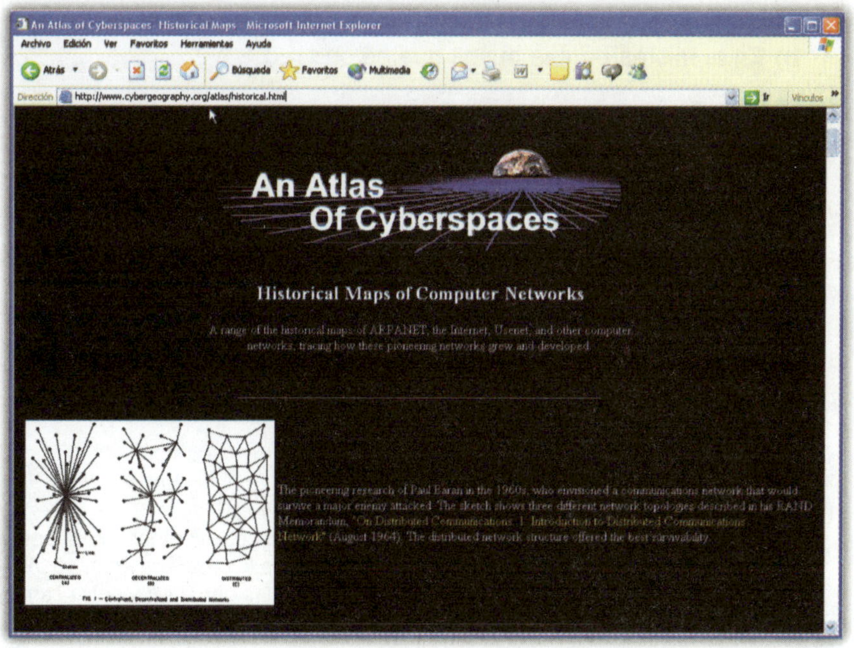

Figura 1.2 En la página Web **http://www.cybergeography.org/atlas/historical.html** se pueden consultar mapas históricos de DARPANet o ARPANet, como se conoció inicialmente a Internet.

En 1958 ocurrieron dos importantes acontecimientos en esa rivalidad: La URSS lanzó al espacio exterior su primer satélite artificial, llamado Sputnik, y el Departamento de Defensa de Estados Unidos creó la ARPA –luego llamada DARPA, por ***D**efense **A**dvanced **R**esearch **P**rojects **A**gency*–, con la idea de hacer de ese país un líder en tecnología militar y de comunicaciones.

La idea era construir un sistema global de comunicaciones que pudiera subsistir a pesar de un ataque nuclear. Se pretendía que, aunque una parte de la red fuera dañada, la comunicación entre los aliados de E.U.A. siempre estaría asegurada. Para ello se ideó una malla de computadoras conectadas en red.

DARPAnet, como se conoció inicialmente a este sistema, fue desarrollado en distintas universidades estadounidenses, y utiliza una metodología de paquetes de datos controlados por un conjunto de ***protocolos***, llamado ***TCP/IP***, que garantiza la entrega de la información en su destino, no importando la vía utilizada.

NOTA

La primera red creada por la ARPA fue instalada con cuatro **nodos** iniciales: el primero en la Universidad de California en Los Ángeles, operando bajo el protocolo **N***etwork* **C***ontrol* **P***rotocol*, **NCP**, entre septiembre y diciembre de 1969. Para abril de 1971 ya se hallaban conectadas 23 computadoras (denominadas anfitriones o *hosts*) en un total de 15 nodos, ubicados en diferentes universidades y centros de investigación estadounidenses.

Actividad 1.1

1. Utiliza la conexión a Internet de la escuela, o de un café Internet, investiga lo que se pide y contesta.

a) Ve a la dirección **http://www.learnthenet.com/spanish/glossary/glossary.htm** e investiga el significado de la palabra ARPANET. Escribe un resumen en las siguientes líneas:

Tip Para ir a una página Web, mediante un programa navegador, se debe escribir la dirección completa en la **Barra de direcciones**. Hazlo con mucho cuidado y sin errores, pues si no está bien escrita, el navegador nunca la encontrará en Internet.

b) En la misma página busca qué es una red.

c) ¿Por qué crees que en algunos países le llaman ordenadores a las computadoras?

Protocolos: Conjuntos de reglas, normas o procedimientos que permiten que se lleve a cabo, de manera correcta, la comunicación entre dos o más computadoras conectadas entre sí.

TCP/IP: **T**ransmission **C**ontrol **P**rotocol/**I**nternet **P**rotocol. Protocolo que permite la transmisión de datos entre computadoras conectadas entre sí, en donde la primera parte (TCP) divide la información en pequeños paquetes y la última (IP) se encarga de "dirigir" los paquetes de datos hasta su destino, utilizando vías alternas por si encuentra caminos bloqueados.

Nodos: Puntos de conexión de una red, generalmente representados por una terminal o computadora.

Actividad 1.2

1. En la dirección de Internet **http://www.isc.org/ds/host-count-history.html** se muestra una tabla del crecimiento de Internet, con la fecha y el número de computadoras conectadas (llamadas *Hosts*). Averigua el número de computadoras conectadas en las fechas que se indican y anótalo enseguida.

Fecha	Hosts en Internet	Fecha	Hosts en Internet
08/81	______	10/93	______
08/83	______	07/96	______
11/86	______	07/99	______
07/92	______	01/03	______

Más adelante verás por qué los años 1990 y 1994 marcaron un crecimiento incontrolable de la red Internet.

NOTA

Las páginas Web son muy dinámicas, razón por la cual cambian constantemente; por esta razón, cuando vayas a realizar las actividades en las que se pide ir a una determinada página e investigar un tema concreto, si notas que la página ha cambiado y no contiene los elementos que se piden, ve a otra página o pulsa en otro vínculo y realiza la actividad de manera parecida.

Historia de la World Wide Web

La ***World Wide Web*** (o ***W3***) es algo así como una gran telaraña mundial de comunicaciones. La Web (como se abrevia) es un sistema distribuidor de información basado en ***hipertexto*** e ***hipermedia***. Fue desarrollado en 1990 por un grupo de investigadores, bajo la dirección de **Tim Berners-Lee**, en el Laboratorio Europeo de Física en Partículas (CERN), ubicado en Suiza. Ellos definieron los conceptos **HTTP**, **HTML** y **URL**, que son la trilogía básica para construir, localizar y tener acceso a las ***páginas Web*** en cualquier nodo o red conectados a Internet.

Antes de la Web, los investigadores de las universidades utilizaban algunas aplicaciones de Internet, como el **Correo electrónico** o **Telnet**, para tener acceso a computadoras remotas, y directorios **Gopher**, **Archie**, **Veronica** o **Finger**, para ordenar y administrar la información en los nodos o computadoras

Hipertexto: Marcas de texto que permiten, mediante una simple pulsación del ratón sobre ellas, pasar de una página a otra de un mismo documento, de un documento a otro en la misma computadora, o de un documento en una computadora a otro ubicado en una terminal remota.

Hipermedia: Se trata del mismo principio del hipertexto, sólo que las ligas o vínculos asociados abren un archivo de sonido, activan un video o muestran un gráfico. Véase **Hipertexto**.

Páginas Web: Documentos publicados en una computadora conectada a Internet, escritos en lenguaje HTML, que pueden ser leídos mediante un programa navegador por cualquier otra computadora también conectada.

de las redes (todo esto a través de la clásica pantalla negra de una terminal UNIX, o de una PC emulando una terminal UNIX con un programa de comunicaciones en modo texto, mediante el protocolo TCP/IP).

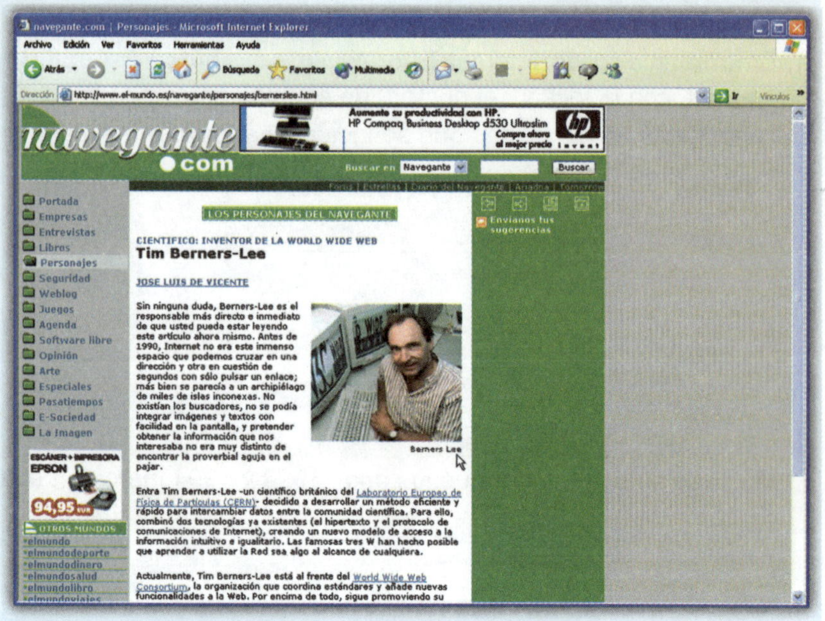

Figura 1.3 **Tim Berners-Lee**, creador del concepto de la World Wide Web.

> **NOTA**
>
> Las direcciones Web que contienen las siglas que se especifican tienen el siguiente significado: **HTTP** (HyperText Transport Protocol o Protocolo de Transporte de HiperTexto): herramienta diseñada para facilitar la transmisión de documentos compuestos por texto, gráficos y sonidos; **HTML** (HyperText Markup Language): lenguaje estándar para el diseño y creación de páginas en la Web; y **URL** (Uniform Resource Locator o Localizador Uniforme de Recursos): nombre del localizador de recursos en Internet.

A principios de 1993, en el *Centro Nacional de Aplicaciones de Supercómputo (**N**ational **C**enter for **S**upercomputing **A**pplications, **NCSA**)*, de la Universidad de Illinois, **Marc Andreessen** junto con el grupo de desarrollo de esa institución, trabajaron en un proyecto cuyo propósito central era poder leer las páginas de la Web en forma gráfica (utilizando las capacidades de hipertexto e hipermedia) y que hasta entonces sólo se transmitían en modo texto, en formato HTML.

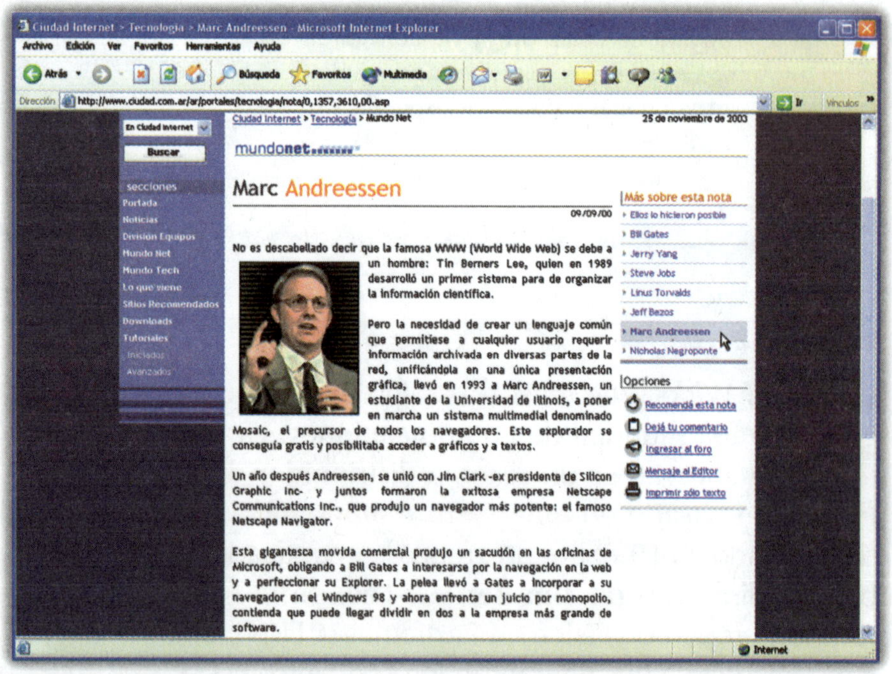

Figura 1.4 En la Universidad de Illinois, **Marc Andreessen** diseñó el primer navegador gráfico.

Producto de esas investigaciones fue el ***navegador*** de la Web más conocido en ese entonces: **Mosaic**; antecedente de los nuevos *hojeadores o navegadores (Browsers)* como Netscape, Internet Explorer, Opera, Mozilla y muchos otros. En marzo de ese mismo año, el propio **Marc Andreessen** y varios colegas formaron la compañía Mosaic Communications Corp., que poco después se convertiría en la multimillonaria Netscape Corporation.

> ***Navegador***: Programa que se utiliza para ver archivos HTML, generalmente ubicados en sitios remotos y conectados por Internet.

Actividad 1.3

Lee el texto de la reseña "Historia de Internet" que se encuentra en la página Web con dirección **http://www.interware.com.mx/tecnologia/tecnologia/iwetecnologia_historia_internet04.html** y contesta lo siguiente:

1. ¿Cuáles fueron las primeras cuatro universidades que se conectaron en red en 1969?

____

____

____

____

2. ¿Quiénes escribieron en 1974 el documento *"A protocol for Packet Network Internetworking"*, que es el antecedente directo del protocolo TCP/IP?

____

____

1.2 Conexiones a Internet

Existen muchas maneras de conectarse a Internet, pero la más frecuente entre los usuarios particulares sigue siendo la conexión telefónica *(Dial-Up)* por módem, mediante un proveedor de servicios, utilizando protocolos *SLIP* o *PPP*. Las ventajas de esta alternativa son muy claras:

1. Los equipos y conexiones no son tan costosos como los de una red ligada físicamente al sistema.
2. Existe una amplia gama de programas gratuitos que permiten navegar fácilmente a través de la red.
3. El viaje se realiza en modo gráfico y a buena velocidad.
4. Se pueden transferir archivos de todo tipo hasta tu computadora.

Figura 1.5 Al conectarse a Internet la computadora hace una emulación de un host Internet, ya que el proveedor del servicio le asigna su propia dirección IP mientras dura el enlace.

NOTA

Este tipo de enlace se realiza entre conexiones TCP/IP y mediante líneas telefónicas comunes, utilizando los protocolos **SLIP** (*Serial-Line Internet Protocol* o Protocolo Internet para Líneas en Serie) o **PPP** (*Point-to-Point Protocol* o Protocolo Punto a Punto). El protocolo PPP es el más utilizado por su velocidad y sus características, como la función de corrección de errores en la transmisión.

En la actualidad, el rápido avance de la tecnología permite conexiones cada vez más rápidas y menos costosas, como la de tu escuela, que puede ser una conexión permanente a Internet a través de ***fibras ópticas***, o inalámbricas como las de televisión por cable, teléfonos celulares y *PDAs (Personal Digital Assistants)* o palm tops.

Acceso telefónico a redes

La configuración de las conexiones por módem mediante un proveedor de servicios de Internet es cada vez más sencilla. Basta con conectar el módem a una línea telefónica y ejecutar la rutina del **Asistente para la conexión a Internet**, que generalmente entrega el proveedor en un disco compacto.

Si la computadora se encuentra preparada para ser conectada a Internet deberás contar con un elemento importante para ello: el **Acceso telefónico a redes**. Para verificar qué conexiones existen en tu computadora, debes hacer lo siguiente:

1. Pulsa en el botón **Inicio** de la barra de tareas de Windows.
2. Selecciona la opción **Conectar a** y ejecuta el comando **Mostrar todas las conexiones**.
3. En el cuadro de diálogo **Conexiones de red** aparecen las conexiones disponibles. En este caso, las de arriba son de **Acceso telefónico** y la de abajo es una conexión a una red local.
4. Si no se ve ninguna, se puede iniciar una conexión telefónica pulsando en el hipervínculo **Crear una conexión nueva**. Para ello debes contar con los datos de acceso, que te proporciona el proveedor del servicio, un nombre corto de usuario y una clave o contraseña.

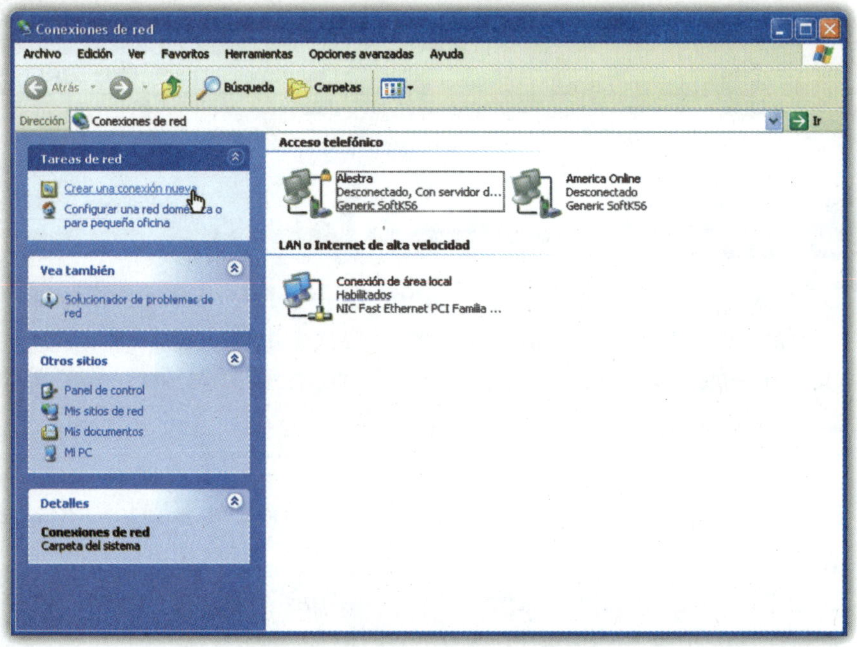

Figura 1.6 Las conexiones disponibles en la computadora se muestran en la ventana **Conexiones de red**.

La mayoría de las veces no necesitarás configurar nada manualmente, puesto que las computadoras de tu escuela ya han sido conectadas y configuradas por tu profesor, o por la persona encargada de la sala de computación. Las de las empresas casi siempre están a cargo del administrador de la red.

Fibras ópticas: Delgadísimos filamentos transparentes hechos de material dieléctrico como vidrio o plástico, que transmiten datos binarios mediante impulsos luminosos.

Actividad 1.4

Abre el cuadro de diálogo **Conexiones de red** y crea una conexión telefónica ficticia.

1. Pulsa en el hipervínculo **Crear una conexión nueva**.
2. En la primera ventana del **Asistente para conexión nueva**, pulsa sobre el botón **Siguiente**.
3. Activa la casilla de verificación **Conectarse a Internet** y presiona nuevamente el botón **Siguiente**.
4. Activa ahora **Establecer mi conexión manualmente**.
5. Enseguida, activa cualquiera de las dos primeras opciones y, al pulsar en **Siguiente**, escribe un nombre para el proveedor del servicio. Puedes escribir tu propio nombre.
6. Introduce un número de teléfono en donde se indica.
7. En la siguiente ventana escribe un nombre corto de usuario (por ejemplo **antonio032** o **zorro21**) y una contraseña (podría ser **1234pedro**, o tu nombre) sin espacios. Repite la contraseña y pulsa en **Siguiente**.
8. En la última ventana puedes indicar al programa que incluya en el escritorio un icono de acceso directo de esta conexión. Al pulsar en **Finalizar** se abre una ventana de inicio de la conexión. Presiona el botón **Cancelar** y observa que ya hay un nuevo icono en la ventana **Conexiones de red**.
9. No olvides eliminar esta conexión y el icono del escritorio… ¡claro que después de haberle mostrado tu nueva conexión a tu profesora o profesor!

Lee y deduce

De conexiones a conexiones

La mayoría de las personas que desean conectarse a Internet deben hacerlo mediante una conexión telefónica, utilizando los servicios de un proveedor de servicios de Internet y un módem. Las velocidades de transferencia de datos, aunque son rápidas, se realizan entre 28 y 56 kilobytes por segundo. Existen numerosas formas de conectarse a la red internacional, algunas de ellas mucho más rápidas y seguras.

Las empresas e instituciones educativas y de investigación cuentan con enlaces mediante conexiones físicas (líneas directas, denominadas conexiones dedicadas), con fibras ópticas y algunos otros conductores de señal que, utilizando tecnologías especiales, alcanzan velocidades de más de 2 048 megabytes por segundo. Para ello, a veces requieren de una tarjeta especial y una antena que envíe los datos a un satélite.

Con estos antecedentes, ¿crees que sería mejor enviar y recibir las señales de Internet por satélite? __________.

A estos servicios de conexión rápida se les conoce como de banda ancha; es por eso que a Internet también se le llama ***la supercarretera de la información***.

En las líneas siguientes escribe una respuesta lógica: ¿Cómo crees que serán las comunicaciones en el futuro y qué aditamentos crees que se utilizarán para conectarse a Internet? Recuerda que la tecnología permite reducir el tamaño de los elementos y aumentar sus capacidades cada vez a un menor costo.

____

____

____

____

1.3 Sistemas de direcciones a Internet

Para hacer uso de los servicios de Internet es necesario tener, al menos, una idea de cómo se asignan los nombres y direcciones a las redes, a los nodos y a las computadoras anfitrionas *(Hosts)* que forman parte de la red Internet. Las dos metodologías empleadas para "nombrar" a las terminales de la red proporcionan una dirección única para cada computadora que se conecta permanentemente a Internet.

Direcciones IP

El primer sistema de direcciones de Internet se denomina **IP Address** (*Internet Protocol Address*), o **Direcciones IP**. Consta de un número de 32 bits, compuesto por cuatro octetos (grupos de ocho cifras), en donde la primera parte corresponde al número de la red, seguida por la dirección local.

Este número se descompone en sus cuatro números decimales correspondientes, separados por un punto entre cada uno de ellos. Los cuatro números decimales pueden tener un valor de 0 a 255; como por ejemplo, **128.9.0.32** o **200.12.165.19**. La representación de la dirección decimal **170.12.0.165**, en forma binaria, se vería como sigue:

170	12	0	165	**Decimal**
10101010	00001100	00000000	10100101	**Binario**

Por ejemplo, en la dirección IP identificada por **134.154.1.15**, los números **134.154** indican que la computadora se encuentra instalada en *California State University en Hayward*; el siguiente número 1 identifica la escuela o departamento dentro de la universidad, y el **15** señala que se trata de la computadora IBM 9377.

Sistema de Nombres de Dominios

El sistema de direcciones IP es ideal para las computadoras, pero no para los usuarios, que tienen muchas cosas más importantes que memorizar una dirección, por ejemplo, de una computadora conectada a la red Internet en Mozambique. Dada esta problemática, las instituciones que ejercen un cierto control en la red idearon un sistema nemotécnico más adecuado para nombrar a las redes, el Sistema de Nombres de Dominios (***D****omain* ***N****ame* ***S****ystem*, ***DNS***).

La relación entre una dirección IP y una de nombres de dominios es tan estrecha, que da lo mismo ingresar a una página Web mediante cualquiera de las dos. La institución encargada de asignar y controlar las direcciones en las grandes redes de Internet es el Centro de Información de la Red (***N****etwork* ***I****nformation* ***C****enter*, ***NIC***, también conocida como ***InterNIC***), mediante la Autoridad para la asignación de Números en Internet (***I****nternet* ***A****ssigned* ***N****umbers* ***A****uthority*, ***IANA***).

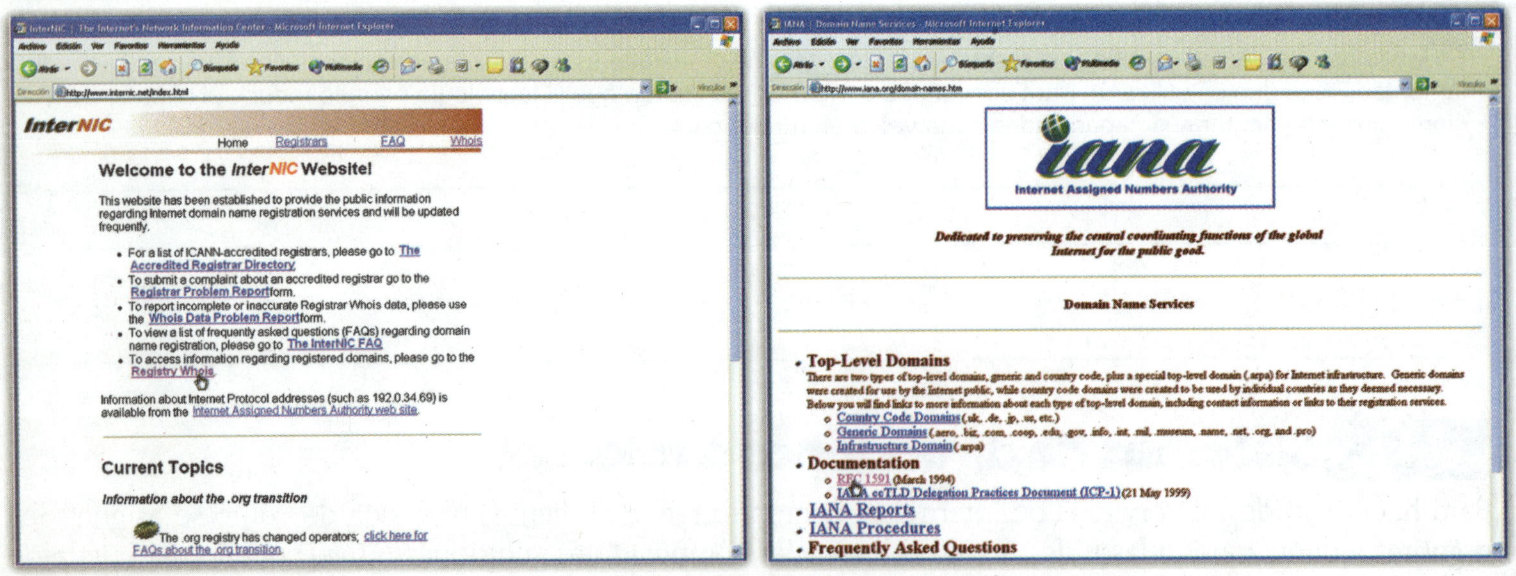

Figura 1.7 Las instituciones que se encargan del control de las direcciones de Internet son el **InterNIC** y la **IANA**.

Para repartir la carga del trabajo de asignar nombres a las redes y nodos de Internet, InterNIC tuvo que designar a diversas instituciones, en todo el mundo, para que se encargasen de los nombres de los nodos en sus regiones.

En México, el organismo que se encarga de estas actividades se conoce como NIC-México y está ubicado en el Instituto Tecnológico y de Estudios Superiores de Monterrey, ITESM, en la ciudad de Monterrey. En Colombia la encargada es la Universidad de los Andes, en Argentina es Network Information Center, del Ministerio de Relaciones Exteriores, etcétera.

Dominios y subdominios

El registro de direcciones en el sistema DNS, se lleva a cabo tomando en cuenta las jerarquías de las redes o computadoras que se conectan a la red mundial. El NIC ha designado los dominios que se muestran en las siguientes tablas como los de más alto nivel (***T**op**L**evel **D**omain names, **TLD's***). Estos pueden ser *genéricos* (como los **.com** que definen nodos comerciales, o los **.edu** para instituciones educativas) o de *ubicación* (que identifican a los diferentes países en que se encuentran ubicados los sitios: **.mx**, **.us**, **.fr**, etcétera).

DOMINIOS GENÉRICOS DE MÁS ALTO NIVEL

.edu	Instituciones educativas
.com	Organizaciones comerciales
.net	Redes y centros de información
.org	Organizaciones no lucrativas
.gov	Instituciones del gobierno de Estados Unidos
.mil	Instituciones militares de Estados Unidos
.gob	Instituciones del gobierno de México
.int	Instituciones internacionales
.biz	Negocios
.coop	Cooperativas

DOMINIOS DE UBICACIÓN DE MÁS ALTO NIVEL

Las abreviaturas de los países (cuyos nombres aparecen en inglés) se basan en la norma ISO-3166, en las que se identifican mediante dos letras. Por razones de espacio sólo se incluyen los más conocidos.

ad	Andorra	**do**	Dominican Republic	**lb**	Lebanon	**ro**	Romania
ao	Angola	**ec**	Ecuador	**lr**	Liberia	**ru**	Russian Federation
ar	Argentina	**eg**	Egypt	**ly**	Libya	**sa**	Saudi Arabia
au	Australia	**sv**	El Salvador	**mx**	Mexico	**es**	Spain
at	Austria	**fr**	France	**mc**	Monaco	**sd**	Sudan
be	Belgium	**de**	Germany	**np**	Nepal	**ch**	Switzerland
bz	Belize	**gr**	Greece	**nl**	Netherlands	**sy**	Syria
bo	Bolivia	**gt**	Guatemala	**nz**	New Zealand	**tw**	Taiwan
br	Brazil	**ht**	Haiti	**ni**	Nicaragua	**tt**	Trinidad and Tobago
bg	Bulgaria	**hn**	Honduras	**no**	Norway	**tr**	Turkey
kh	Cambodia	**hk**	Hong Kong	**pk**	Pakistan	**ae**	United Arab Emirates
ca	Canada	**in**	India	**pa**	Panama	**uk**	United Kingdom
cl	Chile	**ir**	Iran	**py**	Paraguay	**us**	United States
cn	China	**iq**	Iraq	**pe**	Peru	**uy**	Uruguay
co	Colombia	**il**	Israel	**ph**	Philippines	**va**	Vatican City State
cr	Costa Rica	**it**	Italy	**pl**	Poland	**ve**	Venezuela
cu	Cuba	**jm**	Jamaica	**pt**	Portugal	**vn**	Viet Nam
dk	Denmark	**jp**	Japan	**pr**	Puerto Rico	**yu**	Yugoslavia

El DNS también se utiliza para las direcciones de correo electrónico, que se componen de dos partes separadas por un signo de arroba (@). La convención utilizada en el sistema de nombres de dominios es: **usuario@subdominio.dominio**, en donde los campos o dominios se enlistan separados por un punto (.), de acuerdo con diferentes niveles de especificación.

Los dominios determinan el nombre de la computadora o del sitio, después del signo de arroba (@) el nombre de la institución, el giro o actividad (tipo de sitio) y, por último, el dominio de más alto nivel o de nivel superior, que indica el país de ubicación.

Nombre del usuario — Arroba significa "en" — Nombre del sitio — Tipo de sitio — País de ubicación

gferreyra@alfaomega.com.co

De esta manera, cuando recibes un correo electrónico con un nombre de dominio terminado en **.pe**, por ejemplo, sabrás que viene de Perú. Generalmente, los nombres y direcciones de Internet se escriben con minúsculas.

Actividad 1.5

1. Ve a la página Web http://www.eumed.net/cursecon/ecoinet/conceptos/dominios2.htm y averigua si existen otros dominios genéricos que no aparecen en la tabla anterior.

Otros dominios genéricos:

a) ____________ **c)** ____________ **e)** ____________

b) ____________ **d)** ____________ **f)** ____________

Actividad 1.6

1. Ve a la página Web http://www.iana.org/cctld/cctld-whois.htm e investiga cuáles son los dominios de más alto nivel de los siguientes países:

Afghanistan ____________

Bahamas ____________

Cook Islands ____________

Ethiopia ____________

Kuwait ____________

2. Pulsa sobre el vínculo del país gt – Guatemala y averigua cuál es la institución encargada de la asignación de los nombres DNS en Guatemala.

____

1.4 Navegadores de la Web

Las más grandes compañías de aplicaciones de navegación en la Web son: Microsoft Corporation, con el navegador Internet Explorer, y Netscape Communications Inc. (ahora propiedad de America On Line), con navegadores como Netscape Navigator y AOL; aunque en Internet se encuentran muchos otros navegadores como son: Opera, Spry, Safari (navegador para las Apple Macintosh), Amaya Browser, Amber VRML, Mosaic (el padre de los navegadores), etcétera.

Internet Explorer

En los inicios de la World Wide Web, el navegador Netscape se encontraba a la cabeza en la guerra de los navegadores por muy amplio margen, lo que convirtió a Netscape Corp. en la empresa informática con mayor crecimiento. Este acontecimiento llevó a **Bill Gates**, entonces presidente de la multimillonaria empresa de computación Microsoft Corp., a dedicar una gran parte de sus recursos monetarios y humanos a la creación y desarrollo del ahora navegador más utilizado en el mundo, Internet Explorer.

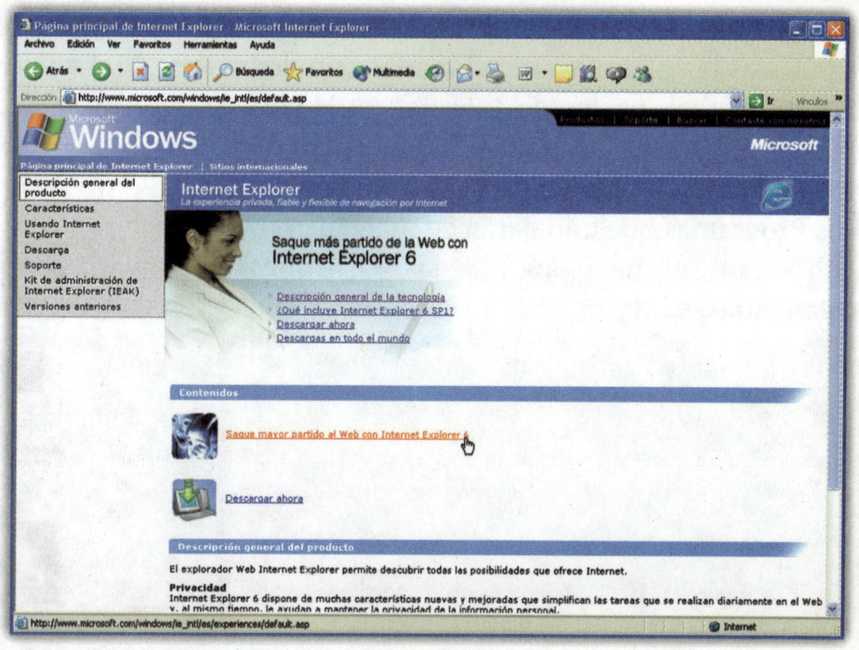

Figura 1.8 Internet Explorer 6 es uno de los más populares y funcionales navegadores de Internet.

Internet Explorer se ha convertido en el navegador estándar de Internet por sus grandes ventajas: la compatibilidad con otras aplicaciones de oficina como Excel, Word y PowerPoint, y la integración de los servicios de Internet, como el correo electrónico, los grupos de discusión y la edición o modificación de páginas Web, en una misma interfaz.

Navegación

Obviamente, para ejecutar Internet Explorer o cualquier otro navegador de la Web desde Windows, deberá haber una conexión a Internet de cualquier tipo, aunque también se podría **Trabajar sin conexión** y abrir un archivo **HTML** desde el disco duro, activando esta opción en el menú **Inicio**.

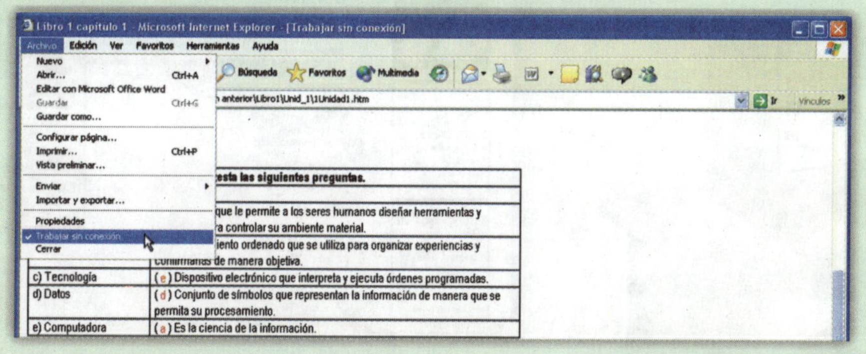

Figura 1.9 Si no existe una conexión a Internet, se deberá trabajar *fuera de línea*.

Al ejecutar el navegador, automáticamente se abre la **página de inicio** predefinida, que puede ser la del proveedor de servicios de Internet o cualquier otra. Si tú encuentras una página atractiva o interesante, puedes configurar el navegador para que cada vez que lo inicies vaya a ella. Para cambiar la página de inicio en tu navegador:

1. Abre el navegador Internet Explorer.
2. Ejecuta el comando **Opciones de Internet**, que se encuentra ubicado en el menú **Herramientas**.
3. En la ficha **General**, del cuadro de diálogo **Opciones de Internet**, cambia manualmente la dirección: Pulsa cualquiera de los tres botones disponibles de la sección **Página de inicio**: **Usar actual**, para iniciar siempre con la página que ves en ese momento, **Predeterminada**, para iniciar con la del propietario del navegador, o **Usar página en blanco**.

En ese mismo cuadro de diálogo se configuran todas las opciones relacionadas con: los **Archivos temporales de Internet**, el **Historial** de las páginas visitadas, la **Seguridad**, la **Privacidad**, el **Contenido**, las **Conexiones**, los **Programas** que trabajarán de manera conjunta con el navegador y las **Opciones avanzadas**.

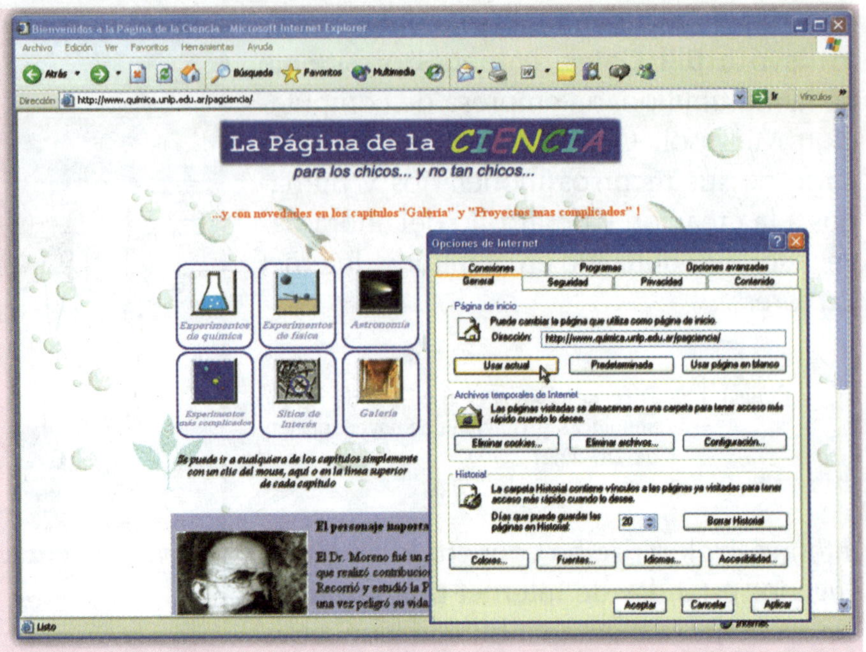

Figura 1.10 Se puede asignar una nueva página de inicio para el navegador.

Otra gran utilidad de los nuevos navegadores de la Web, como Internet Explorer, es la capacidad de ***bajar*** más de un archivo a la vez, sin pérdida de datos en ninguno de los casos. Las versiones anteriores generalmente cortaban la transferencia de un archivo cuando se intentaba bajar otro simultáneamente.

Figura 1.11 Los nuevos navegadores permiten bajar varios archivos al mismo tiempo.

Actividad 1.7

1. Abre el navegador Internet Explorer.
2. Ve a la página Web **http://www.alfaomega.com.mx**
3. Cambia la página de inicio con el botón **Usar actual** y pulsa en **Aplicar** y **Aceptar**.
4. Ahora ve a la página **http://ar.yahoo.com/**

Bajar: Transferir un archivo desde una computadora remota, conectada a Internet, hasta tu propia computadora. También se conoce a esta acción como descargar (download).

5. Cuando termine de cargarse la página, pulsa sobre el botón **Inicio**, de la barra de herramientas, y describe, en las líneas de abajo, qué ocurre.

____

____

____

____

Tip: Si el navegador con que cuenta tu computadora no es Internet Explorer sino Netscape, ejecuta el comando **Preferencias**, del menú **Editar**, y cambia la página de inicio pulsando sobre el botón **Utilizar página actual**, de la pantalla **Navigator**.

Barra de menús

Los seis menús de Internet Explorer 6 permiten ejecutar los comandos específicos de **Archivo**, los de **Edición**, configurar la manera de **Ver** la interfaz, mostrar una lista de sitios **Favoritos** para ir a ellos con sólo pulsar sobre su nombre, utilizar los programas y **Herramientas** adicionales, y obtener **Ayuda** contextual y en línea (aunque algunas de estas funciones se encuentran a la mano en la barra de herramientas de **Botones estándar**).

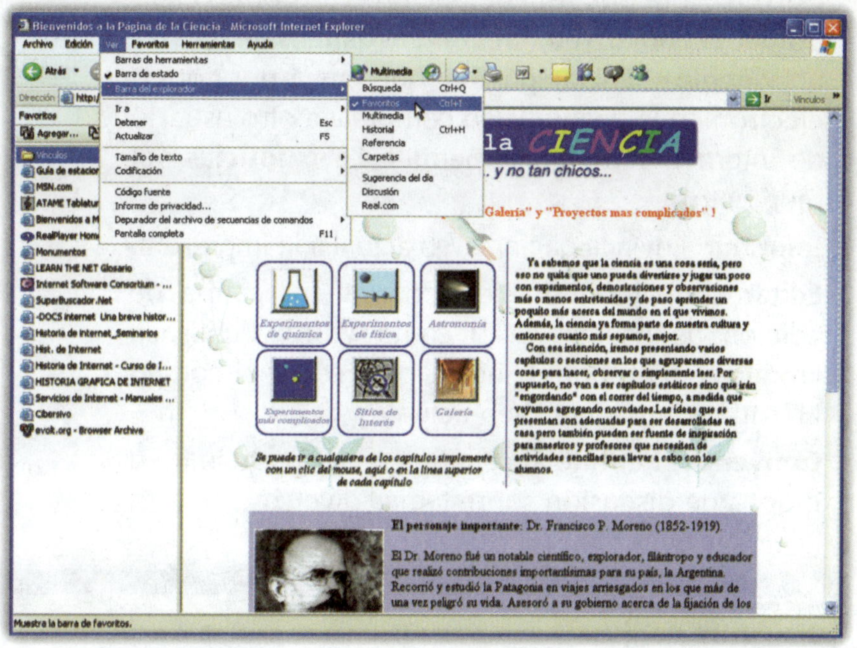

Figura 1.12 Mediante el comando **Barra del explorador**, del menú **Ver**, puedes insertar una barra lateral a la izquierda, como la de **Favoritos**.

Barra de herramientas y sus iconos

La barra de herramientas de un navegador como Internet Explorer difiere un poco de otras aplicaciones por sus funciones específicas. Los siguientes son los iconos o botones de la barra de herramientas de **Botones estándar**:

Atrás y Adelante. Al pulsar en cualquiera de ellos, avanzas o retrocedes a las páginas ya visitadas en una sesión de navegación.

Detener. Detiene la acción de "cargar" una página Web.

Actualizar. "Carga" nuevamente una página Web. También se conoce a esta acción como "refrescar".

Inicio. Al pulsar en este icono, el navegador carga la página de inicio.

Búsqueda. Abre la **Barra del explorador** llamada **Buscar**, donde se puede iniciar una búsqueda con una palabra clave.

Favoritos. Abre la **Barra del explorador** llamada **Favoritos**, desde donde se puede acudir a una página Web previamente seleccionada como favorita.

Multimedia. Abre la **Barra del explorador** llamada **Multimedia**, en la cual se puede escuchar música o ver un video desde una página Web remota o desde el sitio **Windowsmedia.com**.

Historial. Abre la **Barra del explorador** llamada **Historial**, desde donde se puede acudir a una página Web visitada en las últimas sesiones.

Correo. Abre una lista de opciones de correo electrónico: **Leer correo**, crear **Nuevo mensaje**, **Enviar un vínculo** y **Enviar página**, que envía por correo electrónico la página Web completa a otro usuario de Internet. También te permite **Leer noticias** del momento.

Imprimir. Envía la página Web actual a la impresora.

Editar con. Permite seleccionar un programa de edición de páginas Web como Word, Publisher, FrontPage o el Bloc de notas, para editar el código HTML de la página Web actual.

Conversar. Permite al usuario crear y participar en grupos de discusión sobre temas diversos.

Referencia. Excelente ayuda para encontrar sinónimos y traducciones de algún término consultándolo en línea (en las páginas Web de Internet).

Real.com. Abre una ventana en la que se puede actualizar el programa **Real Player** que permite escuchar sonidos y ver videos en ciertas páginas de Internet. Sólo aparece en la barra de herramientas si ese programa se ha instalado con anterioridad.

Messenger. Abre la ventana del programa de mensajería instantánea Microsoft Messenger, que permite conversar en tiempo real en Internet con otro usuario conectado a la red.

NOTA

La cantidad de botones de la barra y las aplicaciones asociadas pueden variar, dependiendo de los programas instalados en la computadora.

Figura 1.13 La ventana lateral de **Referencia** permite buscar sinónimos y traducir palabras.

Teclas de funciones

Si no estás muy habituado a utilizar el ratón, Internet Explorer te permite el uso del teclado para la mayoría de las funciones del navegador. La siguiente tabla muestra las principales funciones y teclas asociadas:

FUNCIONES Y TECLAS DE INTERNET EXPLORER	
Función	**Teclas asociadas**
Ubicar el cursor en el siguiente vínculo o gráfico de hipertexto	[**Tab**]
Regresar el cursor al vínculo o gráfico de hipertexto anterior	[**Mayús+Tab**]
Activar el vínculo seleccionado	[**Entrar**]
Abrir el menú contextual de un hipervínculo	[**Mayús+F10**]
Moverse entre ventanas o ***marcos*** (*frames*)	[**Ctrl+Tab**]
Regresar entre ventanas o marcos	[**Mayús+Ctrl+Tab**]
Actualización visual de página	[**F5**]
Detener la carga de una página	[**Esc**]
Regresar a una página anterior	[**Retorno**] o [**Alt+←**]
Avanzar a la página siguiente	[**Mayús+Retorno**] o [**Alt+→**]
Abrir una nueva ventana	[**Ctrl+U**]
Abrir los menús desplegables	[**Alt+letra subrayada**]

Actividad 1.8

1. Abre el navegador Internet Explorer.
2. Verifica que exista una conexión a Internet.
3. Abre la ventana lateral **Favoritos** y pulsa en el vínculo **Guía de estaciones de radio**.
4. Escribe los nombres de tres de las **Emisoras predeterminadas**.

   a) ____________________

   b) ____________________

   c) ____________________

Actividad 1.9

1. Abre el navegador Internet Explorer.
2. Verifica que exista una conexión a Internet.
3. Abre la ventana **Referencia** y busca tres sinónimos de la palabra **dirección**.

   a) ____________________

   b) ____________________

   c) ____________________

4. ¿Cuál es la traducción de la palabra dirección que te da la ventana **Referencia**?

   ____

Netscape Navigator

Netscape fue el navegador preferido por la mayoría de personas que se iniciaron en la gran aventura de navegar en la red Internet, a mediados de la década pasada. Se popularizó rápidamente gracias a que la compañía desarrolladora lo puso a disposición de todos, de manera gratuita, mediante la misma red.

El **Dr. James H. Clark**, cofundador en 1981 de Silicon Graphics Inc., y **Marc Andreessen**, creador del navegador NCSA Mosaic, fundaron en abril de 1994 la empresa Netscape Communications Corp., en Mountain View, California, en Estados Unidos, con un capital inicial de 4.1 millones de dólares. En 1998 America Online compró Netscape por ¡4 200 millones de dólares!

Marcos: Cada una de las partes en que se dividen algunas página Web, que pueden contener información independiente o relacionada entre sí.

Figura 1. 14 La interfaz de la versión 3.0 de Netscape Navigator fue una de las más conocidas durante muchos años.

Actualmente se utiliza la versión 7.0, que cuenta con una barra de opciones a la izquierda de la pantalla denominada **Mi barra lateral**, barra de menús, barra de navegación y búsqueda, iconos para los servicios de correo electrónico, plática en línea, **Buscar** y **Marcadores**.

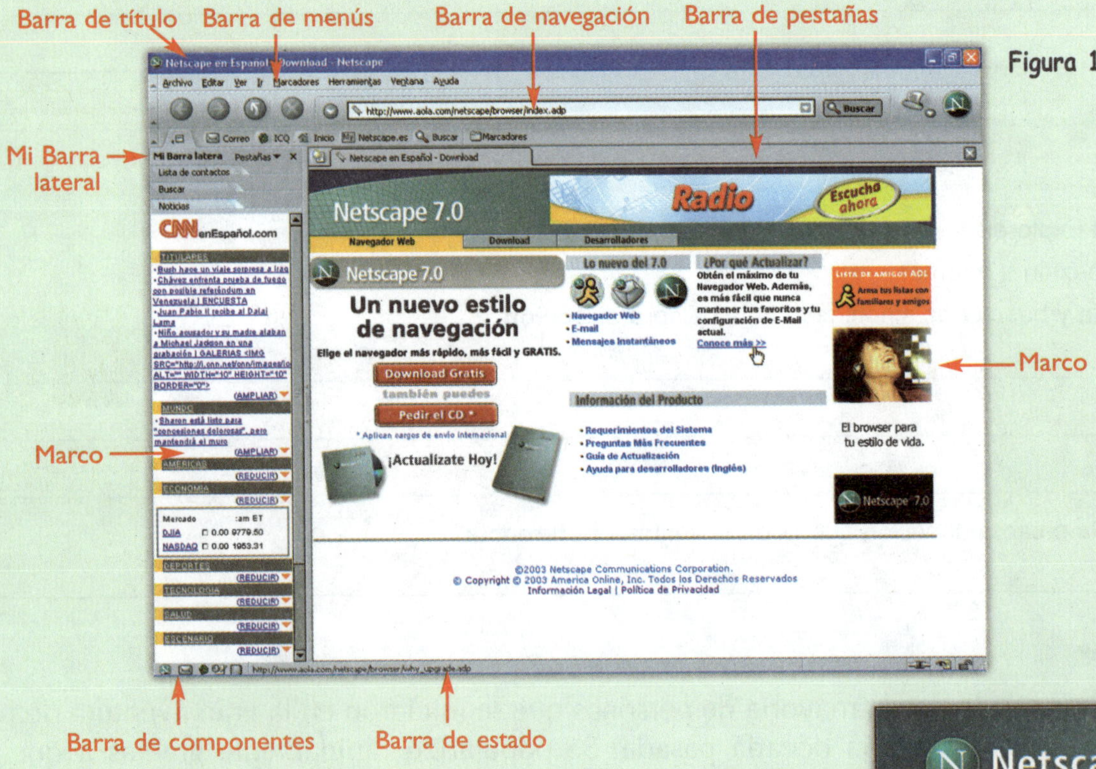

Figura 1.15 La nueva interfaz de Netscape Navigator ofrece todo lo necesario para navegar en Internet.

Para iniciar el programa basta pulsar en el icono correspondiente, que se encuentra en el escritorio de Windows, o ejecutarlo desde **Inicio**, **Todos los programas**. La ventana de inicio, indica que se está cargando el programa en la memoria y al instante se muestra la interfaz de navegación.

Figura 1.16 Ventana de inicio de Netscape 7.0.

Actividad 1.10

1. Abre el navegador que tenga tu computadora.
2. Ve a la dirección **http://www.aola.com/netscape/browser/index.adp**
3. Observa los vínculos de la página Web de Netscape.
4. Como ves, es muy fácil bajar el programa y, además, es gratis.
5. Pulsa sobre el vínculo **Navegador Web** y contesta lo siguiente:

   a) ¿Cómo se llama la función del navegador que permite que las páginas que se imprimen se vean tal como las ves en la Web?

   ____

   b) ¿Qué opciones del menú **Archivo** permiten imprimir páginas de la Web de esa manera?

   ____

   ____

1.5 Correo electrónico

El correo electrónico es uno de los más importantes servicios de Internet, ya que permite que millones de personas en todo el mundo se comuniquen de manera casi inmediata a través de la red, utilizando archivos de texto "empacados" en mensajes digitales que pueden contener además imágenes, sonido, video y hasta programas. A la aplicación que permite este servicio se le conoce como ***cliente*** de correo electrónico.

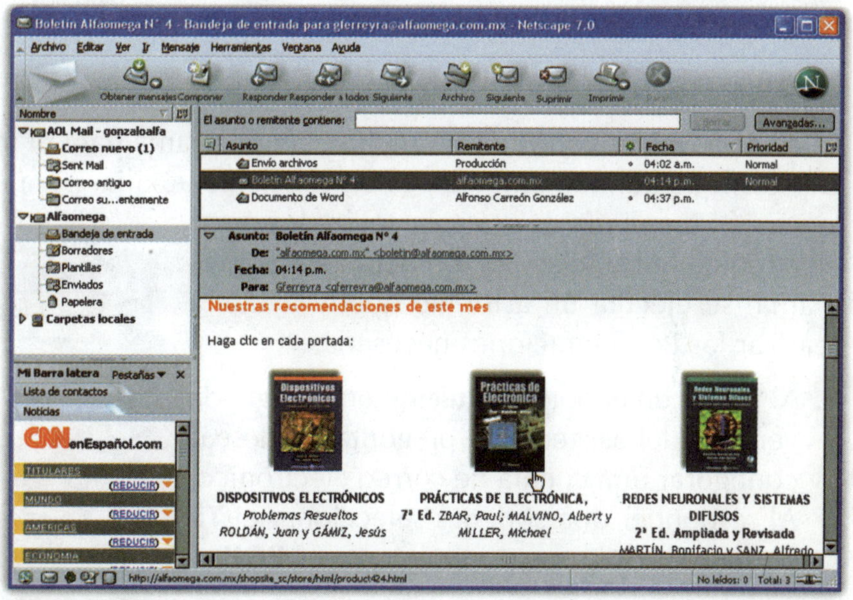

Figura 1.17 Los mensajes de correo electrónico pueden contener archivos e imágenes.

Para recibir correo electrónico partiendo de la misma interfaz del navegador Netscape, es necesario configurar los datos de la cuenta de correo que se tiene con el proveedor de servicios de Internet, e introducir la clave o contraseña correspondiente. Al pulsar en el icono **Correo** se abre la ventana de correo y aparecen los mensajes que hayan sido enviados al usuario.

Cliente: Programa que envía una petición de servicios a una computadora conectada a la red, y de la que espera una respuesta.

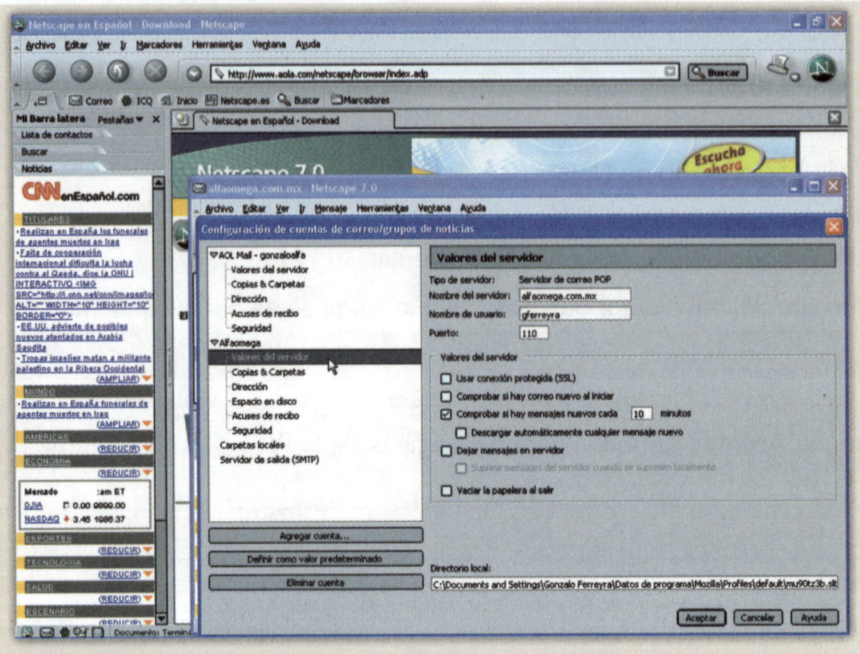

Figura 1.18 Para enviar y recibir correo electrónico se debe configurar una cuenta de correo.

Microsoft Outlook

El sistema operativo Windows incluye un programa para el manejo del correo electrónico llamado Outlook Express, que aunque limitado, es un excelente auxiliar para esta tarea específica. La suite Office 2003 tiene la versión ampliada de esa aplicación de correo electrónico. Al iniciar por primera vez el programa, se ejecuta un asistente que te ayuda a realizar las configuraciones necesarias.

1. Al pulsar en el botón **Siguiente** en la segunda ventana del asistente, te preguntan si deseas configurar una cuenta de correo electrónico. Al responder que sí debes seleccionar el **Tipo de *servidor***, que normalmente es **POP3**.
2. Pulsa nuevamente sobre el botón **Siguiente** para que aparezca la ventana en que se introducen los datos de la cuenta.
3. Introduce los datos que el asistente requiere, como nombre, dirección de correo electrónico y otros, para que Outlook los utilice en los mensajes de correo salientes; así, no tendrás que rotular tus propios mensajes.

Figura 1.19 Ventana del asistente para las configuraciones iniciales.

Servidor: Programa de aplicación que ofrece un servicio o paquete de servicios que le son solicitados por un programa cliente. Los términos cliente y servidor también se utilizan en redes: uno para la computadora que solicita los servicios, y el otro para la que se dedica a ofrecerlos a diferentes clientes, como bases de datos o programas.

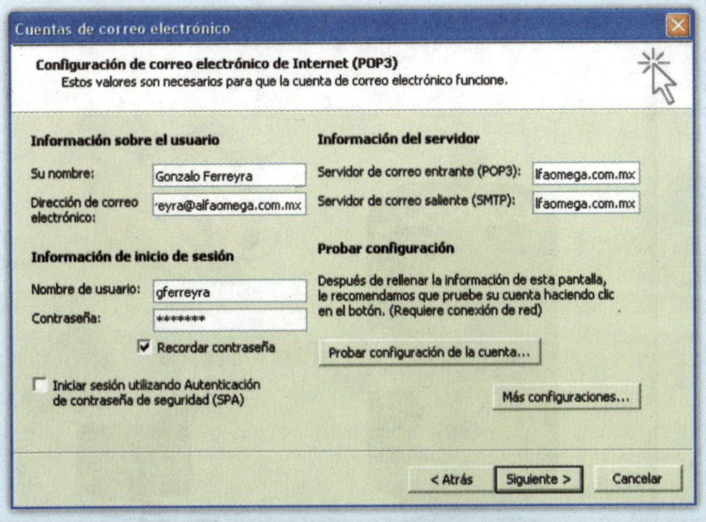

Figura 1.20 Los datos de la cuenta generalmente te los da el proveedor de servicios de Internet o el administrador de la red de la escuela.

4. Al terminar de configurar la cuenta, la aplicación está lista para enviar y recibir tus mensajes de correo electrónico. Para comenzar a hacerlo deberás pulsar sobre el botón **Enviar y recibir**, que se encuentra en la barra de herramientas.

5. Después de escribir el nombre corto de usuario y una contraseña, Outlook va por los mensajes a la computadora de tu proveedor de servicios de Internet. El resultado puede ser una ventana como la que se muestra en la figura, en la que ya se ven los primeros mensajes recibidos.

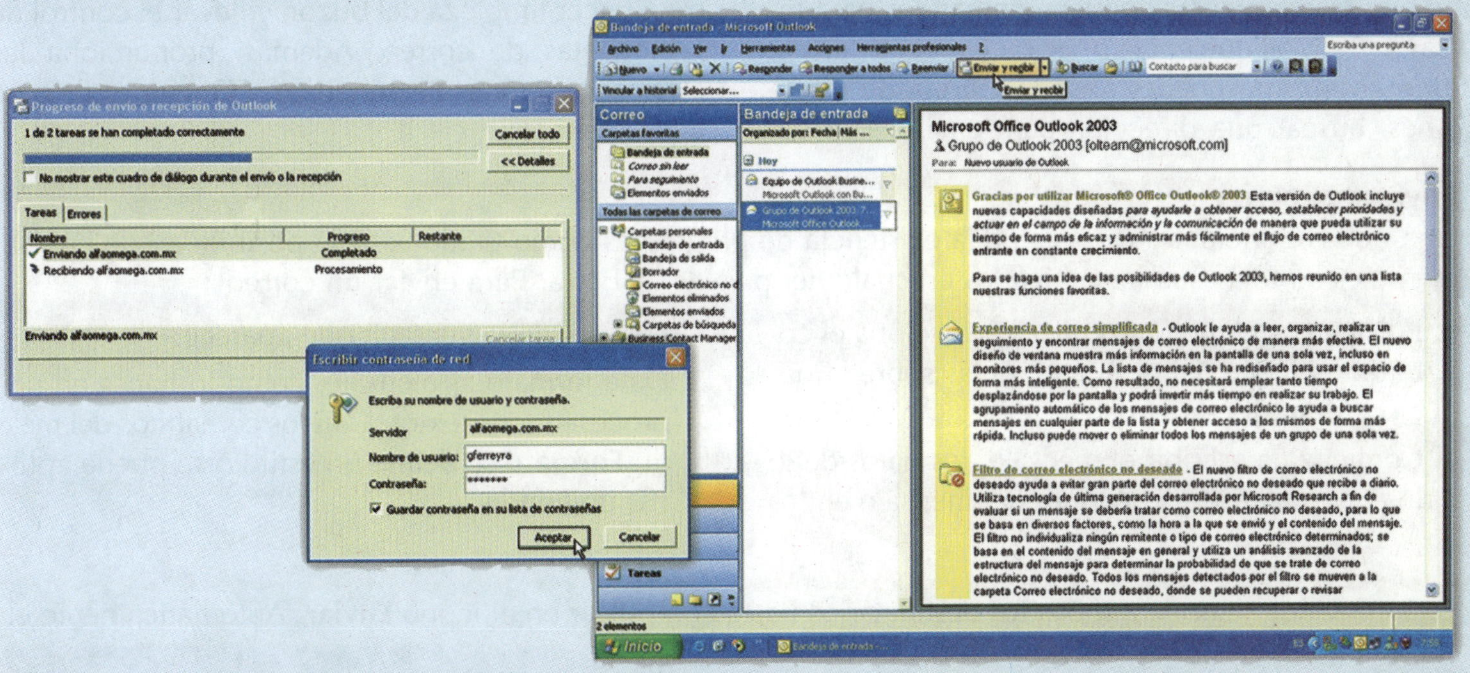

Figura 1.21 Los mensajes recibidos incluyen la bienvenida del equipo de Microsoft.

La interfaz de Microsoft Outlook 2003 no es tan parecida a la de las otras aplicaciones de Office, por una sencilla razón, no fue desarrollada para crear ni archivos de texto, ni hojas de cálculo, ni bases de datos, ni publicaciones, sino para administrar los documentos ya creados y compartirlos con otros usuarios, locales o remotos, así como para administrar y distribuir mensajes de correo electrónico.

Correo electrónico

Las opciones del comando **Nuevo**, del menú **Archivo**, permiten crear nuevos mensajes de correo electrónico, poner anuncios en cualquier carpeta o ventana de Outlook, crear nuevas carpetas, programar citas y convocatorias de reunión, introducir nuevos contactos, crear listas de distribución (función muy importante del correo), insertar notas, definir tareas, crear nuevas cuentas y hasta enviar faxes por Internet.

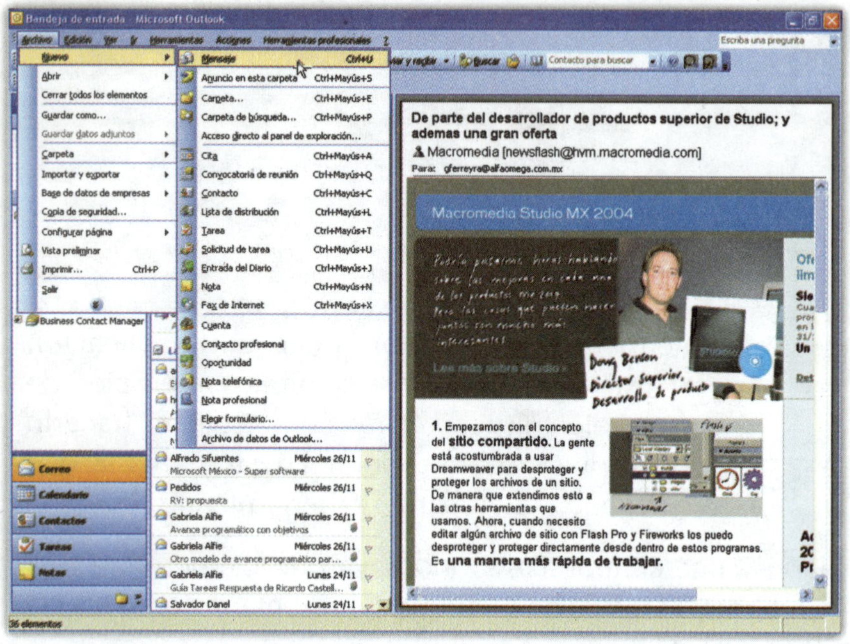

Figura 1.22 Opciones del comando **Nuevo**, del menú **Archivo**.

El menú **Herramientas** contiene comandos para indicar a Outlook que envíe o reciba el nuevo correo; desde ahí mismo puedes abrir la **Libreta de direcciones**, buscar una dirección para enviarle un correo, hacer limpieza del buzón y llevar el control de las cuentas de correo. Además, proporciona las clásicas funciones **Personalizar** y **Opciones** de configuración.

Envío de correo

Una de las principales razones de la existencia de programas como Outlook es la posibilidad de enviar mensajes a otros usuarios, ubicados en cualquier país de la Tierra. Para enviar un correo:

1. Pulsa sobre el menú **Archivo** y selecciona el comando **Nuevo**. En el listado, pulsa sobre la opción **Mensaje**.
2. Comienza a escribir el mensaje, los datos del o los destinatarios y el **Asunto** del mensaje en los campos de la ventana que aparece.
3. Dale formato al mensaje, como lo haces en un procesador de textos. Con los comandos del menú **Formato** se define un estilo o se puede aplicar un **Fondo**.

Para enviar el mensaje a todos los destinatarios basta con pulsar en el icono **Enviar**. Automáticamente el mensaje es transferido al servidor de correo del proveedor de servicios de conexión a Internet, y de ahí a las direcciones indicadas. Para poner las direcciones de los destinatarios se procede como sigue:

1. Escribe la dirección del primer destinatario en el campo **Para**, teniendo cuidado de escribirla correctamente; o pulsa sobre **Para** y, en el cuadro de diálogo **Seleccionar nombres**, escoge uno y pulsa **Para**.

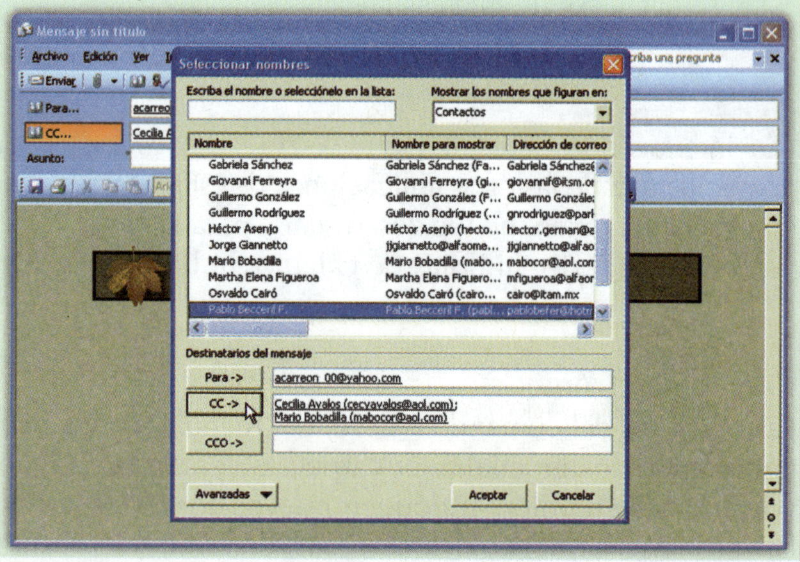

Figura 1.23 Para disponer de una lista en donde seleccionar nombres, antes hay que darlos de alta en la ventana **Contactos**.

2. Escribe o introduce los nombres de los siguientes destinatarios en el campo **CC**, que quiere decir **Con Copia** para.
3. Escribe el motivo del mensaje en el campo **Asunto** y, ahora sí, procede a escribir el cuerpo del mensaje, a darle formato, ponerle un fondo y... ¡Simplemente enviarlo!

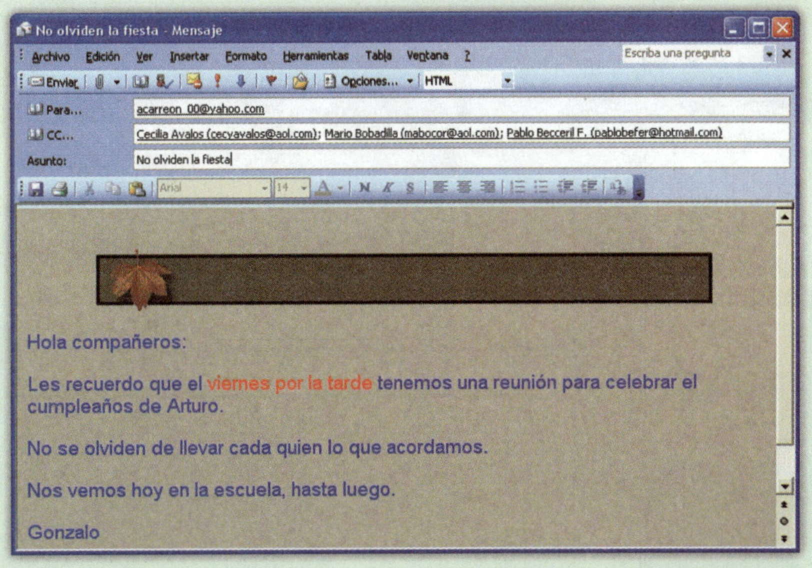

Figura 1.24 Mensaje listo para ser enviado. Pulsa en el botón **Enviar**.

Actividad 1.11

1. Ejecuta el programa Outlook Express.
2. Si es la primera vez que lo haces, se abre una ventana que te pide decidir si este programa será el predeterminado. Presiona el botón **No**; enseguida aparecerá el **Asistente para la conexión a Internet**.
3. Si no es la primera vez, puede ser que ya exista una cuenta de correo. En este caso ejecuta el comando **Cuentas**, del menú **Herramientas**, para abrir el asistente.
4. Si en lugar del asistente aparece el cuadro de diálogo **Cuentas de Internet**, pulsa en el botón **Agregar** y selecciona la opción **Correo**.
5. Si no cuentas con datos del proveedor del servicio de Internet para así poder crear una cuenta de correo real, pon datos ficticios como:

Nombre para mostrar	Tu **Nombre** y **Apellido**
Dirección de correo electrónico	**tunombre@info2.unid1.com**
Mi servicio de correo entrante es	POP3
Servidor de correo entrante	**info2.unid1.com**
Servidor de correo saliente	**info2.unid1.com**
Nombre de cuenta	**nombre corto de usuario**
Contraseña	6 a 8 letras y números combinados

6. Al pulsar sobre el botón **Finalizar** aparecerá una ventana con las cuentas dadas de alta en el programa de correo electrónico.
7. Selecciona la nueva cuenta creada y pulsa sobre el botón **Quitar** y luego en **Cerrar**.
8. ¡Ya has aprendido a crear cuentas de correo en Outlook Express!

Otras funciones de Outlook 2003

Es preciso mencionar las otras funciones y labores que se han encomendado a este centro de control y de distribución de información:

1. **Calendario**. La pantalla del **Calendario** te permite llevar un control de los compromisos y labores diarias. Se pueden programar actividades periódicas o citas para una sola ocasión. Puedes cambiar las vistas, ya sea por día, semana o mes; así podrás planificar vacaciones, reuniones de amigos, etcétera.

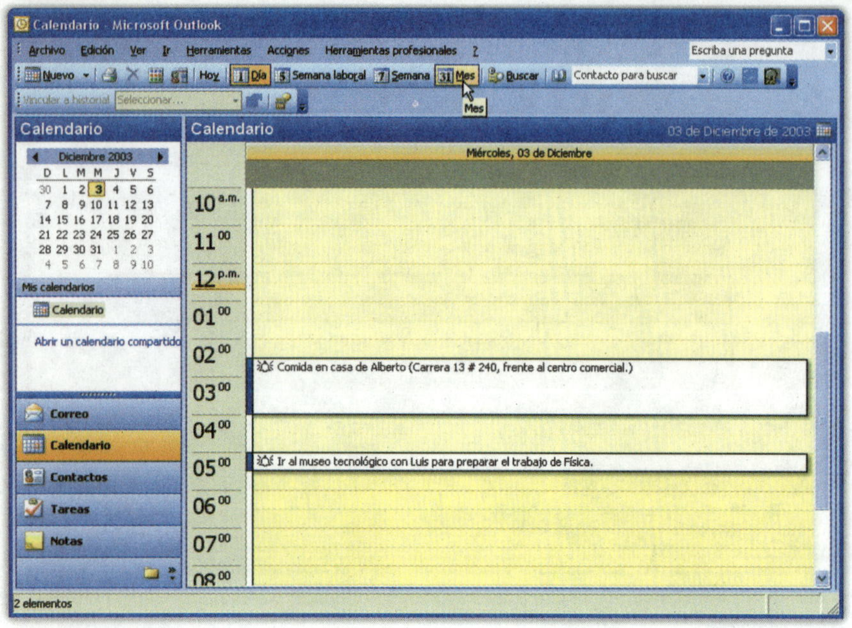

Figura 1.25 El **Calendario** es la herramienta de Outlook que te permite organizar tus compromisos.

2. **Contactos**. La ventana de **Contactos** es prácticamente una libreta de direcciones que contiene los datos de todos aquellos que intervienen en las tareas o citas programadas, así como en los grupos de colaboración y trabajo en red.
3. **Tareas**. Aquí podrás llevar control de los trabajos programados para el día corriente, la semana o para cualquier día, de cualquier año.

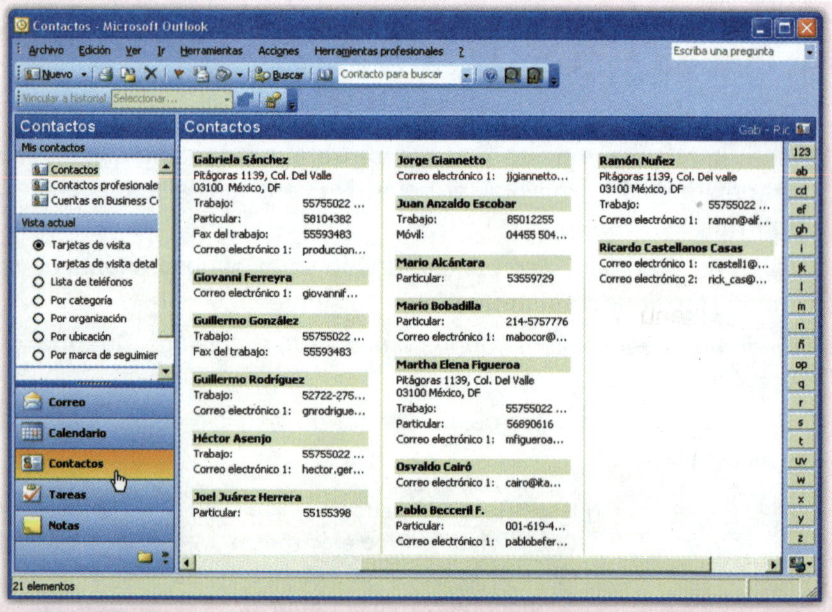

Figura 1.26 En la ventana **Contactos** puedes incluir la lista de tus amigos con sus direcciones, teléfonos y dirección electrónica.

4. **Notas**. Se trata de una pizarra para pegar notas resaltadas en amarillo, o en otros colores, con un breve mensaje o recordatorio. Consulta diariamente este tablero para no olvidar los pequeños detalles como el juego del domingo, felicitar a un compañero el día de su cumpleaños o la tarea escolar para el día siguiente.

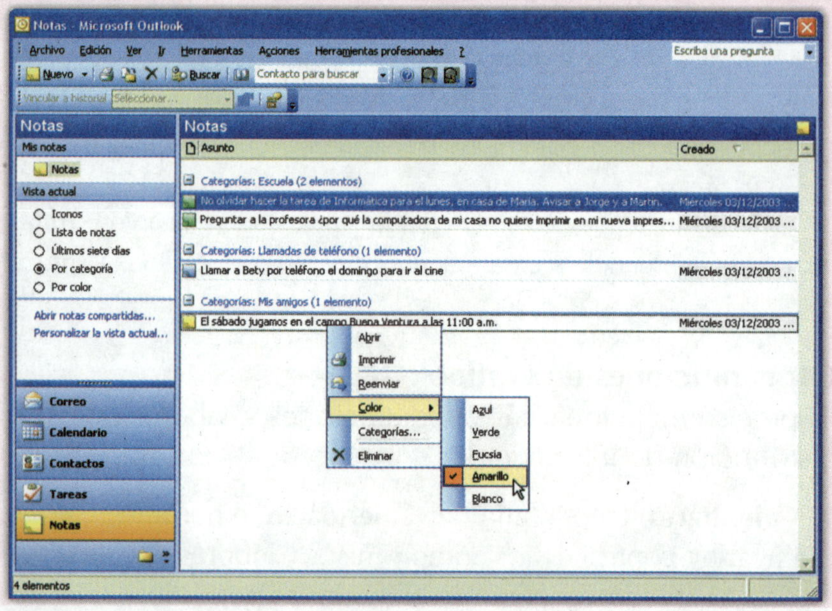

Figura 1.27 Las **Notas** son recordatorios de todas tus actividades pendientes.

Correo Web

Para que tengas una cuenta de correo a tu nombre es necesario que te la asigne una institución educativa, un proveedor de servicios o una empresa. Si no cuentas con ninguna de estas opciones, la mejor manera de obtenerla es de manera gratuita mediante una empresa pública de Internet.

A este tipo de cuentas de correo se le conoce como **Cuenta de correo Web**, y generalmente se consiguen de manera gratuita en sitios Web como el de **Yahoo!** o el de **Microsoft msn**. En la página de Yahoo!, por ejemplo, debes pulsar sobre el botón **Correo**, luego en el vínculo **Regístrate ahora**, llenas el formulario, introduces un nombre de usuario y una contraseña y... ¡listo, tendrás tu cuenta de correo!

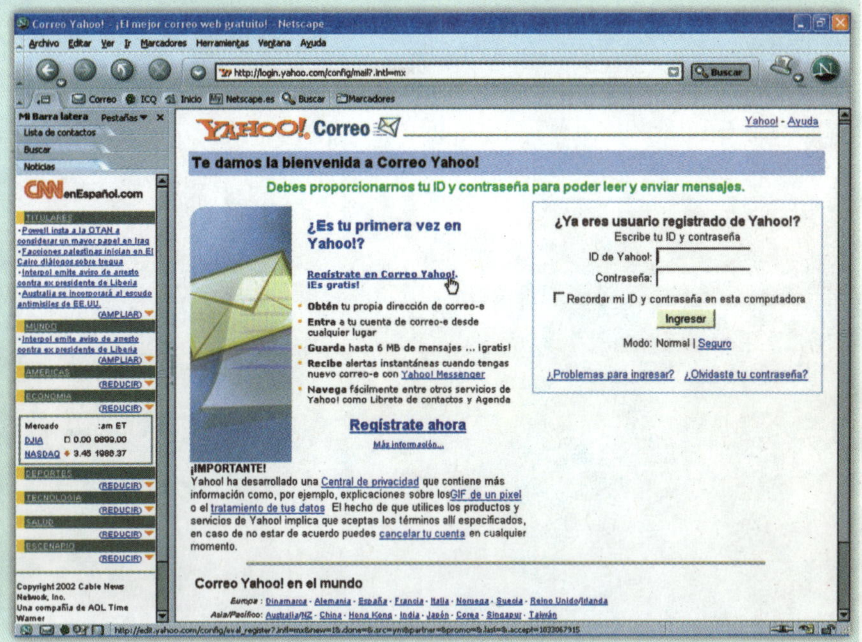

Figura 1.28 No olvides tu nombre de usuario y la contraseña para leer el correo de la cuenta **tunombre@yahoo.com**.

Actividad 1.12

1. Ejecuta el programa Microsoft Outlook 2003.
2. Verifica que se encuentre activa la ventana **Correo** y pulsa en la carpeta **Bandeja de entrada**.
3. Abre el menú **Acciones**, ejecuta el comando **Nuevo mensaje de correo con** y selecciona la opción **Más diseños de fondo**. En el cuadro de diálogo **Seleccionar un diseño de fondo**, escoge el diseño **Animales** y pulsa en **Aceptar**.
4. Introduce los siguientes datos en el mensaje y dale el formato que se indica:

Para	La dirección de correo de uno de tus compañeros de clase.	
CC	La dirección de correo de otro compañero.	
Asunto	¿Vamos al zoológico el domingo?	
Mensaje	Hola amigos: Me dijeron que acaban de llegar algunos animales muy simpáticos al zoológico, ¿no les gustaría ir el domingo a verlos? Si están de acuerdo, nos vemos acá en mi casa a las 10:00 a.m. Hasta luego. (tu nombre).	Fuente color Blanco.
	Insertar imagen de algún animal en la parte inferior del mensaje.	

5. Puedes conseguir la imagen en Internet y copiarla directamente en el mensaje.
6. Envía el mensaje a tus amigos pulsando en el botón **Enviar**.

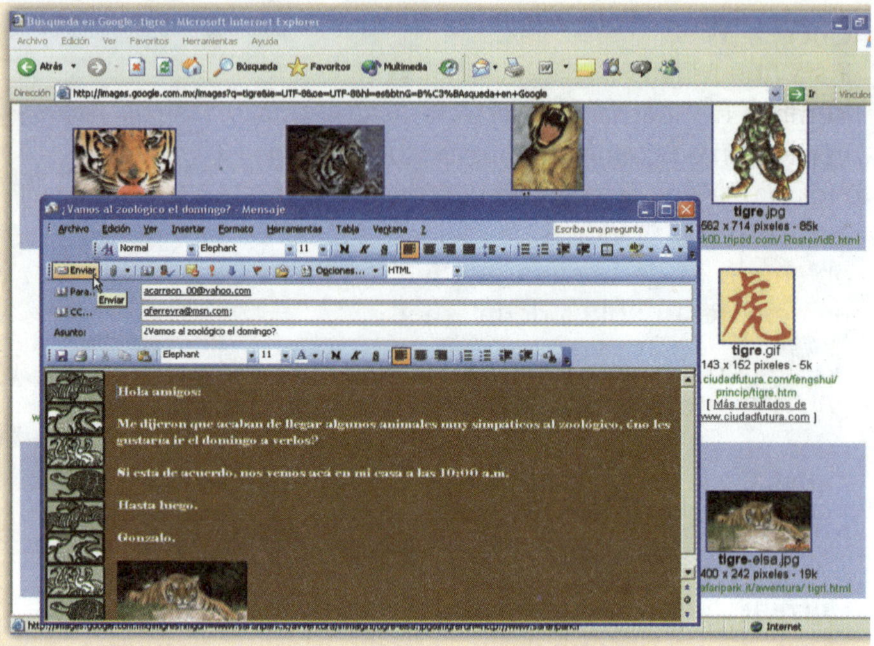

1.6 Buscadores de la información

Si ya has navegado en Internet, tal vez sin saberlo has estado utilizando varias herramientas, conceptos y servicios de la red Internet como lenguajes, protocolos, navegadores, diversos tipos de conexión, sitios Web con extensas bases de datos, etcétera.

También debes haber utilizado servidores que cuentan con sistemas de localización de direcciones y directorios de páginas Web, que facilitan la localización de datos en la red. A estos últimos se les conoce como máquinas o motores de búsqueda de información (*Search Engines*).

Algunos de ellos, como Yahoo! o Google, han surgido como muchas de las nuevas empresas del ciberespacio, a partir de ideas y experiencias estudiantiles. Algún joven (generalmente genio de la computación) ha comenzado algún proyecto como trabajo escolar o pasatiempo y, con un poco de suerte y mucho trabajo, lo ha perfeccionado y dado a conocer a los inversionistas de la industria de la información, quienes lo han apoyado y llevado a crear empresas que han alcanzado un crecimiento que no es comparable con el de ningún otro negocio, ¡del ramo que sea!

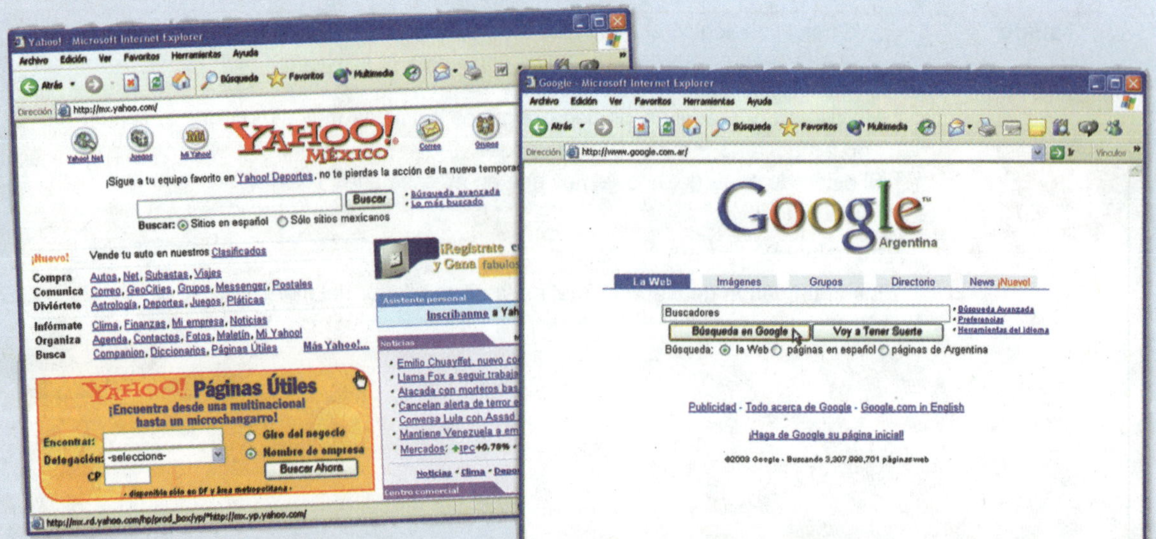

Figura 1.29 Yahoo! y Google son dos de las máquinas de búsqueda de información de Internet con mayor aceptación.

Máquinas de búsqueda internacionales

La siguiente lista de direcciones de sitios Web corresponde a los más importantes buscadores de información en inglés:

Altavista	http://www.altavista.com	AOL Search	http://search.aol.com/
Alltheweb	http://www.alltheweb.com/	Google	http://www.google.com
HotBot	http://www.hotbot.com/	Lycos	http://www.lycos.com
MSN Search	http://search.msn.com/	Teoma	http://www.teoma.com
Yahoo!	http://www.yahoo.com	WebCrawler	http://www.webcrawler.com/

Los buscadores que te permiten encontrar páginas Web, imágenes, productos, grupos de noticias y lugares infantiles y juveniles son:

Ask Jeeves	http://www.ask.com/
Google	http://www.google.com.mx/
Metacrawler	http://www.metacrawler.com/
Yahoo! Search	http://search.yahoo.com/
Yahooligans	http://www.yahooligans.com/

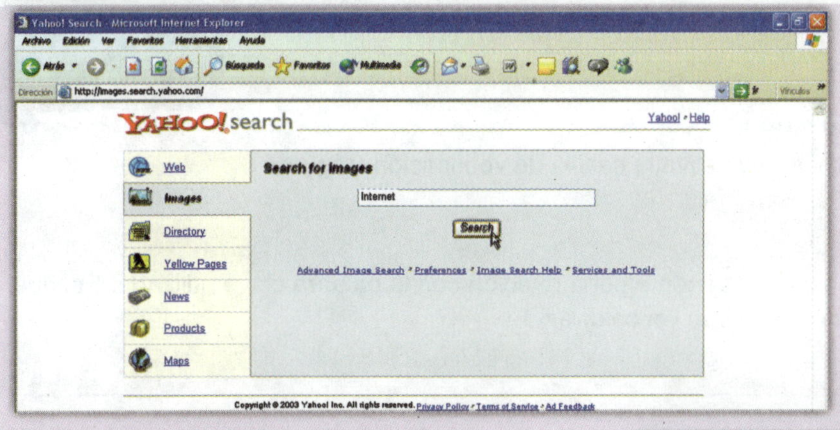

Figura 1.30 Yahoo! Search te permite buscar imágenes en las páginas Web.

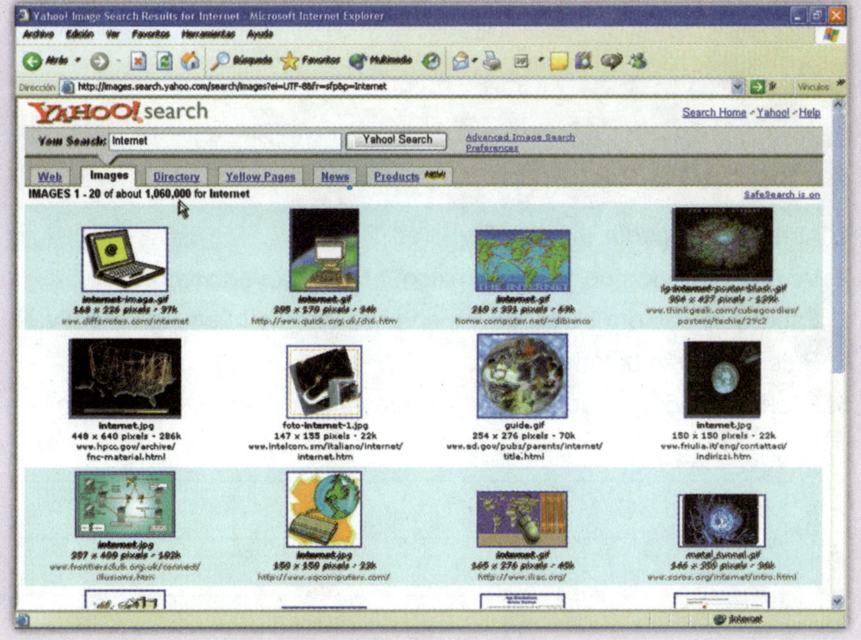

Figura 1.31 Si requieres buscar imágenes de Internet para una tarea escolar, utiliza la palabra clave **internet**.

Máquinas de búsqueda en español

La siguiente lista de direcciones de sitios Web corresponde a los más importantes buscadores de información en español:

Google Argentina	**http://www.google.com.ar/**
Google Chile	**http://www.google.cl/**
Google México	**http://www.google.com.mx/**
Grippo	**http://www.grippo.com.ar/**
MexSearch	**http://www.yellow.com.mx/**
Páginas Web	**http://www.paginas-web.com.ar/**
Todito.com	**http://www.todito.com/**
Top100 Latino	**http://www.top100latino.com/**
Yahoo! México	**http://mx.yahoo.com/**

Actividad 1.13

1. Abre el navegador Internet Explorer.
2. Ve a la dirección de Google en Argentina: http://www.google.com.ar/
3. Escribe la palabra **buscadores** en el campo de búsqueda y activa la casilla de verificación **Páginas en español**.
4. Pulsa sobre el botón **Búsqueda en Google**.
5. Al cabo de unos segundos aparecerá una lista de sitios que tienen alguna relación con la palabra clave utilizada. Escribe el nombre de los tres primeros sitios, que generalmente se ven en color azul.

a) ______________________________

b) ______________________________

c) ______________________________

Actividad 1.14

1. Abre el navegador Internet Explorer.
2. Ve a la dirección de Yahoo! México: http://mx.yahoo.com/
3. Escribe la palabra **buscadores** en el campo de búsqueda y activa la casilla de verificación **Páginas en español**.
4. Pulsa sobre el botón **Buscar**.
5. Escribe el nombre de los tres primeros sitios Web que aparecen como resultado de la búsqueda.

a) ______________________________

b) ______________________________

c) ______________________________

1.7 Reafirmación del aprendizaje

1. Describe con tus propias palabras lo que es una red y lo que entiendes por Internet:

Red: ____

____

____

____

____

____

Internet: ____

____

____

____

____

____

2. ¿Cuáles son las siglas de la agencia gubernamental de Estados Unidos que creó la red que terminaría siendo Internet? ______________________

3. ¿Cómo se llama al conjunto de protocolos que permite la transmisión de datos entre las computadoras conectadas a Internet?

____

____

4. La World Wide Web es un sistema distribuidor de información basado en hipertexto e hipermedia. ¿En qué año se inventó? ______________. ¿Quién estuvo a cargo del grupo de investigadores que lo desarrollaron? ______________________. ¿En qué institución de Suiza fue desarrollada la WWW? ______________________

____

5. ¿Quién desarrolló el primer navegador gráfico y en qué año? ______________________

____

6. ¿Cuáles son los dos sistemas de direcciones de Internet?

____

____

____

7. Menciona los dos navegadores más utilizados en el mundo y cuáles son las versiones que utilizan actualmente.

____

____

____

8. ¿Cómo se denomina el programa de Microsoft que se dedica a diversas tareas de oficina como agenda, calendario y, específicamente, al correo electrónico?

____

9. Menciona dos de las máquinas de búsqueda de información en Internet, internacionales, más conocidas:

____

____

10. ¿Cómo se conoce a la computadora conectada en red que se dedica a ofrecer los servicios, bases de datos y programas a diferentes clientes?

____

Unidad 2 Ediciones especiales con Publisher

Diseñar y crear un *documento* o una *publicación* es ahora muy sencillo con el programa de autoedición Microsoft Office Publisher 2003. Publisher te guía paso a paso para obtener trabajos escolares con una presentación de calidad profesional. El procedimiento para crear una publicación en este programa es muy similar al utilizado para diseñar una diapositiva con PowerPoint.

2.1 Introducción a Publisher

Para crear una publicación en Publisher:

1. Selecciona el tipo de publicación en la ventana de inicio, que puede ser **A partir de un diseño**, **Publicación impresa en blanco**, **Página Web en blanco**, o **Desde publicación existente**.
2. Elige el diseño de la publicación, con lo que se define el marco y el fondo de la página.
3. Escoge una de las **Combinaciones de colores** apropiada para el tipo de trabajo, y las **Combinaciones de fuentes** que deseas utilizar en la publicación.
4. Inserta el título, las imágenes y los textos que componen el trabajo o proyecto escolar.
5. Por último, organiza la distribución de los elementos del trabajo, de la misma manera que lo harías manualmente sobre una cartulina en blanco.

Diseños predefinidos

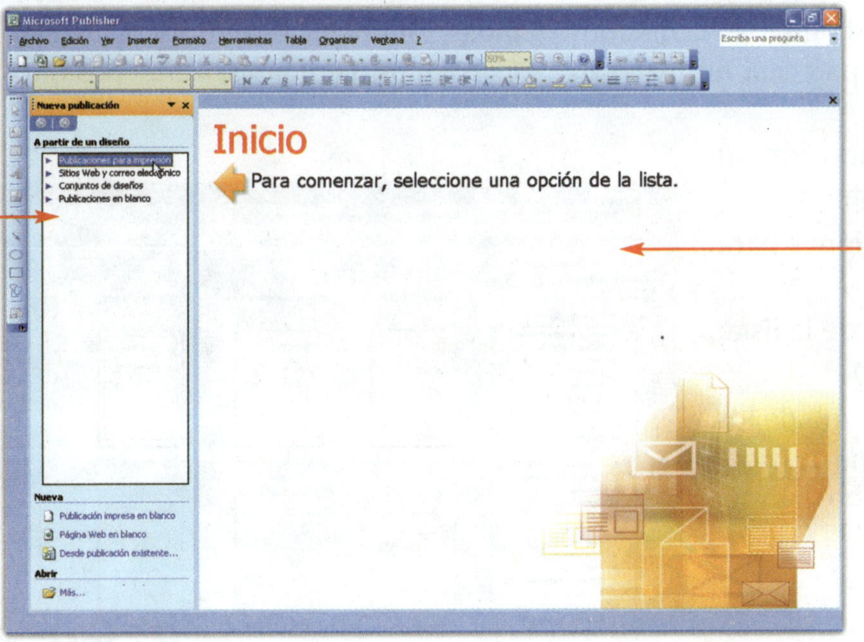

Pantalla de **Inicio**

Figura 2.1 La ventana de inicio de Publisher 2003 permite seleccionar, en el **Panel de tareas**, el tipo de publicación que se desea crear.

Documento: Archivo de datos o información generado con cualquier programa. Los documentos son archivos de texto, de hojas de cálculo, de bases de datos, etcétera.

Publicación: Tipo especial de documento de texto y gráficos de alta calidad, generado con algún programa de autoedición con la finalidad de publicarlo en una página Web, o en algún medio impreso. Se llama así a los documentos de Publisher.

Inicio de una sesión

Para iniciar una sesión de Microsoft Office Publisher:

1. Pulsa en el menú **Inicio**.
2. Selecciona las opciones **Todos los programas** y **Microsoft Office**.
3. En la lista de programas, pulsa en **Microsoft Office Publisher 2003**.

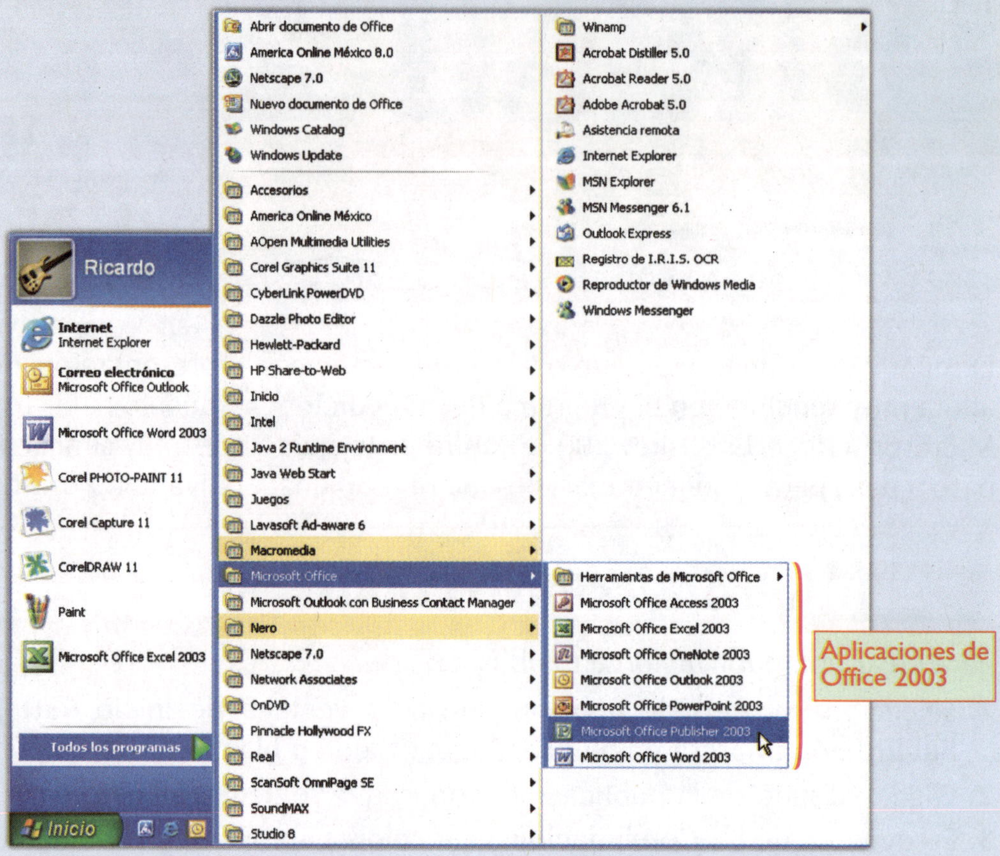

Figura 2.2 El grupo de programas **Microsoft Office**, representado por el icono de una carpeta, contiene todas las aplicaciones de Office 2003.

Selección de un diseño predefinido de catálogo

Al inicio de la sesión de Publisher aparece la pantalla de edición con la ventana **Nueva publicación**, en el **Panel de tareas**, a la izquierda. Al pulsar en la opción **Publicaciones para impresión** aparecerá un extenso catálogo de publicaciones, con gran cantidad de diseños, organizados por temas como **Publicaciones rápidas**, **Anuncios**, **Boletines**, **Calendarios**, **Catálogos**, **Currículos**, **Diplomas**, y muchos otros más.

Para escoger un diseño apropiado para tu proyecto escolar haz lo siguiente:

1. Pulsa en la opción **Publicaciones para impresión**.
2. Selecciona uno de los temas de la lista; como **Boletines**, por ejemplo.
3. Escoge con el ratón (*Mouse*) uno de los diseños mostrados en la ventana de la derecha, pulsando una vez sobre él con el botón izquierdo.
4. Si aparece el cuadro de diálogo **Datos personales**, presiona sobre el botón **Cancelar**.

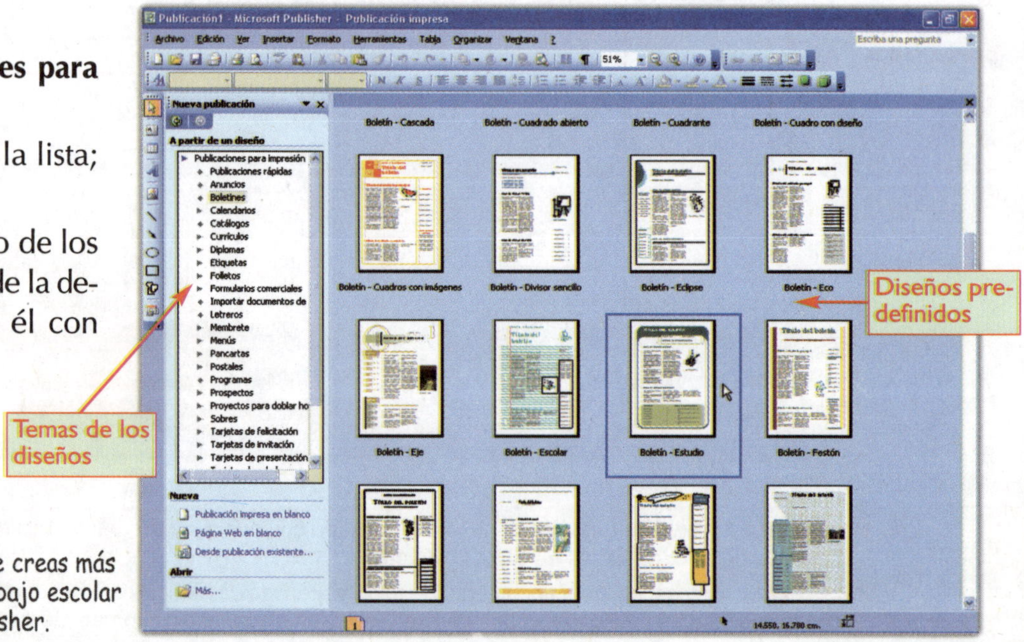

Figura 2.3 Selecciona el diseño que creas más conveniente para el trabajo escolar que realizarás con Publisher.

5. Enseguida aparecerá la plantilla de la publicación seleccionada, en la que puedes insertar los textos y gráficos de tu informe escolar sustituyendo los de referencia.

Actividad 2.1

1. Inicia una sesión de Publisher.
2. Pulsa sobre la opción **Publicaciones para impresión**.
3. Selecciona el tema **Proyectos para doblar hojas**.
4. En la sección **Aviones**, selecciona el diseño **Avión clásico**.
5. Imprime la hoja con el diagrama del avión y la hoja de instrucciones.
6. Cierra la sesión.
7. Arma el avión siguiendo las instrucciones para hacer los dobleces.

Ventana de edición

Para conocer los elementos con que cuentas en la ventana de edición, inicia una sesión de Publisher y en vez de seleccionar alguna de las opciones de la lista en la sección **A partir de un diseño**, en la ventana **Nueva publicación**, pulsa en el ***hipervínculo*** **Publicación impresa en blanco**. Al hacerlo, aparecerá la ***interfaz*** de trabajo del programa con una página en blanco y el **Panel de tareas** habrá cambiado automáticamente a la ventana **Diseños de publicación**, con la opción **Diseños de publicació**n activada, en la que muestra una serie de diseños predefinidos, además de las opciones:

- **Opciones de publicación rápida**. Ofrece plantillas de diseño para crear rápidamente publicaciones estándar.
- **Combinaciones de colores**. Permite seleccionar entre diferentes combinaciones de colores para la publicación.
- **Combinaciones de fuentes**. Propone la aplicación de diversas "familias" o tipos de fuentes.

Figura 2.4 La interfaz o ventana de edición de Publisher contiene todos los elementos necesarios para crear una publicación profesional de manera sencilla.

Hipervínculo: Texto especial que permite desplazarse a otro lugar de la página, de una página a otra en el mismo documento, o de un documento a otro ubicado en una computadora remota, con sólo pulsar sobre él con el ratón.

Interfaz: Pantalla que sirve como elemento de comunicación entre el usuario y la computadora.

Las barras de herramientas **Estándar** y **Formato** contienen botones que ya conoces, pues son iguales o muy parecidos a los de otras aplicaciones de Microsoft, como Paint, WordPad, Word y PowerPoint. Las diferecias sustanciales se encuentran en la **Barra de objetos**, en la barra **Conectar cuadros de texto** y en el **Panel de tareas**.

Barra de herramientas Objetos

Agrupa las herramientas básicas empleadas en el diseño y la edición de una publicación. Tiene una apariencia similar a las barras **Dibujo** de Word y de PowerPoint, y la manera de usar sus herramientas es muy parecida: simplemente pulsa con el ratón sobre la herramienta seleccionada, lleva el apuntador al área de trabajo y realiza la acción correspondiente.

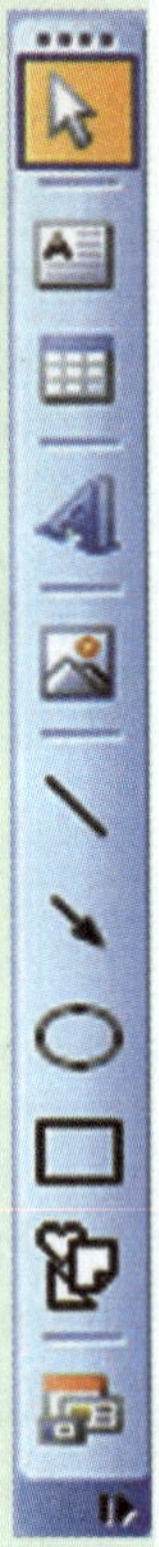

Los elementos de la barra de herramientas **Objetos** y sus funciones, son:

- **Seleccionar objetos**. Se utiliza para seleccionar un *objeto*, y para moverlo o modificar su tamaño.
- **Cuadro de texto**. Permite insertar un objeto, en forma de cuadro o rectángulo, en el que se escriben los textos del documento.
- **Insertar tabla**. Inserta tablas con o sin formato predefinido.
- **Insertar WordArt**. Herramienta para crear títulos artísticos.
- **Marco de imagen**. Permite insertar un marco de imagen vacío, o bien imágenes prediseñadas, una imagen desde un archivo, o imágenes desde un escáner o una cámara digital.
- **Línea**. Sirve para dibujar líneas rectas.
- **Flecha**. Se utiliza para dibujar líneas rectas con una punta de flecha en un extremo.
- **Elipse**. Permite trazar elipses y círculos.
- **Rectángulo**. Permite trazar rectángulos y cuadrados.
- **Autoformas**. Proporciona listados de formas prediseñadas.
- **Objeto de la Galería de diseño**. Abre un catálogo de objetos prediseñados, útiles para completar el diseño, que significan un gran ahorro de tiempo.

Barra de herramientas Formato

La mayoría de las herramientas de la barra **Formato** te son ya familiares, excepto los botones **Color de relleno**, **Color de línea**, **Estilo de línea** o **borde**, **Estilo de guión**, **Estilo de flecha**, **Estilo de sombra** y **Estilo 3D**, que en otras aplicaciones se encuentran en la barra de herramientas **Dibujo**.

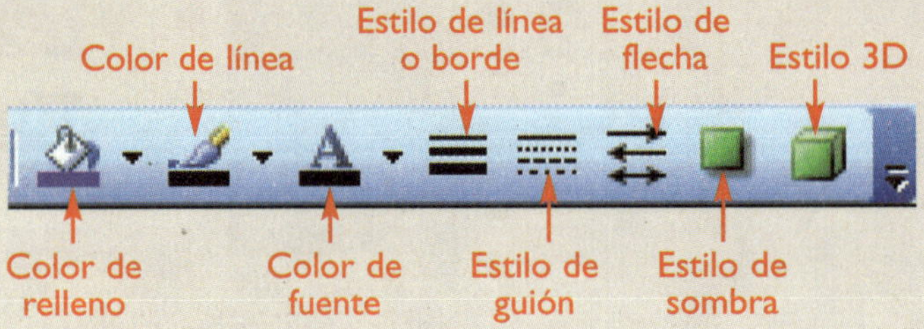

Actividad 2.2

1. Inicia una sesión de Publisher y selecciona la opción **Publicación impresa en blanco**.
2. Practica con las herramientas de la **Barra de objetos**: inserta un círculo de 10 cm de diámetro en la parte superior de la hoja.
3. Aplícale un color verde como relleno, con el botón **Color de relleno**, **Efectos de relleno** y estilo **Desde la esquina**, en la sección **Estilos de sombreado**.
4. Elige con el botón **Estilo de sombra** uno de los tipos disponibles y aplícale otro tono de verde, que contraste con el de la figura. Prueba todos los tipos y observa que la **Sombra estilo 6** o la **Sombra estilo 14** son las que más se adecuan a tu figura.
5. Manipula y ajusta la sombra mediante las herramientas de la barra flotante **Configuración de sombra**.

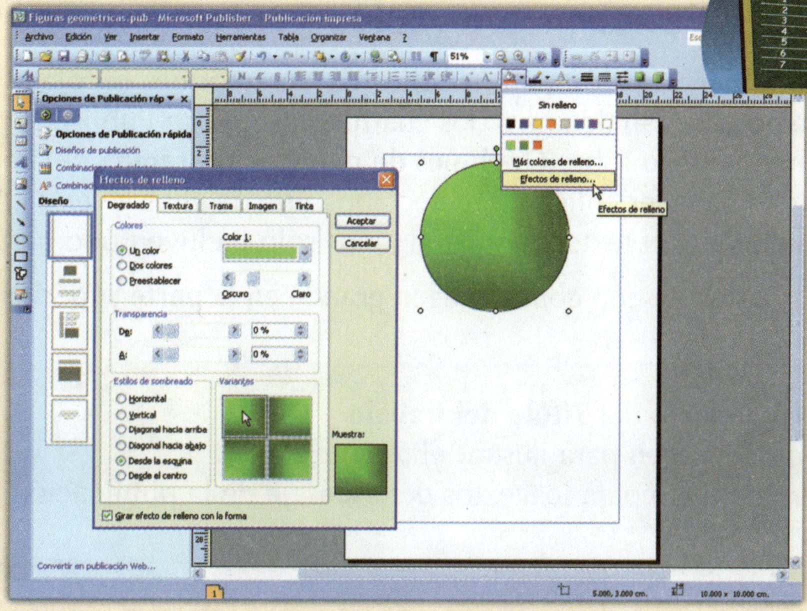

Tip Para crear círculos y cuadrados perfectos pulsa simultáneamente la tecla [**Mayús**] al realizar el trazado de las figuras. El tamaño de las figuras lo controlas observando las coordenadas que aparecen en el extremo derecho de la barra de estado.
Ponles el color con el botón **Color de relleno** y las sombras con el botón **Estilo de sombra**, de la barra de herramientas **Formato**. Por último, para **Empujar sombra hacia abajo** y **Empujar sombra a la derecha** utiliza los botones de la barra **Configuración de sombra**, activándola en la ventana **Estilo de sombra**.

6. Dibuja ahora un cuadrado de 10 cm, con color y sombra en tonos rojos.
7. Guarda el trabajo con el nombre **Figuras geométricas_01**. Al hacerlo, el programa agrega automáticamente la extensión **.pub**.

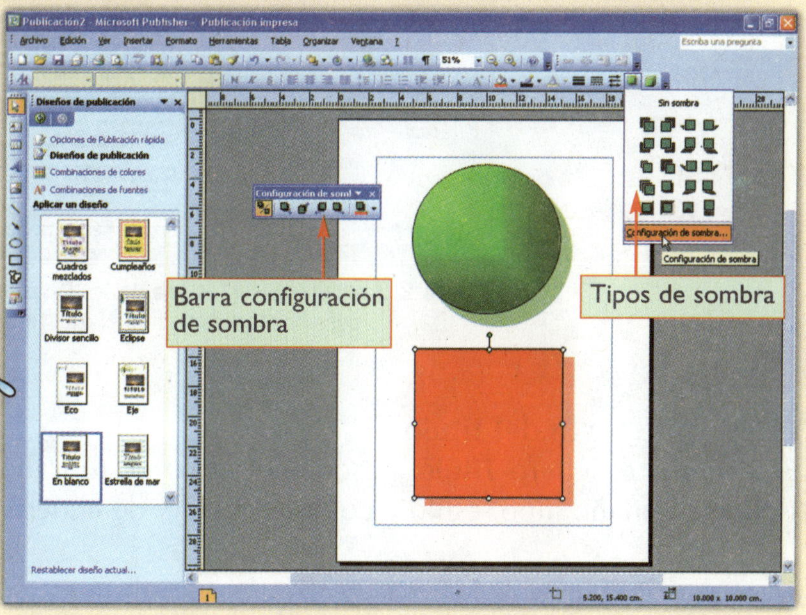

Objeto: Elemento como un sonido, un texto, una fotografía, un dibujo, un videoclip, o de otro tipo, que se puede insertar en cualquier parte del documento. Los objetos se pueden reducir o ampliar de tamaño, o modificarlos mediante los programas con que fueron creados.

2.2 Creación automática de publicaciones

Opciones de publicación rápida

Esta es una buena opción para muchos de tus informes escolares, ya que generalmente los profesores te piden que no excedan de una o dos cuartillas. Al iniciar Publisher, pulsa sobre la opción **Publicación impresa en blanco** y luego sobre **Opciones de publicación rápida** del **Panel de tareas**. Al hacerlo se muestran 15 diseños listos para ser aplicados. Selecciona uno de ellos y verás cómo aparecen, de manera automática, el título, la imagen y el texto, aunque algunos sólo incluyen uno o dos objetos.

Si seleccionas un diseño como **Imagen grande en la parte superior** tendrás tres objetos, que podrán ser editados:

- Cuadro de texto del **Título del trabajo**
- Marco de **Imagen** para ilustrar el reporte
- Cuadro de texto para los textos del **Mensaje** de la publicación

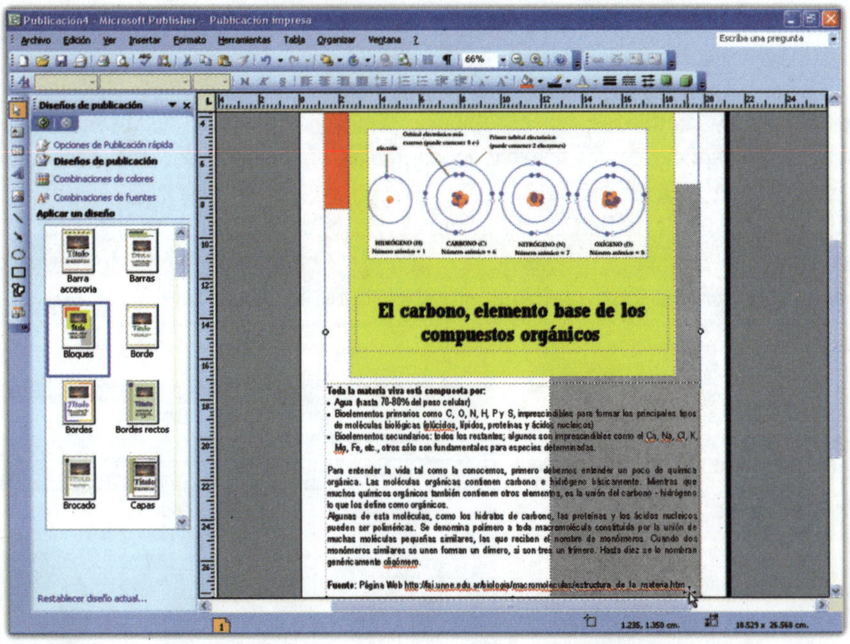

Figura 2.5 Puedes insertar uno de los **Diseños de publicación** predefinidos para hacer más rápido el ajuste de los objetos.

Cuadro de texto del título

Selecciona el letrero **Título** y escribe el título de tu trabajo; a continuación selecciona el nuevo título y defínele tamaño, tipo, estilo y color de fuente, de acuerdo con el estilo de página elegido.

Marco de imagen

Selecciona el marco de imagen, pulsa el botón secundario del ratón sobre él y pulsa sobre las opciones **Cambiar imagen** y **Desde archivo**. En el cuadro de diálogo **Insertar imagen**, elige la imagen que ilustrará el trabajo y pulsa el botón **Insertar**. El efecto es inmediato: la imagen del formato preestablecido se cambia por la imagen seleccionada. Obviamente deberás contar con una imagen sobre el tema, que puedes copiar de Internet.

Cuadro de texto del mensaje

Selecciona el texto que vas a sustituir y escribe el nuevo, o cópialo desde Internet. Dale formato de la misma manera que con el título. Para finalizar, ajusta y distribuye los objetos de manera estética dentro de la página.

NOTA

Cuando en la parte inferior del marco de texto aparece el icono [A···] quiere decir que la extensión del texto ha rebasado el tamaño del cuadro. Para solucionarlo debes pulsar con el botón secundario sobre el texto, ejecutar el comando **Cambiar texto** y seleccionar la opción **Autoajustar texto**. En la lista que aparece activa la opción **Ajuste perfecto**. El tamaño de la fuente se ajusta al espacio establecido.

Actividad 2.3

1. Busca en Internet la biografía de algún personaje histórico reconocido, en tres fuentes.
2. Inicia una sesión de Bloc de notas y escribe ahí los datos importantes tomados de las biografías.
3. Guarda en la carpeta **Mis imágenes** una imagen del personaje que hayas elegido.
4. Inicia una sesión de Publisher con una publicación en blanco.
5. En el **Panel de tareas** elige el diseño, la combinación de colores y la presentación que más te agrade.
6. Edita el título escribiendo el nombre del personaje.
7. Escribe, en el cuadro de texto del mensaje, un breve ensayo sobre la vida y obra del personaje con los datos que tienes en el Bloc de notas.
8. Inserta la fotografía del personaje.
9. Guarda la página con el nombre **Biografía_01**.

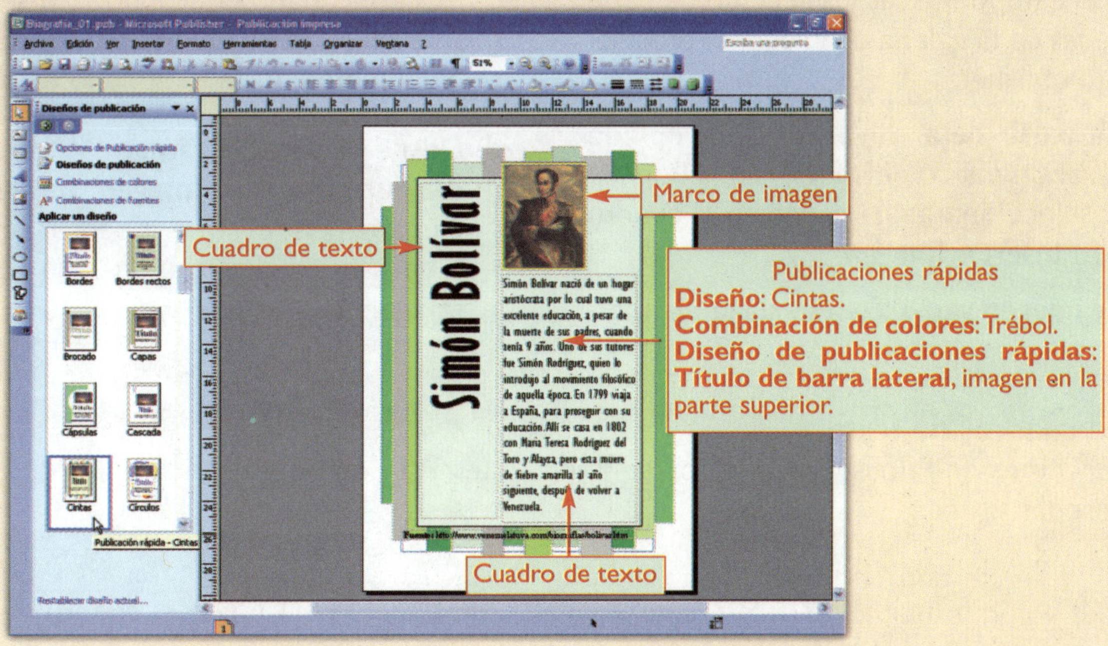

2.3 Edición de páginas en blanco

Crear una publicación con Publisher a partir de una **Publicación impresa en blanco** se reduce a seleccionar la herramienta adecuada e insertar en el área de trabajo el marco correspondiente a cada objeto, darle a cada uno posición, aplicarle formato y ajustarlo.

Inserción de un texto de WordArt

Para insertar un título con un diseño artístico especial haz lo siguiente:

1. Selecciona la herramienta **Insertar WordArt**.
2. Selecciona, en el cuadro de diálogo **Galería de WordArt** que se abre, el estilo de título que más te agrade.
3. Pulsa sobre el botón **Aceptar**: aparecerá el cuadro de diálogo **Modificar texto de WordArt** con el texto seleccionado **Escriba aquí el texto**. Escribe directamente el título de la publicación.
4. Pulsa nuevamente el botón **Aceptar**: se insertará el título con el estilo seleccionado.
5. Con los botones de la barra flotante de herramientas **WordArt** puedes modificar el texto, cambiar el diseño y el formato, y hacer otros ajustes al título artístico.
6. Como el WordArt es un objeto, lo puedes ubicar en cualquier parte de la publicación tan sólo modificando el **Ajuste del texto**.

Inserción de marcos de imágenes

En una publicación de Publisher se pueden insertar imágenes prediseñadas, imágenes desde archivo, marcos de imagen vacíos e imágenes digitalizadas desde un escáner o tomadas con una cámara digital. Para insertar marcos o imágenes debes:

1. Seleccionar la herramienta **Marco de imagen** y escoger una de las opciones mencionadas.

   a) **Imágenes prediseñadas**. Al seleccionar esta opción se abre la ventana **Imágenes prediseñadas**, del **Panel de tareas**. Busca con una palabra clave en el campo **Buscar** y selecciona una de las imágenes de la galería de imágenes prediseñadas de Publisher.

   b) **Imagen a partir de archivo**. Con esta opción debes trazar un marco de imagen en la hoja en blanco y seleccionar una imagen en el cuadro de diálogo **Insertar imagen**.

   c) **Marco de imagen vacío**. Permite trazar un marco de imagen en la hoja, en el que podrás insertar la imagen que hayas preparado: pulsa dos veces sobre el marco trazado para que aparezca el cuadro de diálogo **Insertar imagen**, selecciona la imagen que ilustrará tu trabajo y, finalmente, ajusta el tamaño del marco.

   d) **Desde escáner o cámara**. Abre el cuadro de diálogo **Insertar imagen desde escáner o cámara**, en el que puedes seleccionar la fuente de digitalización y la calidad de la imagen.

Inserción de cuadros de texto

En las publicaciones de Publisher los textos también se insertan como objetos, dentro de un cuadro de texto. Para insertar textos:

1. Elige la herramienta **Cuadro de texto**.
2. Pulsa con el botón principal del ratón dentro del área de trabajo para trazar el cuadro de texto.
3. En la barra de herramientas **Formato** selecciona el tipo, el tamaño, el color y el estilo de la letra.

4. Escribe el texto de la publicación.
5. Ajusta manualmente el marco al tamaño del bloque de texto, o ajusta el texto al tamaño del marco mediante el comando **Ajuste perfecto**.

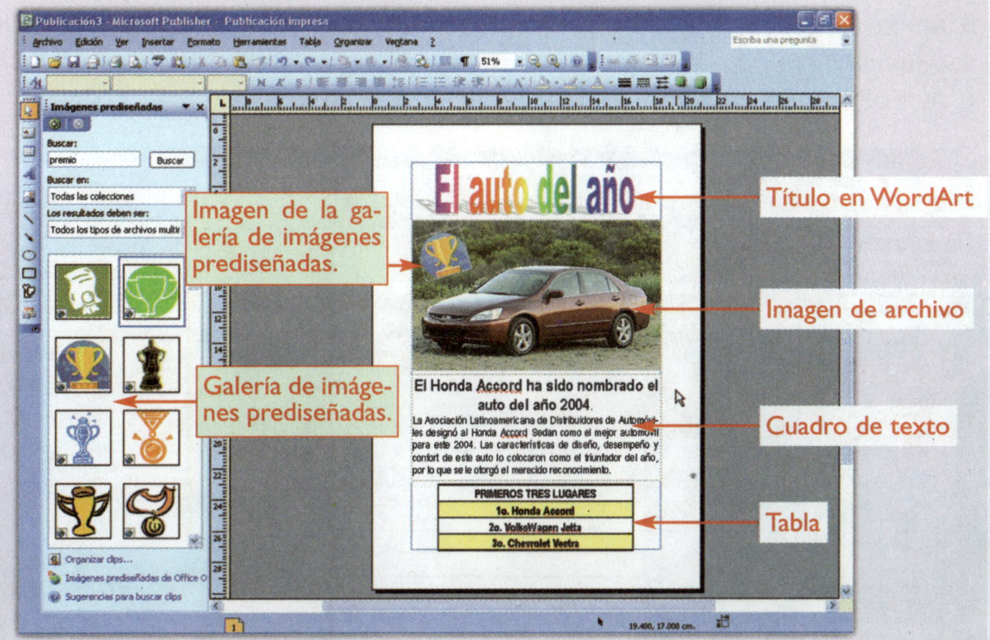

Figura 2.6 Las herramientas de la barra **Objetos** permiten crear una publicación en una página en blanco. Aplica atributos de edición y formato para lograr trabajos de calidad profesional.

NOTA

En el menú **Formato** se encuentran las opciones para modificar las propiedades de **Espaciado entre caracteres**, **Párrafo**, **Numeración y viñetas**, **Letra capital**, etcétera. También, dentro del cuadro de diálogo del comando **Párrafo**, puedes modificar las características de **Sangría e Interlineado**. Todos se ejecutan de la misma manera que en Word.

Inserción de tablas

La herramienta **Insertar tabla** te permite agregar a tu trabajo tablas de manera casi automática, las que puedes escoger de un catálogo de las más comúnmente usadas. Para insertar una tabla:

1. Selecciona la herramienta **Insertar tabla**.
2. Traza el cuadrado o rectángulo del tamaño que creas apropiado para la tabla.
3. Asigna, en el cuadro de diálogo **Crear tabla**, los números de filas y de columnas que tendrá la tabla.
4. Selecciona uno de los diseños predefinidos en la lista **Formato de tabla**, o pulsa en **[Ninguno]** para obtener una tabla sin formato.
5. Pulsa en el botón **Aceptar**.
6. Aplica las características de tipo, tamaño, estilo, alineación y color de la fuente a los textos de cada una de las celdas de la tabla.

Actividad 2.4

1. Inicia una sesión de Publisher con una **Publicación impresa en blanco**.
2. Inserta el título **Calendario del mes** en WordArt.
3. Inserta un objeto del tipo **Calendarios** con la herramienta **Objeto de la Galería de diseño**. Observa que en la parte inferior del calendario se muestra una "etiqueta inteligente" con una "varita mágica". Pulsa sobre ella para editar las opciones del calendario.
4. El **Panel de tareas** cambia a la ventana **Diseños de Calendario**. Pulsa en el botón **Cambiar intervalo de fechas** y ajusta la fecha, en el cuadro de diálogo que se muestra, para que aparezca el mes correspondiente.

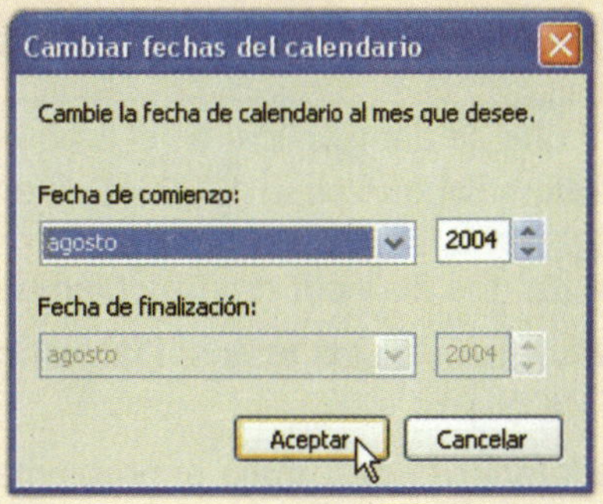

5. Abajo del calendario escribe el subtítulo "**Notas**:" con texto en negritas y 4 o 5 líneas para anotaciones, separadas unos 8 mm entre sí.
6. Al final deberás tener una publicación similar a la de la figura.

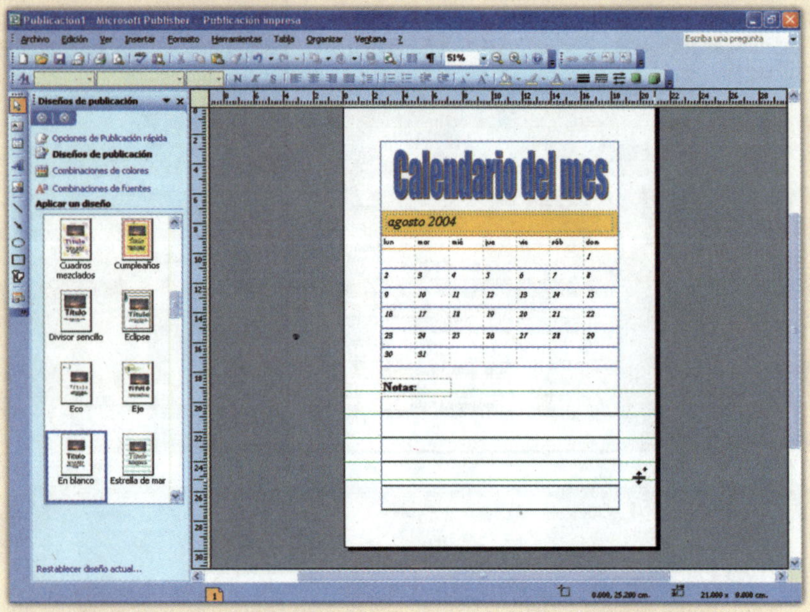

Tip Para dibujar las líneas espaciadas a 8 mm puedes utilizar las *guías horizontales*.

a) Lleva el cursor del ratón hasta la regla superior.
b) Cuando cambie la forma del apuntador, a dos líneas con dos puntas de flecha, pulsa el botón izquierdo y arrástralo hasta la parte inferior de la hoja. Observa que el apuntador trae consigo una línea horizontal punteada.
c) Repite la operación y ubica la siguiente guía 8 mm arriba (apóyate en la regla vertical). Haz lo mismo para las demás líneas guía.
d) Para quitar las guías de regla, al terminar el trazado, abre el menú **Organizar**, ejecuta el comando **Guías de regla** y selecciona la opción **Borrar todas las guías de regla**.

Actividad 2.5

1. Inicia una sesión de Publisher.
2. Selecciona **Publicación impresa en blanco**.
3. Inserta un cuadro de texto y escribe lo siguiente:
   a) El nombre de tu escuela.
   b) Tu nombre.
   c) El grupo en el que estás.
   d) Tu número de lista.
   e) **Proyecto de Física**.
4. Inserta el título Principio de Pascal con un texto artístico de WordArt.
5. En otro cuadro de texto escribe lo siguiente:

> Hidráulica es la parte de la física que estudia los fluidos. Se emplea en la conservación de dispositivos que funcionan con líquidos (agua o aceite), como son los elevadores de carga.
>
> Se basa en el principio de Pascal, que establece que la presión aplicada en un punto de un fluido se transmite con la misma intensidad a cada punto del mismo. Como la fuerza es igual a la presión multiplicada por la superficie, se amplifica proporcionalmente si se aplica a un fluido encerrado entre dos pistones con áreas diferentes; por ejemplo, un pistón que tiene un área de 1cm^2 y otro de 10 cm^2. Al aplicar una fuerza en el pistón pequeño ésta se multiplica diez veces en el pistón grande.

6. Utiliza otro cuadro de texto para el enunciado del problema:

> Calcula la fuerza que se debe aplicar en el émbolo menor, que tiene una superficie de 6 cm^2, de una prensa hidráulica para levantar un automóvil que pesa 1750 kg, que se encuentra apoyado en el émbolo mayor de 400 cm^2 de superficie.

7. Inserta una tabla de dos filas por cuatro columnas.
   a) En la fila superior escribe los títulos: **Datos** en la primera celda, **Fórmula** en la segunda, **Sustitución** en la tercera y **Resultado** en la cuarta.
   b) En las celdas inferiores desarrolla el problema y obtén los resultados.

8. Dibuja, con una aplicación como Paint, el esquema de un sistema hidráulico cerrado e insértalo como imagen de archivo.
9. Localiza en Internet o en la enciclopedia Encarta una imagen de la aplicación de este principio e insértala en la publicación.
10. Distribuye todos los elementos en la hoja para que se vea agradable y profesional. También puedes aplicarle uno de los **Diseños de publicación**.
11. Guarda la publicación con el nombre **Prensa hidráulica.pub** e imprímela en color.

LICEO DE LAS AMÉRICAS
Laura Ortiz Martínez
2o. "B"
N.L. 34
Proyecto de Física

Principio de Pascal

Hidráulica es la parte de la física que estudia los fluidos. Se emplea en la construcción de dispositivos que funcionan con líquidos (agua o aceite), como son los elevadores de carga.

Se basa en el principio de Pascal, que establece que la presión aplicada en un punto de un fluido se transmite con la misma intensidad a cada punto del mismo. Como la fuerza es igual a la presión multiplicada por la superficie, se amplifica proporcionalmente si se aplica a un fluido encerrado entre dos pistones con áreas diferentes; por ejemplo, un pistón que tiene un área de 1 cm^2 y el otro de 10 cm^2. Al aplicar una fuerza en el pistón pequeño ésta se multiplica diez veces en el pistón grande.

Calcula la fuerza que se debe aplicar en el émbolo menor de una prensa hidráulica que tiene una superficie de 6 cm^2, para levantar un automóvil que pesa 1750 kg., que se encuentra apoyado en el émbolo mayor, de 400 cm^2 de superficie.

DATOS	FÓRMULA	OPERACIONES	RESULTADO
F1 = ? F2 = 1750 kg. S1 = 6 cms2 S2 = 400 cms2	F1 = (S1 * F2) / S2	F1 = (6 * 1750) / 400 F1 = (10500) / 400	F1 = 26.25 kg.

2.4 Ediciones especiales

Desde el inicio, Publisher 2003 ofrece una serie de asistentes que, de manera casi automática, te permiten crear cualquier diseño impreso que requieras, por más complicado que parezca. También es posible realizar los diseños de manera personalizada.

Invitaciones y tarjetas

Con Publisher puedes crear invitaciones, tarjetas de felicitación o tarjetas de presentación con tan sólo pulsar en la opción **Publicaciones para impresión** y en la lista de temas seleccionar el correspondiente. Para crear una tarjeta:

1. Inicia una sesión de Publisher.
2. En la pantalla **Inicio** pulsa sobre **Publicaciones para impresión**.
3. Selecciona, en la lista de temas, **Tarjetas de invitación** y uno de los subtemas: **Fiesta de cumpleaños** por ejemplo. Selecciona uno de los diseños que se muestran en la sección **Invitaciones a fiesta de cumpleaños**.
4. Puedes cambiar el diseño en el campo **Diseño**, de la ventana **Opciones de invitación**, en el **Panel de tareas**.
5. Pulsa en **Opciones de página** para escoger el tamaño y formato de la tarjeta terminada, seleccionando el **Tamaño y plegado** de la hoja de papel.
6. Pulsa ahora en **Galería de tarjetas** para **Aplicar un diseño predefinido** de tarjeta, entre las múltiples opciones disponibles.
7. Aplica a tu publicación las **Combinaciones de colores** y las **Combinaciones de fuentes** que más te agraden para el fondo y los textos.
8. Observa que la publicación tiene cuatro páginas. Cambia los textos predefinidos, en cada página, por los que a ti se te ocurran.
9. Agrega más textos o imágenes, si así lo prefieres.
10. Imprime la invitación y dóblala en las partes que indica la guía de doblez.

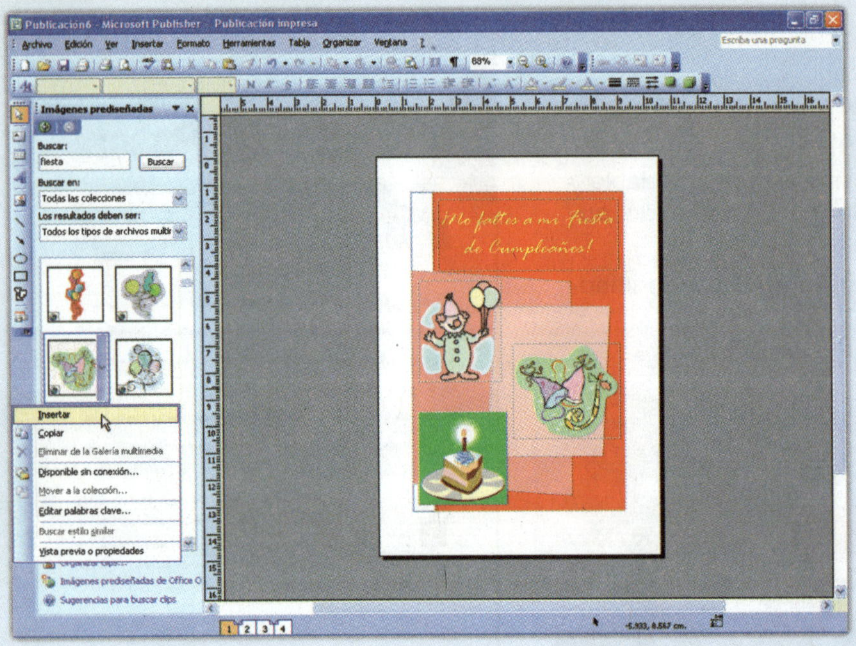

Figura 2.7 Es muy sencillo y rápido realizar diseños especiales como invitaciones o tarjetas de felicitación.

Si tienes alguna idea para realizar una publicación especial y no encuentras una plantilla o asistente que te ayude a llevarla a cabo automáticamente, puedes seleccionar desde el inicio **Publicaciones en blanco** y escoger el tipo de página, tarjeta, pancarta o ficha, para hacerla manualmente.

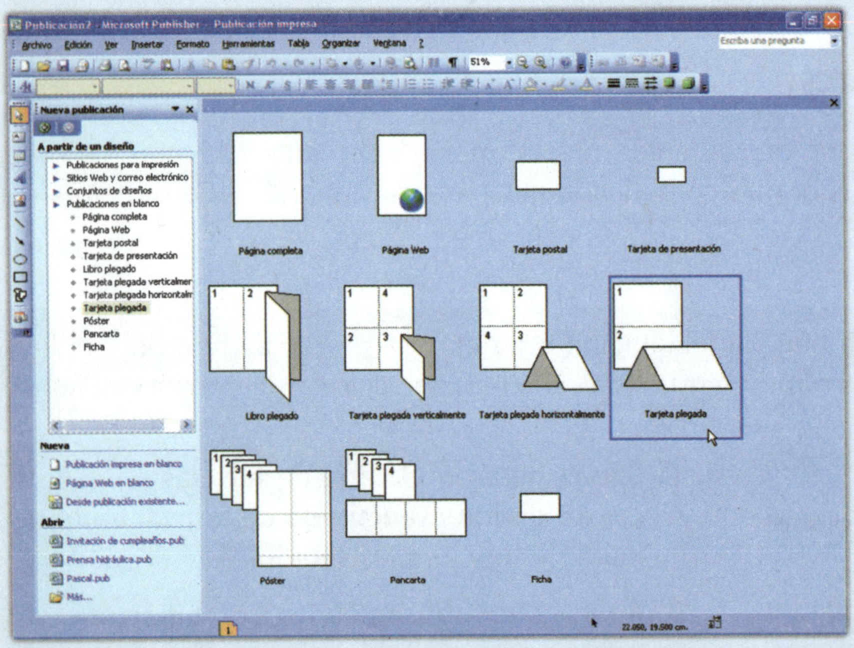

Figura 2.8 **Publicaciones en blanco** te permite realizar una publicación con tamaño de papel y dobleces predefinidos.

Una vez seleccionado el tipo de tarjeta, podrás agregar manualmente los objetos que creas convenientes para tu diseño, como títulos con WordArt, textos, imágenes, etc. Si ninguno de los diseños te convence, ejecuta el comando **Configurar página**, del menú **Archivo**, y diseña tu propio estilo de tarjeta.

Actividad 2.6

1. Inicia una sesión de Publisher con la opción **Publicaciones en blanco**.
2. Elabora una tarjeta plegada para felicitar a tu profesora o profesor en el día de su cumpleaños.
3. Guarda la tarjeta de felicitación con el nombre **Aniversario.pub** e imprímela a color en un papel de buena calidad.

Programas de celebraciones

Es frecuente que en tu colegio se realicen celebraciones, como obras de teatro o conciertos, y que seas tú solo, o con algunos compañeros, quienes las interpreten o se encarguen de elaborar los programas de las mismas. Es en estas ocasiones en que Publisher se convierte en tu mejor aliado, ya que es la aplicación que te permite producir fácil, rápida y profesionalmente el programa impreso de la celebración.

Este tipo de publicación generalmente se diseña para el formato de una hoja tamaño carta doblada a la mitad, que ofrece 4 páginas, o caras útiles, de 13.97 cm de ancho por 21.59 cm de altura. Para diseñar un programa:

1. Inicia una sesión de Publisher.
2. Selecciona la opción **Publicaciones para impresión** y el tema **Programas**.
3. Escoge entre las opciones de **Programa de música**, **Programa de servicio religioso** y **Programa de teatro**.
4. Sustituye los textos por los de tu programa en la primera página del programa, que es la plantilla que te deja visible Publisher. Para continuar en las demás páginas debes pulsar en el icono correspondiente entre los cuatro que puedes ver en la barra de estado.
5. Despliega el menú **Archivo** y pulsa en el comando **Configurar página**.
6. Confirma que se encuentren seleccionadas, en el cuadro de diálogo **Configurar página**, las opciones **Tamaño: Carta** y **Orientación: Horizontal**, en la ficha **Impresora y papel**.
7. Cambia los textos propuestos por los que desees e inserta las imágenes que ilustren adecuadamente tu publicación.

Folletos y trípticos

Los trípticos son publicaciones, generalmente en hojas tamaño carta u oficio, con orientación horizontal, que dividen la hoja en tres partes. Se utilizan mucho en propaganda publicitaria y en promociones. Para elaborar un folleto o un tríptico:

1. Inicia una sesión de Publisher.
2. Selecciona la opción **Publicaciones para impresión** y el tema **Folletos**.
3. Escoge uno de los subtemas: **Informativo**, **Lista de precios**, **Evento** o **Recaudación de fondos**, y selecciona uno de los diseños.
4. Introduce los textos de tu folleto en el anverso de la hoja (**Página 1** de la publicación). Observa que el **Panel de tareas** muestra la ventana **Opciones de folleto**, la que te ofrece la posibilidad de incluir la **Dirección del cliente** y algún **Formulario**, ya sea **de pedido**, **de respuesta** o **de inscripción**.
5. Pulsa sobre el icono de la **Página 2**, en la **barra de estado**, y termina de sustituir, en el reverso de la hoja, los textos y las imágenes de referencia.

Actividad 2.7

1. Inicia una sesión de Publisher.
2. Selecciona la opción **Publicaciones para impresión** y el tema **Programas**.
3. Escoge **Programa de música**.
4. Verifica que se encuentren seleccionadas las opciones **Tamaño: Carta** y **Orientación: Horizontal** en el cuadro de diálogo **Configurar página**.

5. Diseña el programa para un concierto de música de Beethoven con las siguientes características:
   a) **Página 1.**
   - Nombre de la celebración.
   - Imagen representativa de la celebración (si la que ofrece Publisher no es adecuada, puedes cambiarla).
   - Fecha y hora del concierto.

   b) **Página 2.**
   - Imagen y Biografía de Ludwig van Beethoven.

   c) **Página 3.**
   - Nombres del o de los intérpretes y de la pieza.
   - Inserta varias imágenes pequeñas relativas al tema del concierto y de los instrumentos con que se ejecuta.

   d) **Página 4.**
   - Inserta el escudo del colegio, tu nombre y la fecha de la publicación.

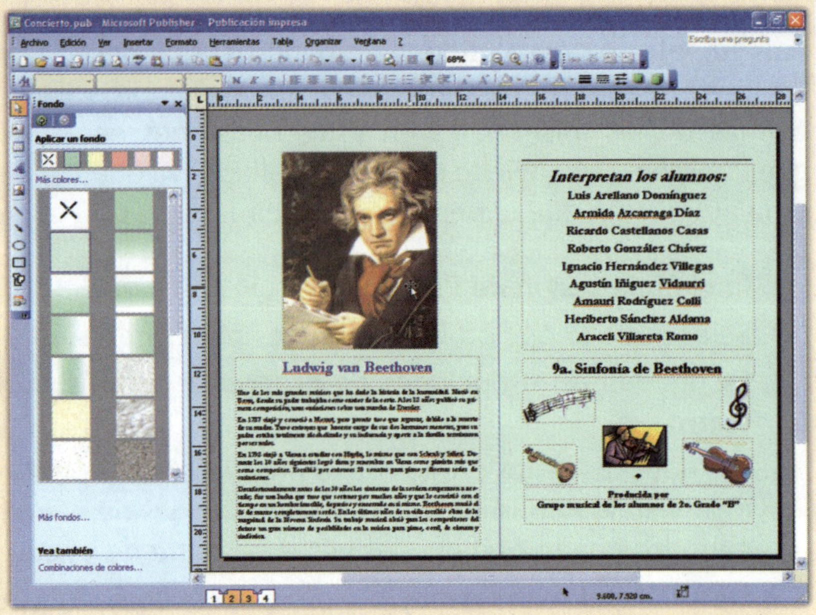

6. Guarda el archivo con el nombre **Concierto.pub** (recuerda que la extensión **.pub** la incluye automáticamente el programa).
7. Imprime el programa.

Actividad 2.8

Busca en Internet información turística relativa a cuatro países de Europa (España, Inglaterra, Francia e Italia) y haz lo siguiente:

1. Inicia una sesión de Publisher.
2. Realiza un tríptico con cualquier diseño de **Folletos**.
3. Con la **Página 1** seleccionada, ejecuta el comando **Seleccionar todo**, del menú **Edición**, y pulsa la tecla [**Supr**] para eliminar todos los objetos de texto y gráficos.
4. Realiza la misma operación en la **Página 2**. Al eliminar todos los elementos sólo quedarán las líneas guía.
5. Diseña el tríptico, manualmente, con las siguientes características:
   a) **Página 1.**

CARA	TEXTO	IMÁGENES
Portada	Guía turística de Europa.	Fotos de los 4 países.
Posterior	Una dirección ficticia de una agencia de viajes, con sus números de teléfono y fax.	Logotipo de la agencia (un globo terráqueo ovalado, por ejemplo).
Interior	Título "España" con WordArt. Texto turístico de España.	Fotos turísticas de España.

   b) **Página 2.**

CARA	TEXTO	IMÁGENES
Izquierda	Título "Inglaterra" con WordArt. Texto turístico de Inglaterra.	Fotos turísticas de Inglaterra.
Posterior	Título "Francia" con WordArt. Texto turístico de Francia.	Fotos turísticas de Francia.
Interior	Título "Italia" con WordArt. Texto turístico de Italia.	Fotos turísticas de Italia.

NOTA

Las caras de la **Página 1** son: la derecha, **Portada**; la central, **Cara posterior** o contraportada, y la izquierda, **Cara interior**. Las caras de la **Página 2** son **Izquierda**, **Central** y **Derecha**, todas interiores, por lo que la información se debe introducir de izquierda a derecha.

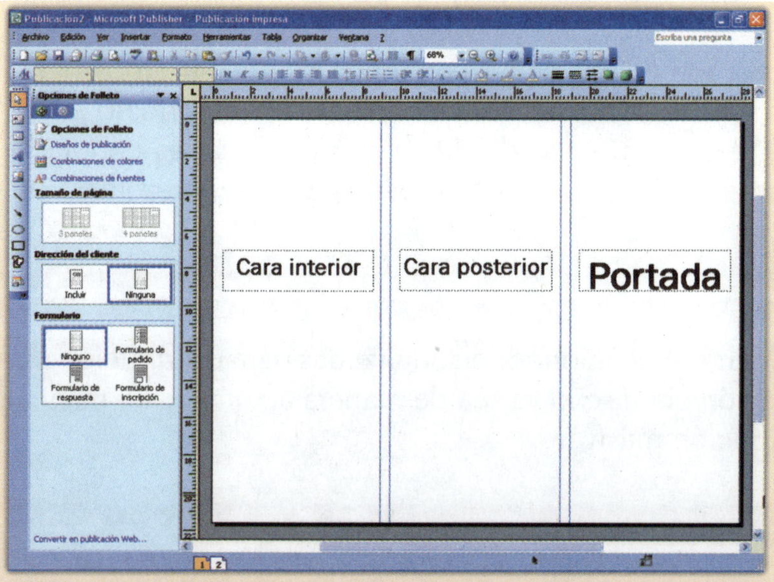

6. Dale un diseño atractivo al tríptico, insertando un fondo de color y textos con un tipo de fuente llamativo.
7. Guarda el archivo con el nombre **Guía de Europa.pub**.
8. Imprime el tríptico a color.

Tip Para imprimir la hoja de papel por frente y vuelta, imprime primero la **Página 1**, dale vuelta a la hoja impresa e imprime enseguida la **Página 2**.

Lee y deduce

Imprentas virtuales

Durante muchos años todos los impresos de tarjetas, invitaciones, felicitaciones, hojas membretadas y formas comerciales se realizaban en imprentas profesionales, con procedimientos de impresión muy parecidos a los empleados por Gutenberg, el inventor de la imprenta de tipos móviles en 1455.

En el siglo XIX se inventaron las primeras máquinas de impresión accionadas por vapor, y las primeras rotativas rudimentarias (imprentas para papel en rollo), y es hasta el siglo de oro de la tecnología –el pasado siglo XX– cuando se logran los más grandes avances en reproducción fotográfica e impresión Offset primero, y luego en cuanto al diseño e impresión digital, lo que permite que personas como tú puedan producir fácilmente publicaciones virtuales con calidad profesional.

Con estos antecedentes, ¿crees que hubiera evolucionado tanto la impresión si no existieran las computadoras, sí o no? ________.

En las líneas siguientes describe cómo imaginas que pueda ser la impresión digital en el futuro:

____

____

____

____

____

Publicaciones de distribución masiva

Buena parte de la correspondencia que llega a tu casa son promociones comerciales, que han sido enviadas de manera masiva. La personalización de estas publicaciones se realiza con base en un formato general que incluye algunos ***campos*** que se relacionan con un archivo de direcciones, el cual es conocido como ***base de datos***. En Publisher se puede diseñar este tipo de publicaciones, lo que te representará un gran ahorro de tiempo y recursos.

Preparación de la publicación. El primer paso para crear publicaciones personalizadas para distribución masiva es la preparación de la misma; es decir, la realización del diseño ya sea de manera automática o manual. Para preparar el diseño de una publicación de distribución masiva:

1. Inicia una sesión de Publisher y selecciona la opción **Publicación impresa en blanco**. Para determinar el tamaño y objetos de tu publicación, tomemos como ejemplo la invitación a tu fiesta.
2. Ejecuta el comando **Configurar página**, del menú **Archivo**, y selecciona el **Papel Tamaño**: **Carta**, con **Orientación Vertical**.
3. Pulsa sobre la pestaña de la ficha **Diseño** y selecciona **Tipo de publicación Personalizado**, con **Tamaño de página Ancho**: 10.78 cm y **Alto**: 13.97 cm.
4. Diseña la publicación con textos, imágenes prediseñadas y un plano con la dirección de la fiesta, e introduce dos cuadros de texto para los campos que contendrán el nombre de tu invitado y un mensaje individualizado.
5. Guarda el archivo con un nombre representativo, como **Invitación Fiesta.pub**.

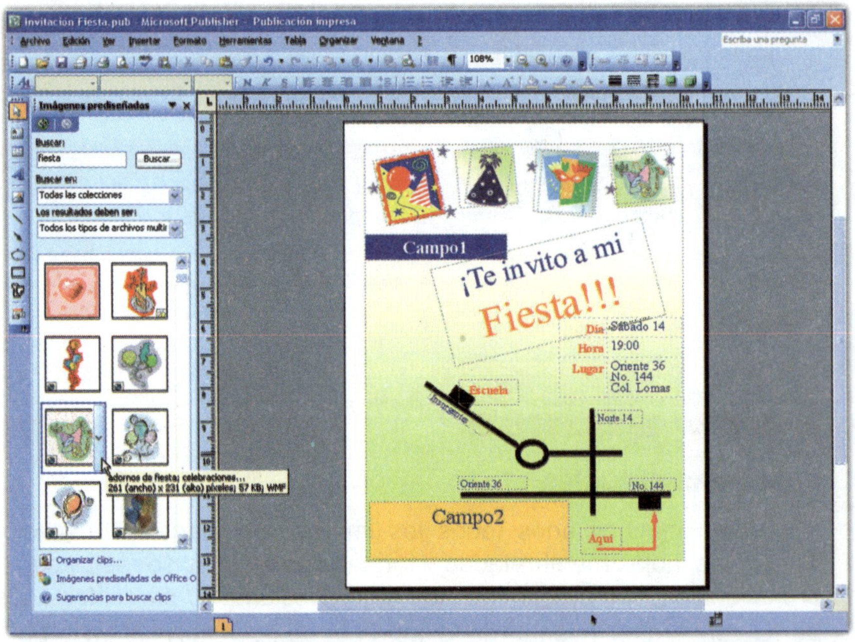

Figura 2.9 En una publicación de distribución masiva debes insertar los cuadros de texto y las imágenes considerando el espacio que destinarás para el nombre y el mensaje que se imprimirán individualizados en cada invitación.

Elaboración de la lista de direcciones. La lista de direcciones no es más que un archivo estructurado como una base de datos, en el que se guardan los campos de cada ***registro***. Los registros contendrán los datos de cada uno de tus invitados. En este caso, el nombre y el mensaje que le escribirás a cada quien en la tarjeta de invitación. Para elaborar la lista de direcciones:

1. Despliega el menú **Herramientas** y pulsa sobre el comando **Combinación de catálogos y de correspondencia**; luego selecciona **Crear lista de direcciones**.

- ***Campos***: Cada uno de los datos que se incluyen en las columnas de una base de datos.
- ***Base de datos***: Colección o recopilación de datos relacionados y organizados en forma electrónica.
- ***Registro***: Conjunto de campos referido a un concepto en particular. Cada conjunto de campos ubicados en una fila o renglón representa un registro.

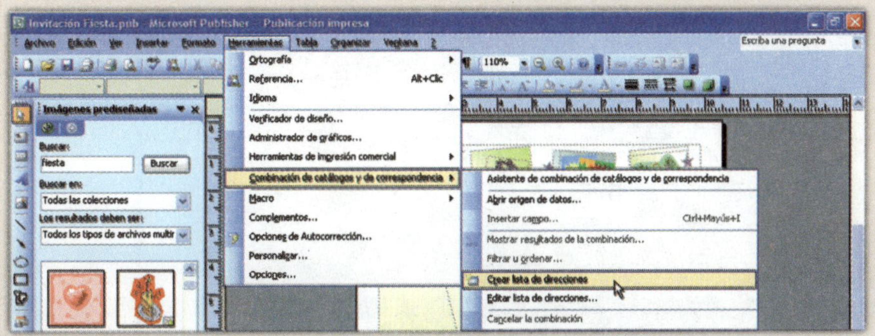

Figura 2.10 El comando **Combinación de catálogos y de correspondencia** te permite crear publicaciones masivas personalizadas.

2. Pulsa el botón **Personalizar** en el cuadro de diálogo **Nueva lista de direcciones**.
3. Selecciona el primer campo de la lista **Nombres de campo**.
4. Pulsa en el botón **Cambiar nombre** y escribe el nuevo nombre en el cuadro de diálogo **Cambiar nombre del campo**; pulsa luego en **Aceptar** (en este caso cámbialo por **NombreAmigo**).
5. Selecciona el segundo campo y repite el proceso anterior (el nombre de este campo puede ser **Mensaje**).

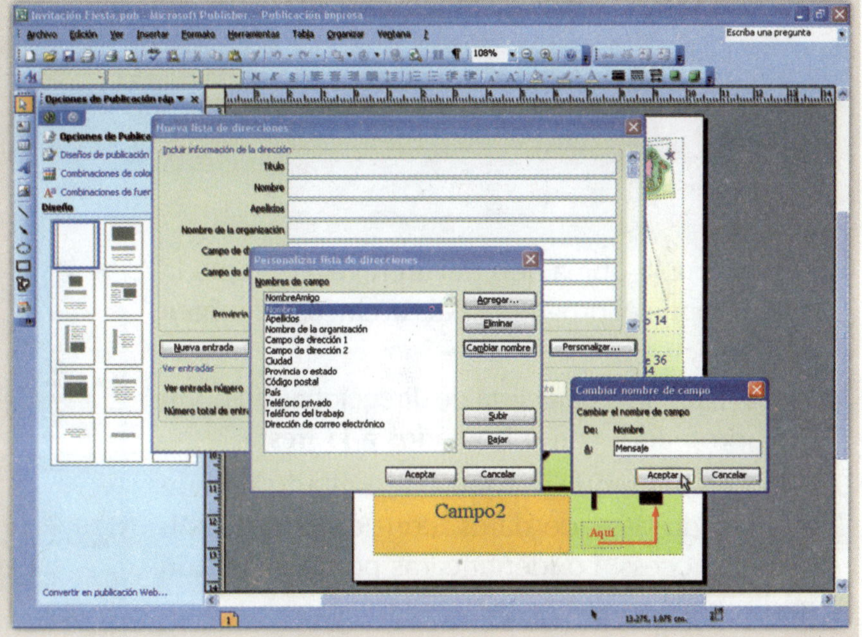

Figura 2.11 Mediante el cuadro de diálogo **Cambiar nombre del campo** puedes personalizar los campos de tu base de datos.

6. Elimina todos los campos restantes, ya que en esta publicación sólo utilizarás los dos que ya se editaron. Para hacerlo, selecciona el último campo y pulsa sobre el botón **Eliminar**; confirma que **Sí** deseas eliminarlo. Repite esto para los demás campos.
7. Al terminar, pulsa en el botón **Aceptar** para volver al cuadro de diálogo **Nueva lista de direcciones**.

Rellenado de los campos del formulario. El cuadro de diálogo **Nueva lista de direcciones** es un formulario que permite introducir fácilmente los datos en los campos que componen cada uno de los registros. Estos datos se guardan en un archivo de base de datos que se relaciona con la publicación de distribución masiva, y al momento de imprimirla introduce en cada una de ellas los datos individualizados. Para rellenar los campos de la base de datos (estando en el cuadro de diálogo **Nueva lista de direcciones** y en el ejemplo de los invitados a tu fiesta, en el que preparaste sólo dos campos):

1. Escribe, para el registro 1, los datos en los campos <<**NombreAmigo**>> y <<**Mensaje**>>.
2. Pulsa sobre el botón **Nueva entrada** e introduce los datos del segundo registro. Repite este procedimiento para todos los demás registros de invitados a tu fiesta.
3. Al terminar presiona el botón **Cerrar**. Al hacerlo, se abre automáticamente el cuadro de diálogo **Guardar lista de direcciones**.

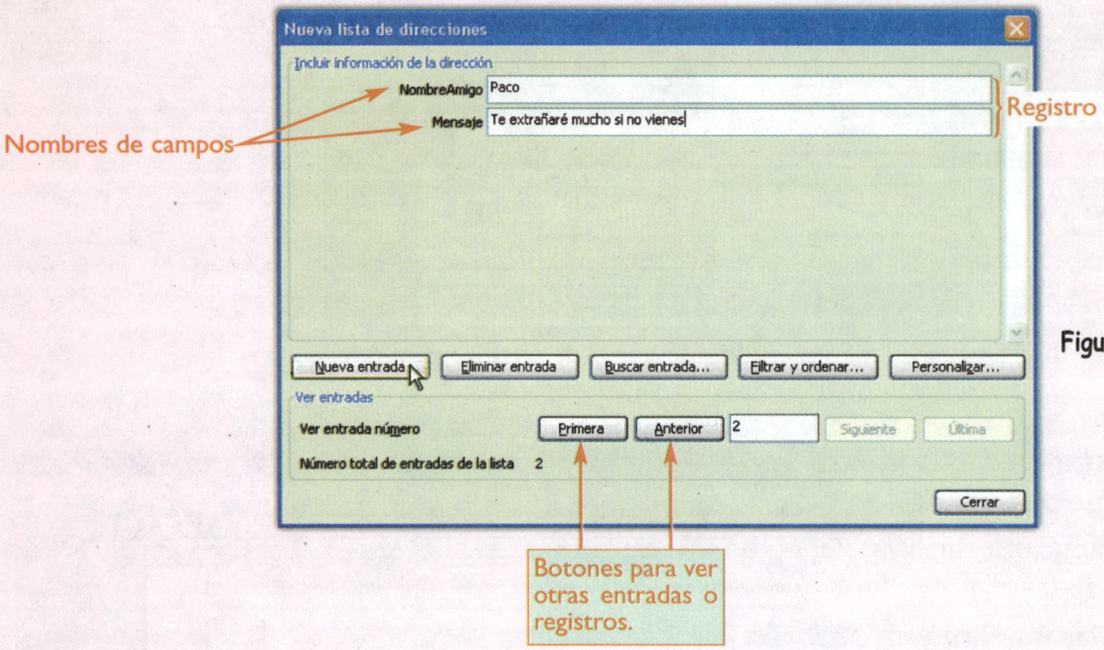

Figura 2.12 Con el formulario **Nueva lista de direcciones** puedes introducir nuevos registros o entradas, eliminar alguno, y ordenarlos como te convenga.

4. Determina la ubicación del archivo, o acepta la que propone el programa: **Mis archivos de origen de datos**.
5. Ponle al archivo de la lista de direcciones un nombre apropiado, como **Invitados a la fiesta**.
6. Pulsa en el botón **Guardar**. El resultado será un archivo de base de datos, con formato de Microsoft Access. Lo identificarás por la extensión **.mdb**.

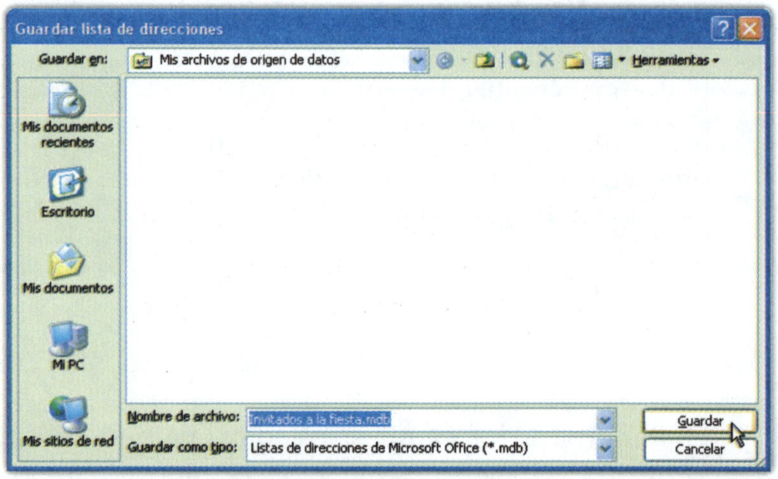

Figura 2.13 Es conveniente aceptar la carpeta que propone el programa para la ubicación de tu lista de direcciones: **Mis archivos de origen de datos**.

Relación de la base de datos con la publicación. El paso final, para producir la publicación de distribución masiva, es la tarea de relacionar la base de datos con la publicación misma; así, al imprimirla, se imprimirán los datos individualizados de cada uno de los registros. Para relacionar la base de datos con la publicación:

1. Pulsa sobre el comando **Combinación de catálogos y de correspondencia**, del menú **Herramientas**, y selecciona la opción **Abrir origen de datos**.
2. Localiza el archivo de la base de datos con la lista de direcciones. Si lo guardaste en la carpeta **Mis archivos de origen de datos**, el cuadro de diálogo **Seleccionar archivos de origen de datos** mostrará tu archivo **Invitados a la fiesta.mdb**; si lo guardaste en otra carpeta, debes buscarlo allí para abrirlo.
3. Selecciona el archivo y pulsa en el botón **Abrir**.
4. Selecciona el texto de referencia del **Campo1** (el que destinaste para el nombre de cada invitado), abre nuevamente el menú **Herramientas**, pulsa en el

comando **Combinación de catálogos y de correspondencia** y escoge la opción **Insertar campo**.

5. En el **Panel de tareas** se abre la ventana **Combinar catálogos y correspondencia** con opciones para relacionar la base de datos con los campos que se insertarán en la publicación. Pulsa en el primer campo y observa que en vez del texto **Campo1** aparecerá escrito el nombre del campo: <<**NombreAmigo**>>.
6. Selecciona ahora el texto **Campo2** y pulsa en el segundo campo en el **Panel de tareas** para así cambiarlo por <<**Mensaje**>>.

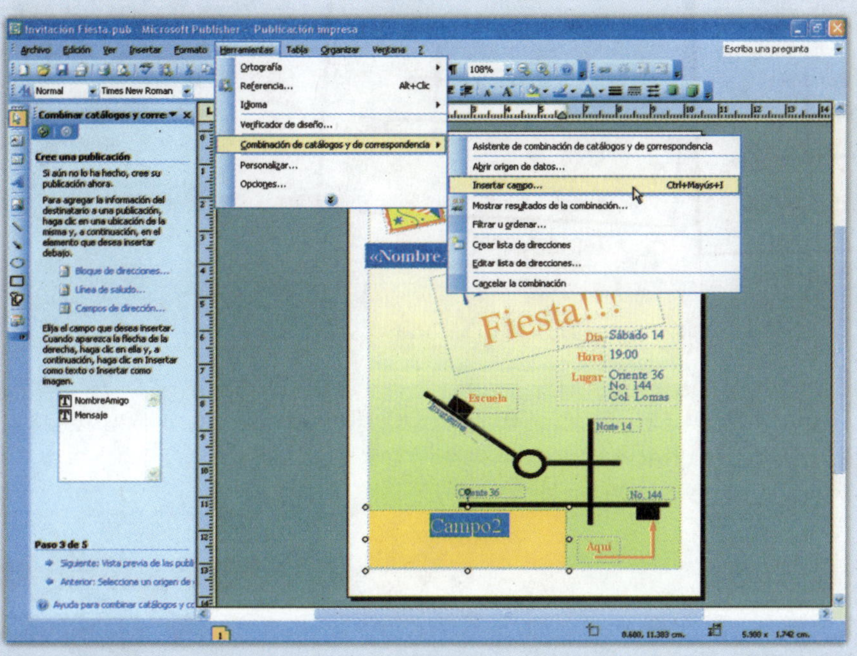

Figura 2.14 El comando **Insertar campo** abre la ventana **Combinar catálogos y correspondencia** del **Panel de tareas**, en la cual puedes seleccionar los campos de los datos personalizados.

7. En la parte inferior del **Panel de tareas** se puede ver que te encuentras en el **Paso 3 de 5** de este proceso; pulsa en el vínculo **Siguiente**: **Vista previa de las publicaciones** para que veas cómo quedarían impresas tus invitaciones.
8. El **Panel de tareas** cambia al **Paso 4 de 5**, llamado **Vista previa de las publicaciones**, en el cual se muestran los dos botones que ves en la figura, con los que puedes avanzar o retroceder en los registros de cada uno de los destinatarios (tus invitados).

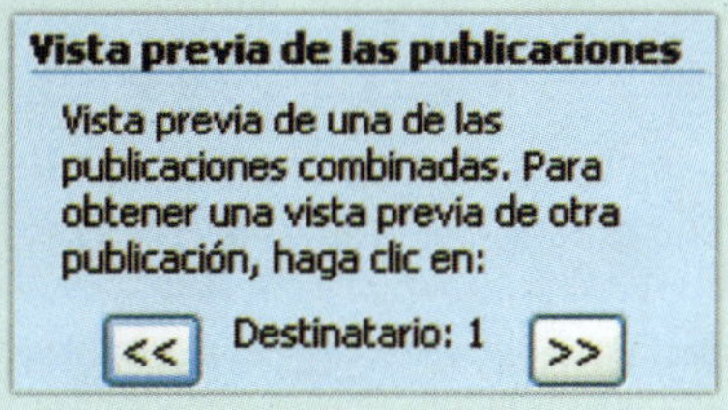

9. Pulsa en el botón de avanzar para ver en la pantalla cómo se imprimirá cada una de las invitaciones.
10. Para finalizar, pulsa en el vínculo **Siguiente**: **Complete la combinación** para imprimir las invitaciones, o para crear una nueva publicación que contenga todas las invitaciones, una en cada página.

Figura 2.15 *Al guardar o imprimir el archivo combinado obtendrás invitaciones personalizadas para cada uno de tus invitados.*

¡Date cuenta cuánto te ahorra Publisher! ¡Imagina el esfuerzo y el tiempo que tardarías si rotularas manualmente el nombre y el mensaje para 80 o más invitados!

Actividad 2.9

1. Diseña una tarjeta navideña personalizada, para cinco amigos, utilizando Publisher.
2. Crea una lista de cinco registros, con los siguientes cuatro campos: **Nombre**, **ApellidoPaterno**, **ApellidoMaterno** y **Mensaje**.
3. Escribe un mensaje navideño individualizado para cada uno de tus amigos.
4. Combina la publicación con la base de datos.
5. Guarda la publicación con el nombre **Tarjeta navideña.pub**.
6. Imprime las cinco tarjetas.

Actividad 2.10

1. Inicia una sesión de Publisher.
2. Configura una página vertical tamaño **Oficio**.
3. Diseña un cartel para anunciar y promocionar una campaña de limpieza en tu escuela.

Actividad 2.11

1. Diseña con Publisher tu tarjeta de presentación, con los siguientes datos:
   - **a)** Logotipo diseñado con una herramienta como Paint o CorelDraw.
   - **b)** Tu nombre completo.
   - **c)** Dirección.
   - **d)** Teléfono.
   - **e)** Dirección de correo electrónico, si cuentas con una.

Actividad 2.12

1. Integra un equipo, con otros once compañeros de tu salón, con el objetivo de producir una revista que contenga seis módulos: ***portada***, ***contraportada***, un artículo ***editorial***, en una página interior, y tres ***artículos de interés cultural***, cada uno en una página.

   Divide el equipo en parejas para que cada una desarrolle un módulo. La revista deberá tener las siguientes características:

Tema	Libre.
Portada	1. Nombre de la revista. 2. Una frase como *eslogan*. 3. Logotipo de la revista. 4. Una o dos ilustraciones sobre el tema de la revista.
Contraportada	Ensayo sobre la historia de tu escuela o colegio (fundadores, año de fundación, personalidades destacadas entre los egresados, etc.)
4 páginas de interiores	1. Editorial y tabla de contenido. 2. Primer artículo cultural. 3. Segundo artículo cultural. 4. Tercer artículo cultural. Todas las páginas deberán tener ilustraciones alusivas.

2. Pide a tus profesores que expresen su opinión sobre la revista antes de imprimirla.
3. Impriman la revista y engrápenla.

2.5 Reafirmación del aprendizaje

1. ¿Qué tipo de documentos puedes crear con Microsoft Publisher?

   ____

   ____

2. Describe tres ventajas que encuentras en Publisher sobre Microsoft Word.

   a) ____

   b) ____

   c) ____

3. Anota las cuatro opciones de inicio que ofrece la ventana **Nueva publicación**, del **Panel de tareas**, en la sección **A partir de un diseño**.

   a) ____

   b) ____

   c) ____

   d) ____

Eslogan: Frase publicitaria breve y elocuente.

4. Menciona al menos cinco de los tipos de publicación que aparecen al pulsar sobre la opción **Publicaciones para impresión**, en el **Panel de tareas**:

a) ______________________________

b) ______________________________

c) ______________________________

d) ______________________________

e) ______________________________

5. Abre la lista **Paneles de tareas adicionales** pulsando en la punta de flecha hacia abajo que se encuentra en la parte superior del **Panel de tareas** y contesta lo siguiente:

a) ¿Cuántas opciones tiene el **Panel de tareas**?

____

b) Menciona cinco de ellas.

____

____

____

____

____

6. Describe las funciones de las siguientes herramientas de la barra de herramientas **Objetos**:

a) Cuadro de texto: ______________________________

b) Autoformas: ______________________________

c) Línea: ______________________________

7. ¿Cuál es la opción de diseño que te permite realizar publicaciones de manera casi automática?

____

8. ¿Qué comando, del menú **Insertar**, te permite insertar en una publicación diseños predefinidos, como tablas de contenido, formularios de respuesta, calendarios, logotipos y otros?

____

9. Menciona los nombres de tres tipos de **Boletines** que ofrece el catálogo **Publicaciones para impresión**.

a) ______________________________

b) ______________________________

c) ______________________________

10. ¿Cuál es la opción de la sección **A partir de un diseño** (de la ventana **Nueva publicación**, del **Panel de tareas**), en la cual se pueden ver los diseños con sus dobleces y paginación?

____

Unidad 3 Retoque de imágenes bitmap con Photo-Paint

Los grandes avances de la tecnología facilitan cada vez más el trabajo con imágenes digitalizadas tanto fijas como en movimiento, gracias a: **1**. Los nuevos dispositivos como: cámaras fotográficas digitales; escáneres; cámaras Web; videocámaras digitales, y **2**. Los programas de creación y edición de imágenes vectoriales y de mapas de bits. Los primeros permiten que personas con escasos o nulos conocimientos de fotografía o de cine, realicen fotografías y películas caseras de calidad más que aceptable, y los segundos, hacen del aficionado a estas actividades, un "artista" experto. Esta unidad te permitirá, si te lo propones, ser un experto en edición de imágenes digitales.

3.1 Teoría del color

Como habrás podido estudiar en tus clases de biología, nuestros cinco sentidos nos permiten relacionarnos con el mundo exterior. Con el gusto podemos reconocer sabores, el tacto nos ayuda a "sentir" las formas y texturas, el oído nos permite escuchar sonidos y posibilita la comunicación oral, el olfato nos introduce a un mundo excitante de olores y fragancias y la vista nos proporciona una amplia gama de *colores*.

El ***color*** no es una característica de algún objeto sino algo intangible, una sensación que el ojo y el cerebro humano perciben. La percepción del color es un proceso neurofisiológico que se da como resultado de la estimulación por rayos de luz de cierta ***longitud de onda***, a través del ojo. Las células receptoras llevan esos estímulos al cerebro mediante las fibras del nervio óptico.

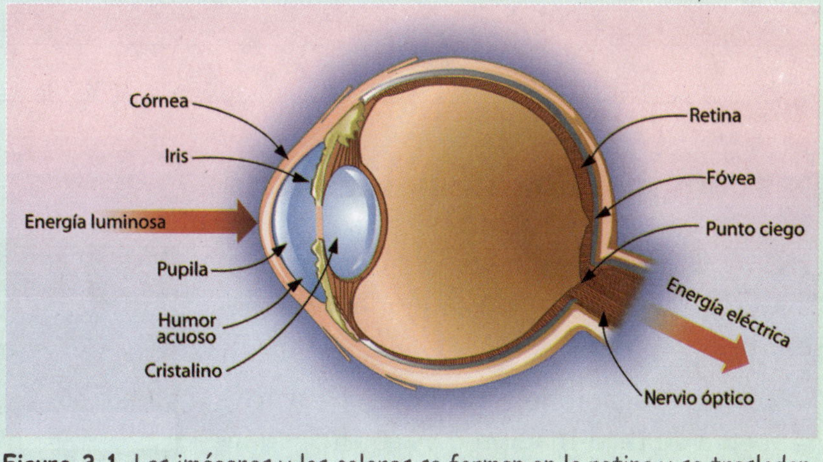

Figura 3.1 Las imágenes y los colores se forman en la retina y se trasladan al cerebro como impulsos eléctricos.

Color: Sensación producida por los rayos luminosos que impresionan los órganos visuales y que depende de la longitud de onda (Diccionario de la Real Academia Española).

Longitud de onda: Distancia entre las crestas de ondas o señales consecutivas que se propagan a través del espacio. La longitud de onda determina el color de la luz.

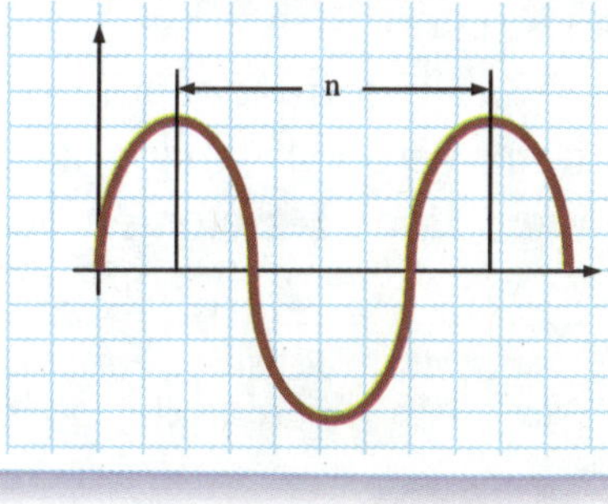

El color está asociado, necesariamente, a la luz. Dependiendo de su intensidad y posición, la luz puede hacer que nuestra percepción de los colores cambie. Para ver el color verdadero de los objetos pigmentados es necesario iluminarlos con luz de su mismo color. Si lo haces con luz blanca como la del Sol, estarás iluminando el objeto con todos los colores del espectro visible, por lo que éste absorbe los colores que no le son afines y refleja sólo su propio color, que es el que ves.

Actividad 3.1

1. Integren equipos de seis compañeros, con el objetivo de realizar los siguientes experimentos para explorar dos de nuestros sentidos:
   a) Un equipo llevará a la clase, en un recipiente pequeño, un poco de crema para las manos de la que utilizan en su casa.
   b) Circulen el recipiente entre todos los grupos.
   c) Los participantes de cada equipo deben oler la crema y dar su opinión sobre su olor.
   d) Describan en las siguientes líneas el olor que percibió su equipo.
   e) Al final comparen las diferentes opiniones para ver cuáles coinciden.

____

____

____

   f) Otros equipos deben llevar a la clase: una caja de cartón mediana (por ejemplo, una caja de zapatos), una lámpara de baterías, un trozo de cartulina azul y un trocito de papel celofán (transparente) rojo.
   g) Introduzcan la cartulina azul en la caja y ciérrenla. Hagan una perforación a la caja.
   h) Pongan el papel rojo transparente cubriendo el foco o bombilla de la lámpara y dirijan la luz al interior de la caja. ¿De qué color se ve la cartulina? Descríbelo.

____

____

Descomposición de la luz blanca

Los tres grandes acontecimientos que contribuyeron a dar forma a la teoría del color son:

1. Las investigaciones de **René Descartes** acerca de la formación del arco iris, cuando un rayo de luz atraviesa las gotas de agua, en 1637.
2. La descomposición de la luz blanca al pasar a través de un prisma rectangular, en un espectro visible formado por los colores violeta, azul, verde, amarillo, naranja y rojo, que logró **Isaac Newton** en 1666.

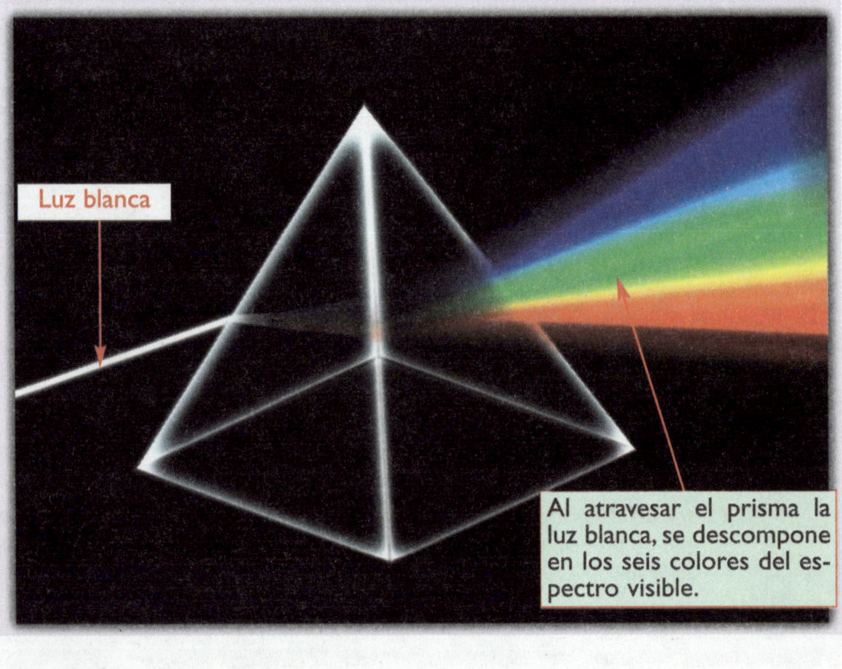

Figura 3.2 El experimento de **Isaac Newton** demostró que la luz blanca se descompone en varios colores.

3. **Thomas Young**, a principios del siglo XIX, demostró que los seis colores del espectro están integrados por tres colores básicos o primarios: rojo, verde y azul y que sus combinaciones producen los colores secundarios, terciarios y el blanco. El negro se define como la ausencia de color.

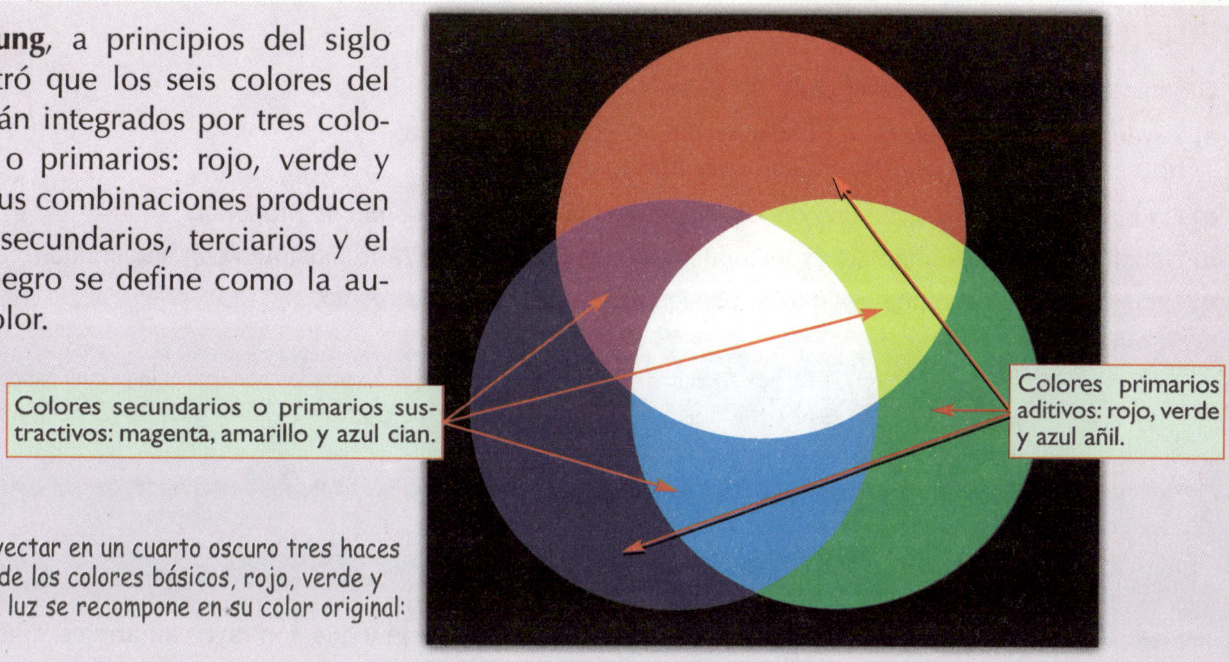

Figura 3.3 Al proyectar en un cuarto oscuro tres haces de luz de los colores básicos, rojo, verde y azul, la luz se recompone en su color original: blanco.

De esta manera se puede concluir que el color es luz y ésta, a su vez, es radiación de ondas electromagnéticas. Las longitudes de onda de la luz se miden en nanómetros (nm). A cada color le corresponde una sola longitud de onda, y el espectro visible para el ojo humano sólo alcanza de los 400 a los 700 nm. Debajo de 380 nm están los rayos ultravioleta, y arriba de 780 nm se encuentran los infrarrojos.

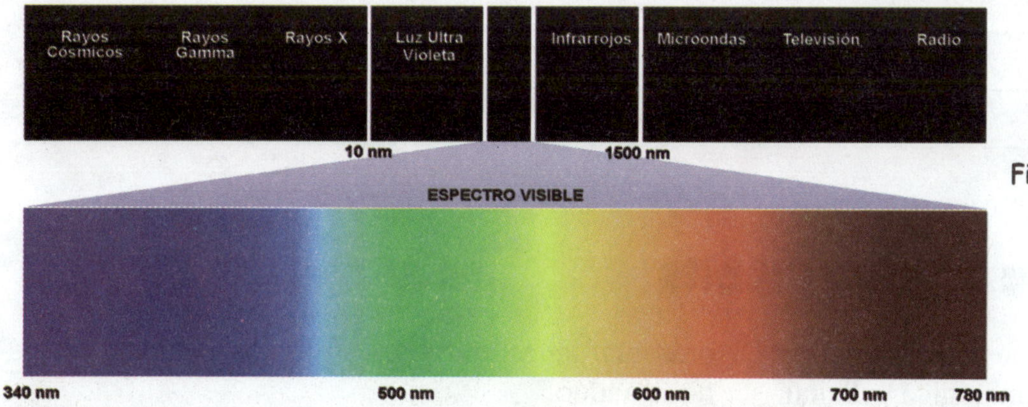

Figura 3.4 El espectro visible al ojo humano va de los 400 a los 700 nanómetros solamente.

Propiedades del color

Los estudios y descubrimientos mencionados dieron origen a la **Teoría tricrómica**. Ésta define los colores rojo, verde y azul como básicos o primarios aditivos y sus combinaciones, magenta, azul cian y amarillo, como primarios sustractivos. También son tres las propiedades de los colores:

- **Matiz o tono**. Cualidad del color. Es el nombre que recibe el color (rojo, verde, azul, cian, magenta, etcétera), y depende directamente de su longitud de onda.
- **Saturación**. Pureza del color. La cantidad de blanco que contiene un color define su saturación, sin perder su tono. A menos blanco mayor saturación y viceversa. El blanco puro tiene una saturación de valor 0.
- **Brillo**. Intensidad o luminosidad del color.

Actividad 3.2

1. Organicen varios equipos en el salón de clase.

a) Vayan a la página Web de la Fundación CIENTEC de Costa Rica: **http://www.cientec.or.cr/ciencias/experimentos/optica.html**

b) Cada equipo debe realizar uno de los experimentos de óptica que ahí se proponen.

c) Deben hacer un resumen del experimento en un documento de Word, ilustrado con una imagen.

d) En una tabla escribe una evaluación con los resultados del experimento.

> **Tip** La red Internet es muy dinámica y es posible que no puedas acceder a la página propuesta. En este caso, puedes buscar experimentos de física y óptica en las direcciones:
> **http://www.cientec.or.cr/ciencias/pigmentos.html**
> **http://www.madrimasd.org/culturaCientifica/taller/experimentos/fisica/default_optica.asp**
> **http://www.tianguisdefisica.com/mapa.htm**
> **http://www.experimentar.gov.ar/newexperi/fisicaloca/homefisica.html**

2. Investiga en Internet o en una enciclopedia qué son rayos ultravioleta y qué son rayos infrarrojos. Describe los términos y escribe la fuente.

a) ______________________________

____

Fuente: ______________________________

b) ______________________________

____

Fuente: ______________________________

3.2 Imágenes de mapas de bits

En el mundo real existen dos formas de representar los fenómenos físicos: de manera analógica y digital. La analógica representa valores lineales como la temperatura, las ondas de sonido o las señales eléctricas; la digital representa valores únicos en un momento dado (llamados discretos), utilizando el lenguaje binario.

Las computadoras modernas sólo reconocen la segunda manera. Hablan un lenguaje digital formado por los números binarios 1 y 0 (uno y cero). Con esos dos caracteres únicamente, son capaces de representar letras, números, símbolos, sonidos, imágenes y video.

Los gráficos digitales pueden ser creados de dos modos diferentes: con base en diminutos puntitos coloreados, llamados ***píxeles***, o mediante funciones matemáticas o ***ecuaciones*** que definen los contornos y los rellenos de los dibujos. A la primera clase se le conoce como imágenes de *mapas de bits* y a la segunda como gráficos o *dibujos vectoriales*. En esta unidad aprenderás dibujo artístico y retoque de imágenes bitmap con Corel Photo-Paint 12.

- ***Píxeles***: Píxel es un término compuesto de las palabras en inglés Picture Element, o elemento de imagen, y representa la unidad de información con la que se forma una imagen digital.
- ***Ecuaciones***: Expresiones algebraicas de una igualdad que contienen una o varias incógnitas.
- ***Vectores***: Valores que tienen dirección, sentido y magnitud, y se representan mediante segmentos de rectas.

Imágenes vectoriales

Los dibujos o gráficos generados con base en ***vectores*** se conocen también como orientados a objetos, y están compuestos por líneas, figuras geométricas y otros objetos gráficos que tienen contornos, algunos de ellos con colores de relleno. Estos no están formados por píxeles, como los de mapas de bits.

Figura 3.5 Los dibujos de vector ordenan sus componentes mediante un sistema de capas sobrepuestas. Cada una de ellas puede ser movida, eliminada o transformada independientemente.

Imágenes de mapas de bits

Las imágenes de mapas de bits o bitmap son figuras formadas por una gran cantidad de puntos cuadrados, llamados píxeles, determinados cada uno por un valor binario que les atribuye color e ***iluminancia*** propios. Los archivos en formato de mapas de bits, se reconocen por la ***extensión*** de tres letras que complementa su nombre; como la imagen de muestra de Windows **Nenúfares.bmp**, por ejemplo.

Figura 3.6 Para ver los píxeles, se ha ampliado la imagen al 1600% con la función Zoom. ¡Imagina lo pequeños que son!

- ***Iluminancia***: Cantidad de luz que recibe una unidad de superficie. Mayor o menor claridad u oscuridad, de un color.
- ***Extensión***: Los nombres de archivo en MS-DOS se componen de ocho letras, un punto y una extensión de tres letras más que identifican el programa. Aún se utiliza esa notación, aunque Windows ya permite nombres de más de ocho caracteres.

Los programas de edición y retoque de imágenes de mapas de bits más populares son: **Corel Photo-Paint**, **Adobe Photoshop**, **Microsoft Paint**, **Microsoft Photo Editor**, **Corel Painter** y **Picture Publisher**, entre otros. Los bitmaps son ideales para imágenes fotográficas con gran cantidad de colores y tonalidades. Los escáneres digitalizan las imágenes como bitmaps.

Actividad 3.3

Los dibujos vectoriales se construyen en la computadora mediante parámetros matemáticos como ecuaciones, coordenadas, vectores, figuras geométricas y otros.

1. Para entender el procedimiento, dibuja un rectángulo en una hoja cuadriculada siguiendo las instrucciones:

Borde	**Azul**
Relleno	**Rojo**
Anchura	**12** centímetros
Altura	**6** centímetros
Margen izquierdo	**2** centímetros
Margen superior	**1** centímetro

Actividad 3.4

En cambio, los dibujos o ilustraciones de mapas de bits, se construyen coloreando los píxeles en la pantalla, cuadro por cuadro. Entre más chica sea la cuadrícula, la ***resolución*** o calidad del dibujo será mejor.

1. En una hoja de cuadrícula chica, dibuja un automóvil lo más grande posible.

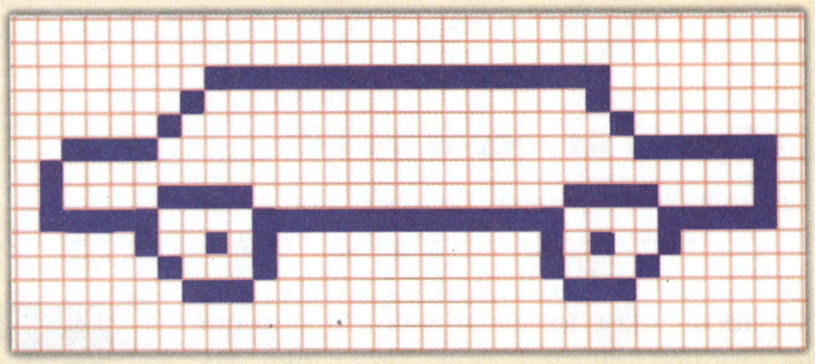

Formatos de imagen

Recuerda que los dibujos e imágenes se guardan en la memoria o en el disco duro con un formato gráfico. Los formatos más conocidos para los archivos gráficos de mapas de bits son:

Resolución: Grado de calidad con la que se reproducen los textos o imágenes en una hoja impresa o en el monitor de la computadora. La unidad de medida de la resolución son los puntos por pulgada (*dots per inch*), que se abrevia **ppp** o **dpi**.

Formato	Características
BMP	Formato de mapa de bits predefinido de Windows para sus aplicaciones gráficas como Paint.
JPG	Es uno de los formatos que más se utiliza para las imágenes de las páginas Web de Internet, por su gran capacidad de compresión. Fue desarrollado por el **Joint Photographic Expert Group**.
GIF	**CompuServe Graphics Interchange Format** es uno de los formatos gráficos más aceptados para las páginas Web. Es muy adecuado para gráficos sencillos de calidad media, porque sólo permite 256 colores.
TIF	**Tagged-Image File Format** es un formato genérico reconocido por diversas plataformas como PCs, Macintosh, Linux, etc. Se identifica como .tif o tiff. Acepta compresiones LZW o JPG.
PNG	Acrónimo de **Portable Network Graphics**, este formato es una alternativa para los archivos GIF de Internet. Permite mayor compresión sin pérdida de calidad. Es el formato que utilizan los archivos generados con Macromedia FireWorks.
CPT	Formato original de los archivos creados con el programa **Corel Photo-PainT**.

3.3 Conoce Corel Photo-Paint

Uno de los mejores programas de dibujo, diseño y retoque de imágenes de tipo bitmap que existen para las computadoras PCs, sin lugar a dudas es **Corel Photo-Paint**. Conozcamos pues esta herramienta para digitalizar, retocar y utilizar imágenes de mapas de bits en los trabajos o tareas escolares.

Inicio de Corel Photo-Paint

Para iniciar una sesión con Photo-Paint, haz lo siguiente:

1. Pulsa en el botón **Inicio**.
2. Selecciona la opción **Todos los programas**.
3. Desliza el apuntador del ratón hacia la opción **Corel Graphics Suite 12**.
4. Ejecuta el programa **Corel Photo-Paint 12**.

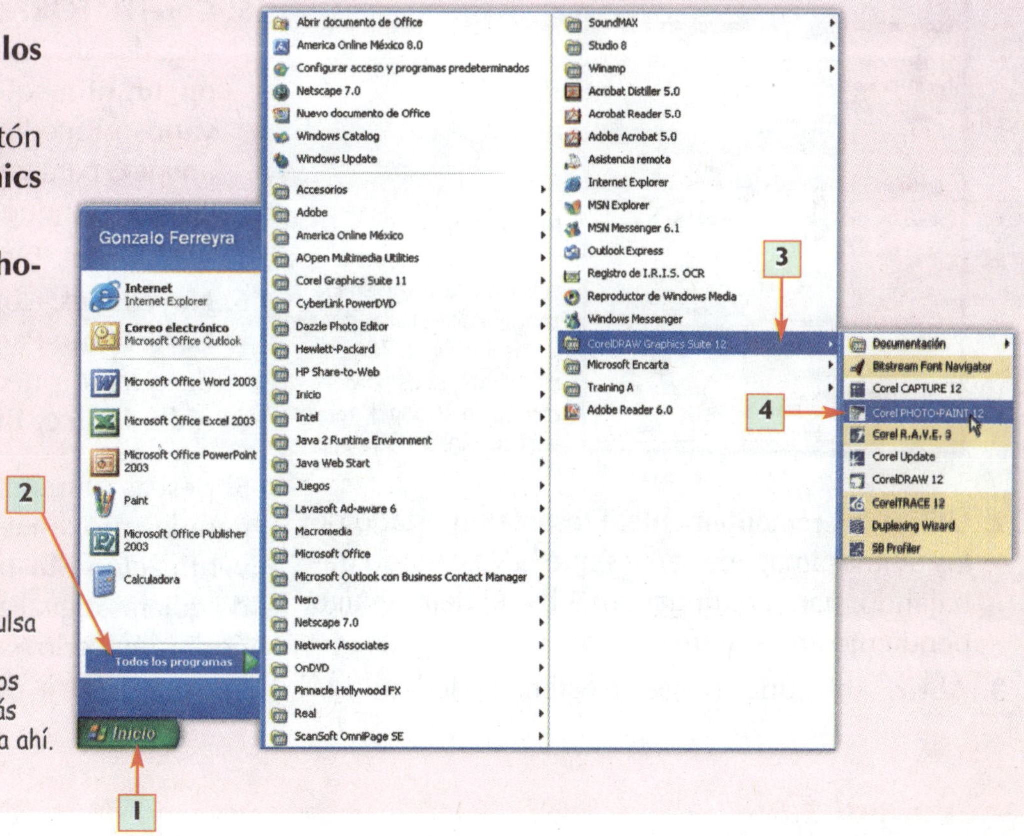

Figura 3.7 Para ejecutar Photo-Paint pulsa sobre su icono en la lista de programas o búscalo entre los iconos de las aplicaciones más utilizadas, si ya se encuentra ahí.

NOTA

Si tu versión de Windows y de Photo-Paint es diferente, busca en **Programas** la carpeta **CorelDraw N** y el programa **Corel Photo-Paint N**, donde N es el número de tu versión.

Si es la primera vez que ejecutas el programa, aparecerá un cuadro de diálogo de inicio, en el que podrás seleccionar diversas actividades.

Figura 3.8 Como no se han abierto archivos, la opción **Utilizados recientemente** aparece desactivada.

Los nombres y las funciones de estas opciones son:

1. **Nuevo**. Inicia una nueva imagen en blanco. En el cuadro de diálogo **Crear una nueva imagen** debes definir sus características como **Modo de color**, **Tamaño de imagen**, **Resolución** y si vas a **Crear una película**, el **Número de fotogramas**.

Figura 3.9
Si la imagen que vas a crear es para ver en la pantalla de la computadora, la resolución de 72 ppp es suficiente, si es para impresión en papel, tal vez necesite 200 o 300 ppp.

2. **Utilizados recientemente**. Presenta un listado de las últimas imágenes en las que hayas estado trabajando, para continuar con ellas si dejaste algo pendiente en la última sesión.
3. **Abrir**. Abre una imagen existente. Mediante el cuadro de diálogo que aparece, debes buscar en las carpetas las imágenes guardadas con anterioridad.
4. **Adquirir imagen**. Abre un cuadro de diálogo que permite digitalizar una imagen. Esta opción sólo se podrá concluir si se cuenta con un dispositivo de digitalización como escáner, cámara digital o Webcam.
5. **CorelTUTOR**. Abre una página Web, en el navegador de Internet del sistema, con el archivo **pp_tut.htm**, que presenta una descripción de varios procedimientos como la creación de un anuncio para una página Web, corrección de imágenes, retoque de imágenes y aplicación de máscaras a imágenes.
6. **Novedades**. Abre el cuadro de diálogo **Ayuda de Corel Photo-Paint** con un listado de temas de ayuda que se pueden buscar en las fichas **Contenido**, **Índice**, **Búsqueda** y **Favoritos**.

Si deseas eliminar el cuadro de diálogo de inicio para las próximas sesiones, desactiva la casilla de verificación **Mostrar esta pantalla al inicio**. Cuando quieras digitalizar una imagen o abrir un archivo, podrás hacerlo pulsando los comandos **Adquirir imagen** o **Abrir** del menú **Archivo**.

Actividad 3.5

1. Inicia una sesión de Photo-Paint pulsando en el botón **Inicio, Todos los programas**.
2. Al deslizar el apuntador sobre la lista de programas encontrarás la opción **CorelDRAW Graphic Suite N**. La **N** significa el número de la versión de Corel instalada. Contesta: ¿Qué versión de Photo-Paint existe en tu computadora? ____________________

3. En el cuadro de diálogo de bienvenida selecciona la opción **Novedades** y en las siguientes líneas escribe los títulos de las primeras tres nuevas características de Corel Photo-Paint 12.

____

____

____

NOTA

Si tu versión no es la 12, anota los nombres de los tres primeros temas de ayuda de la ficha **Contenido** del cuadro de diálogo **Ayuda de Corel Photo-Paint**.

4. Cierra la sesión de Photo-Paint con el comando **Salir** del menú **Archivo**, o pulsando las teclas [**Alt**]+[**F4**].

Finalización de una sesión de trabajo con Photo-Paint

Para cerrar una imagen que hayas editado con Photo-Paint, procede como sigue:

1. **Cerrar la imagen sin salir del programa** ✕. Pulsa en el botón **Cerrar** que se encuentra en el extremo derecho de la **Barra de menús**, o despliega el menú **Archivo** y ejecuta el comando **Cerrar**. Con esta acción cierras el archivo y permanece abierto el programa para así iniciar una imagen nueva o abrir otra existente.
2. **Cerrar el programa y la imagen.** ☒ Pulsa en el botón **Cerrar** que se encuentra en el extremo derecho de la **Barra de título**, o ejecuta el comando **Salir** del menú **Archivo**. Se cierran la imagen activa y el programa.

Actividad 3.6

1. Inicia una sesión de Photo-Paint con la opción **Nuevo**.
2. En el cuadro de diálogo **Crear nueva imagen** modifica los valores de la siguiente manera:

Modo de color	Blanco y negro de 1 bit
Tamaño de imagen:	
Tamaño	Personalizar - Horizontal
Anchura	800 Píxeles
Altura	600 Píxeles
Resolución	96 ppp

3. Cierra la sesión de Photo-Paint presionando el botón **Cerrar**.

Tip Si cierras ventanas de herramientas, cambias parámetros, modificas valores de algunos cuadros de diálogo o alteras la *interfaz* del programa, puedes regresar todo a los valores originales presionando la tecla [F8] desde el momento de iniciar la aplicación. Cuando aparezca el mensaje de la figura, sólo di que sí.

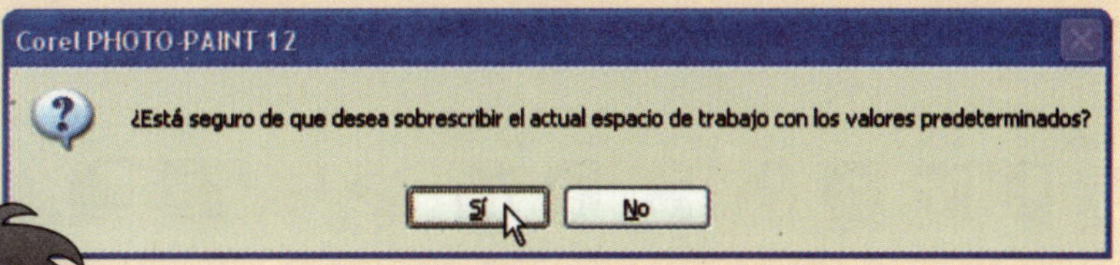

Interfaz: Pantalla de un programa o aplicación, que facilita la comunicación entre el usuario y la computadora.

Ventana de aplicación de Photo-Paint

Al seleccionar la opción **Nuevo** en el cuadro de diálogo de bienvenida, aparece la pantalla del editor de imágenes llamada **Ventana de aplicación**. Estos son los elementos básicos de la interfaz, pero se pueden agregar más ventanas acoplables, barras de herramientas y paletas de colores, o cerrar las que se muestran.

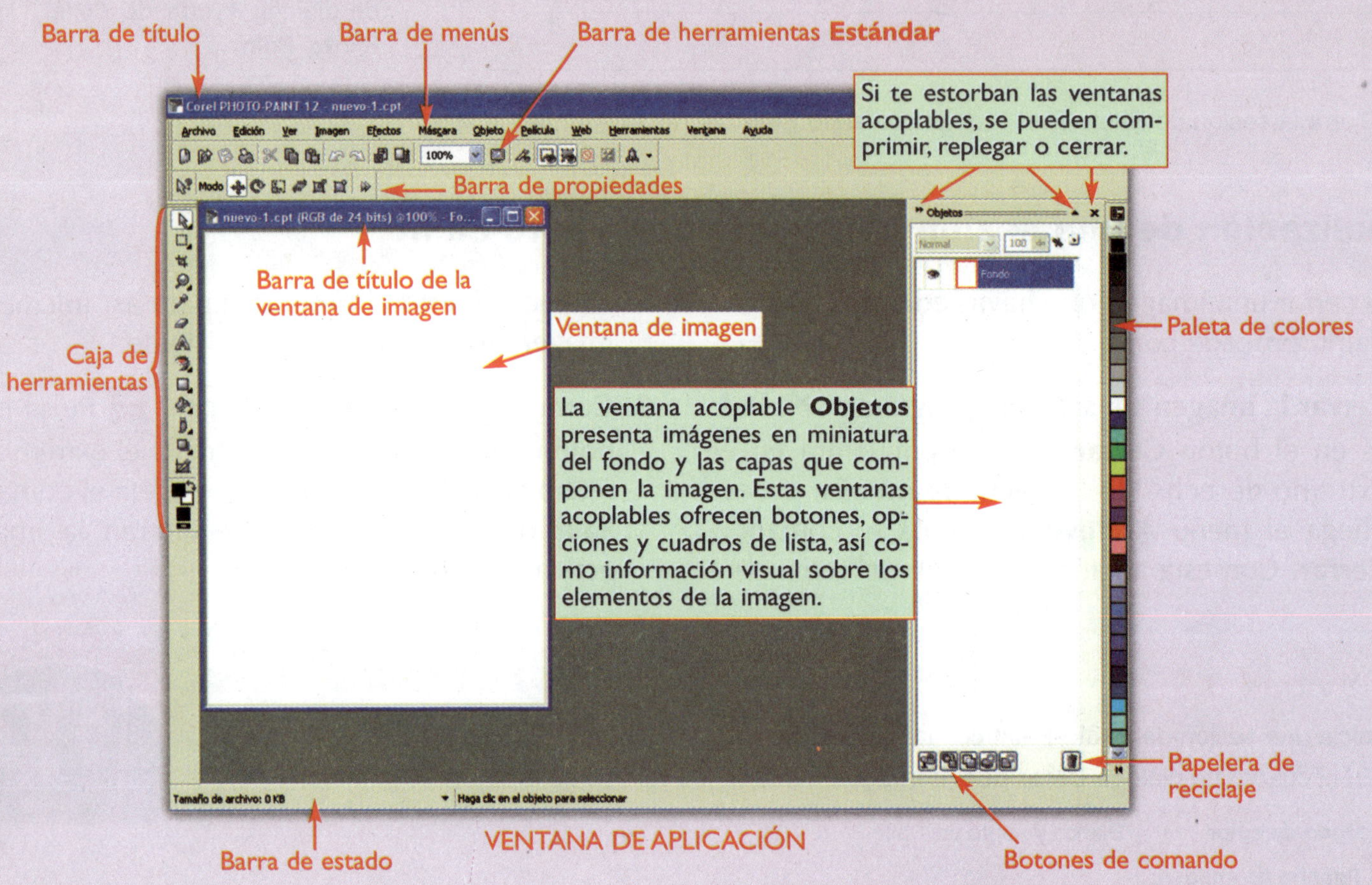

Figura 3.10 Ventana de aplicación del editor de imágenes Corel Photo-Paint 12.

La barra de herramientas **Estándar** contiene iconos o botones que te resultan muy familiares, como **Nuevo**, **Abrir**, **Guardar**, **Imprimir**, **Cortar**, **Copiar**, **Pegar**, **Deshacer** y **Rehacer**. Los demás sirven específicamente para funciones relativas a la imagen, pero ya las practicarás más adelante.

La **Barra de propiedades** indica una serie de comandos, opciones y valores, relacionados con la herramienta que se esté utilizando. Por ejemplo, al seleccionar la **Herramienta Corrección de ojos rojos**, la barra de propiedades sólo muestra la **Forma** de la plumilla, el **Tamaño** y la **Tolerancia**.

La **Barra de propiedades** muestra los valores y ***parámetros*** relativos a la herramienta seleccionada. Observa que la Herramienta **Corrección de ojos rojos** se encuentra activada.

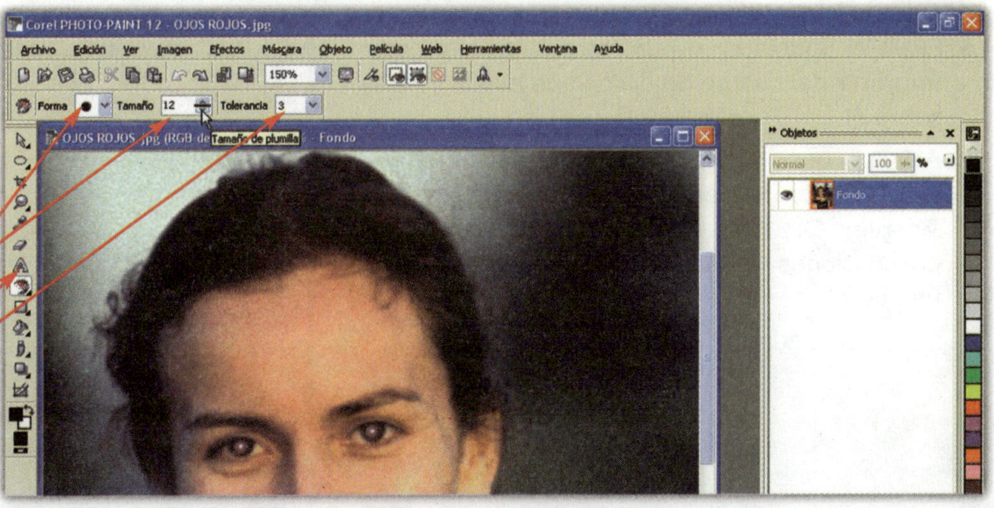

Figura 3.11 La **Barra de propiedades** es un auxiliar indispensable para el uso de cada una de las herramientas.

Con el uso cotidiano vas a familiarizarte con la mayoría de las ventanas acoplables y barras de herramientas. La más importante es la **Caja de herramientas**, puesto que en ella se encuentran las herramientas que más se utilizan para crear, editar o visualizar tus imágenes.

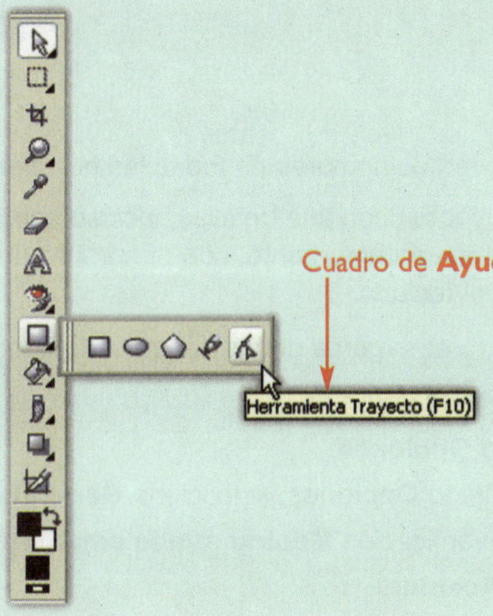

Figura 3.12 Al pulsar con el ratón en la pequeña punta de flecha del extremo inferior derecho de las herramientas, se abren los **Menús laterales** con más herramientas.

Actividad 3.7

Inicia una sesión con Photo-Paint y en el cuadro de diálogo de bienvenida escoge la opción **Nuevo**. Acepta las opciones del cuadro de diálogo **Crear una nueva imagen** y haz lo siguiente:

1. Ejecuta el comando **Temas de ayuda** del menú **Ayuda**.
2. En la ficha **Contenido** pulsa sobre el tema **Descripción del espacio de trabajo de Corel PHOTO-PAINT**.
3. Pulsa sobre el ***hipervínculo*** **Caja de herramientas** en la ventana de la derecha.
4. En la misma ventana, aparece el tema seleccionado con un texto explicativo, los botones o iconos de las herramientas y sus descripciones.

Parámetros: Valores o características que se asignan a una variable o a un comando.

Hipervínculo: Texto especial que permite desplazarse a otro lugar de la página, de una página a otra en el mismo documento, o de un documento a otro ubicado en una computadora remota, con sólo pulsar sobre él con el ratón.

5. Lleva el apuntador o puntero del ratón al botón **Imprimir** del cuadro de diálogo de ayuda y pulsa sobre él.
6. Activa la opción **Imprimir el tema seleccionado** en el cuadro de diálogo que aparece y pulsa en **Aceptar**. Obtendrás tres hojas impresas con las descripciones de los menús laterales y de cada una de las herramientas.
7. Cierra el cuadro de ayuda.

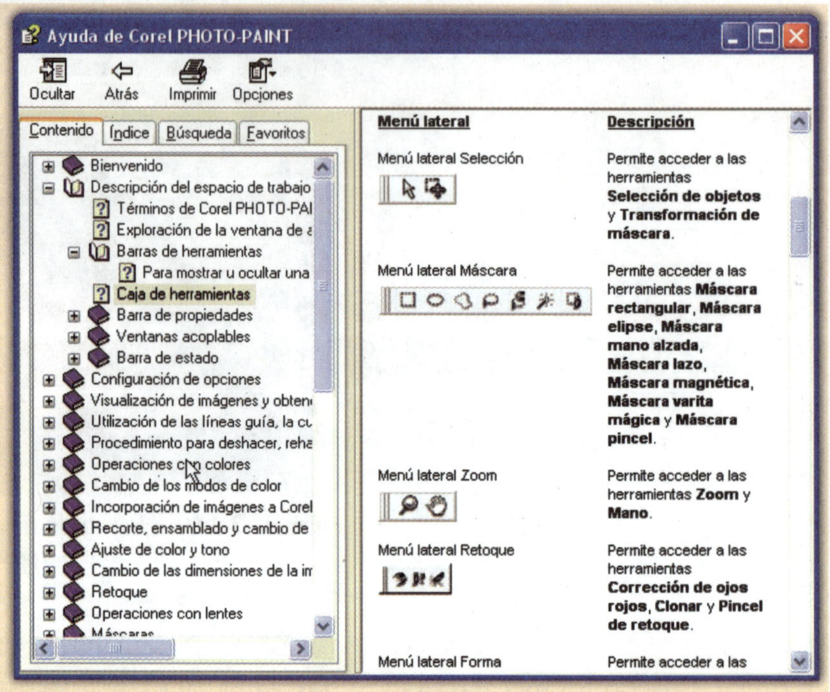

Actividad 3.8

También puedes conocer los nombres de todas las herramientas de Photo-Paint de la siguiente manera:

1. Ubica el apuntador sobre cada una de ellas, incluso sobre las que están en los menús laterales, al hacerlo aparecerá un pequeño cuadro de ayuda emergente, con el nombre de la herramienta y la tecla o combinación de teclas con las que se activa si utilizas el teclado.

Si no aparece el cuadro emergente debes hacer lo siguiente:

1. Despliega el menú **Herramientas**.
2. Ejecuta el comando **Opciones**.
3. En el cuadro de diálogo **Opciones**, selecciona **General** en el árbol de comandos de la izquierda.
4. Activa la casilla de verificación **Mostrar ayuda emergente**.
5. Presiona el botón **Aceptar**.

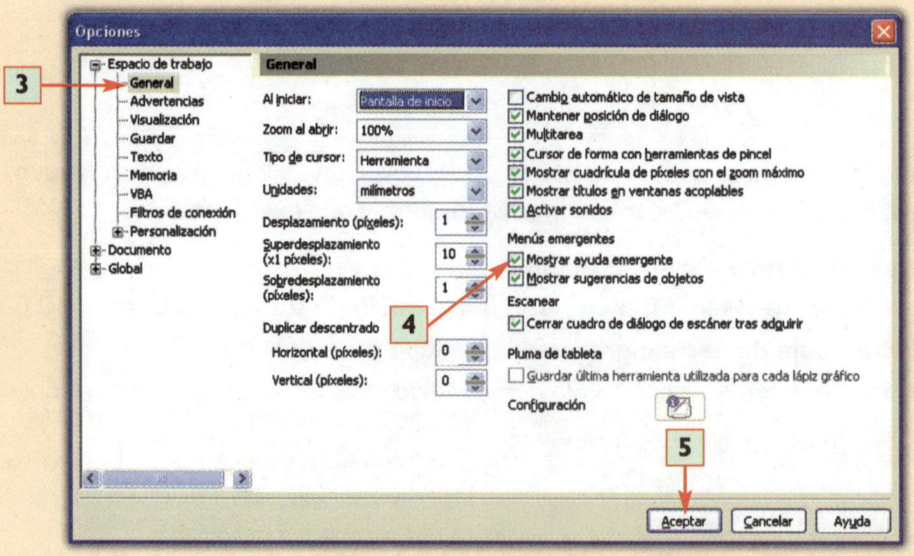

Figura 3.13 El cuadro de diálogo **Opciones** permite personalizar el ambiente de trabajo del editor de imágenes.

3.4 Digitalización de imágenes

Desde el momento en que se ejecuta el programa Photo-Paint y se traza una línea o una figura, ya se está creando una imagen digital, porque el programa la construye utilizando sólo unos y ceros; es decir, un lenguaje digital o binario.

Tu primera imagen

Antes de comenzar a crear una imagen, debes pensar para qué la vas a utilizar. Puede ser que requieras una ilustración para alguna de tus tareas escolares de español, física o matemáticas. En ese caso una imagen RGB de 24 bits en tamaño carta (21.5 x 28 cm) con resolución de 120 ppp será suficiente.

Si necesitaras la imagen para utilizarla en una publicación de buena calidad, tal vez sería mejor CMYK de 32 bits con resolución de 300 ppp. En cambio, para una página Web la resolución debe ser baja (72 o 96 ppp), del menor tamaño posible.

Una vez que has definido los parámetros de la imagen, puedes proceder a dibujar con el ratón o con un lápiz óptico sobre una tablilla digitalizadora, como si lo estuvieras haciendo en una hoja de dibujo.

Las herramientas de Photo-Paint que puedes utilizar son:

Herramientas	Función
Herramienta Trayecto	Para crear y modificar trayectos, que serán como un *boceto* para realizar el dibujo final.
Herramienta Línea	Para *trazar* segmentos de líneas rectas.
Herramientas del menú lateral Forma	Para dibujar rectángulos, cuadrados, elipses, círculos y polígonos.
Herramienta Pintar	Para dibujar y pintar como si lo hicieras con un pincel.
Herramientas del menú lateral Pincel	Para dar efectos especiales, borrar y modificar lo pintado con el pincel.

Figura 3.14 Puedes dibujar una imagen con el pincel y otras herramientas y también insertar en ella imágenes adicionales tomadas de otras fuentes.

- ***Boceto***: Esquema inicial que se utiliza como modelo para llevar a cabo una obra artística, de dibujo o escrita.
- ***Trazar***: Dibujar líneas para formar una figura geométrica o un plano.

Como puedes ver en la Figura 3.14, lo que pintas en el fondo con la **Herramienta Pintar** se convierte en parte del ***objeto*** llamado **Fondo**. Si dibujas objetos como líneas rectas, círculos, rectángulos o polígonos, o insertas archivos de imagen en tu diseño, el programa los toma como objetos que se pueden ampliar, reducir y ubicar en cualquier parte de la imagen de Photo-Paint.

Tip Si al realizar tus primeras imágenes no obtienes lo que deseas, puedes cancelar la acción con el comando **Deshacer** del menú **Edición**, con el botón **Anula la última operación** de la barra de herramientas **Estándar**, o pulsando simultáneamente las teclas **[Ctrl]**+**[Z]**. También puedes eliminar un objeto con la tecla **[Supr]**, si se encuentra seleccionado.

Este tipo de dibujo, a menos que tengas aptitudes para la pintura, es mejor realizarlo con el editor de dibujos vectoriales CorelDraw, que te permite crear, en la misma ventana de trabajo, dibujos vectoriales e imágenes de mapas de bits.

Actividad 3.9

Inicia una sesión con Photo-Paint y en el cuadro de diálogo de bienvenida escoge la opción **Nuevo**. Configura las opciones del cuadro de diálogo **Crear una nueva imagen** de acuerdo con tus necesidades y haz lo siguiente:

1. Dibuja una imagen digital utilizando las opciones de dibujo del **Cuadro de herramientas**.
2. Pulsa en el icono **Inicia aplicaciones** de la barra de herramientas **Estándar** y ejecuta CorelDraw con la opción **Nuevo**.
3. En Photo-Paint selecciona toda la imagen (no sólo un objeto) y ejecuta el comando **Copiar** del menú **Edición**.
4. Comienza un folleto en CorelDraw y pega la imagen de Photo-Paint. La imagen y todos los objetos pegados serán parte del nuevo folleto.

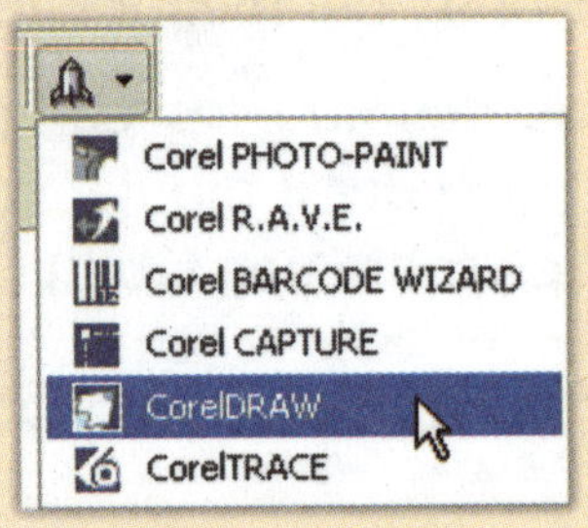

Figura 3.15 Puedes copiar la imagen realizada en Photo-Paint a un documento de CorelDraw, de manera muy sencilla.

5. Guarda la imagen de Photo-Paint con el nombre **Mi primera imagen.cpt** y el folleto de CorelDraw como **Folleto.cdr**. Recuerda que las extensiones las asignan los programas de manera automática.

Objeto: Elemento como un sonido, una imagen, un dibujo, un video o de cualquier tipo, que se puede insertar en un documento de texto o gráfico. Los objetos se pueden reducir, ampliar y ubicar en cualquier lugar del documento.

Digitalización mediante un escáner

El mejor uso que se puede hacer de PhotoPaint es la obtención de imágenes mediante un escáner o cámara digital, su retoque y corrección. Para digitalizar imágenes mediante un escáner, debes verificar que se encuentra uno de ellos instalado en tu computadora o en la red escolar.

Figura 3.16 Existen muchos tipos de escáneres, pero los más utilizados son los de cama plana como el que se muestra.

1. Verifica que el escáner esté encendido.
2. Si el escáner es de cama plana, levanta la tapa y coloca la fotografía (puede ser una tuya o de uno de tus hermanos) o ilustración que vas a digitalizar, con la imagen hacia abajo.
3. Cierra la tapa.
4. Inicia una sesión de Photo-Paint con la opción **Digitalizar imagen** del cuadro de diálogo de bienvenida.
5. De manera automática se inicia el programa de digitalización de imágenes y presenta en la pantalla una imagen de lo que ve en el escáner.
6. El programa automáticamente selecciona la imagen que considera que deseas digitalizar.
7. La mayoría de programas de digitalización te permite seleccionar los parámetros para obtener la imagen que requieres.

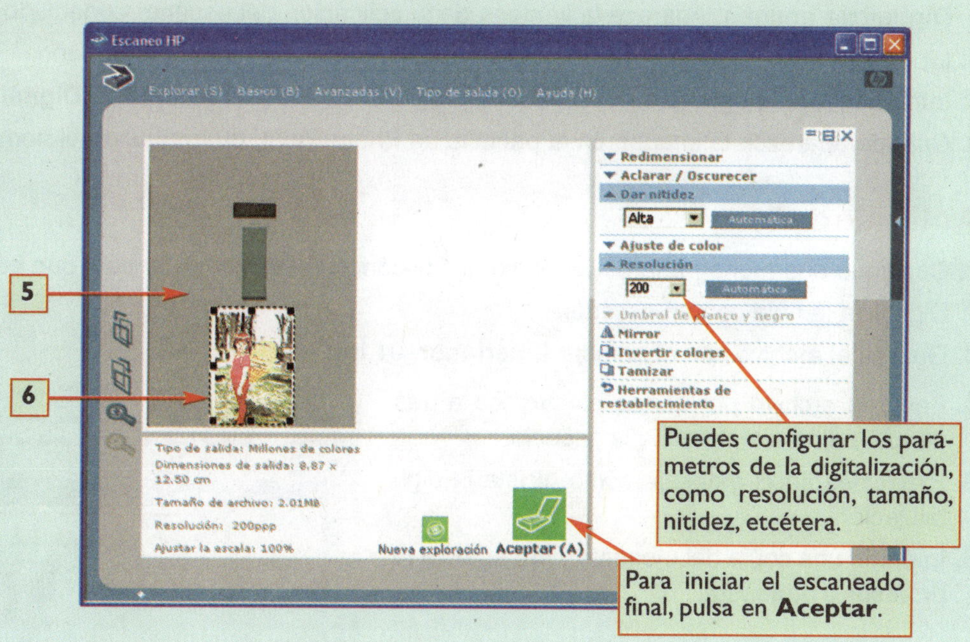

Figura 3.17 La mayoría de escáneres vienen con un programa de digitalización de imágenes que lo hacen de manera casi automática.

8. Una vez que has digitalizado la imagen se muestra al tamaño indicado, en la pantalla de Corel Photo-Paint.

9. Si la fotografía es "antigua" puede ser que los colores se hayan "deslavado" con la luz del sol. En estos casos es donde Photo-Paint es más útil, porque la fotografía digitalizada se puede volver a editar para que parezca reciente.

Figura 3.18 La imagen digitalizada aparece en la pantalla del programa Photo-Paint.

Actividad 3.10

1. Inicia una sesión con Photo-Paint y en el cuadro de diálogo de bienvenida, escoge la opción **Digitalizar imagen**. Aparece la ventana de la aplicación del escáner conectado a la computadora.
2. La mayoría de ellos te permiten escoger la calidad de la imagen y el tamaño.
3. Introduce una fotografía en el escáner y presiona en el botón **Aceptar** o **Digitalizar**.
4. Cuando aparezca la imagen en la pantalla de Photo-Paint, guárdala con el nombre **Fotografía_01.cpt**.

Actividad 3.11

1. Consigue una monografía de un personaje histórico libertador de tu país que contenga texto e imágenes.
2. Digitaliza la hoja con un escáner.
3. Guarda el archivo con el nombre **Libertador_01.jpg**.
4. Envía el archivo por correo electrónico a tres de tus mejores amigos de la escuela.
5. Explícales en el mensaje cómo hiciste la digitalización.
6. Imprime una copia del mensaje y entrégalo a tu profesor o profesora.

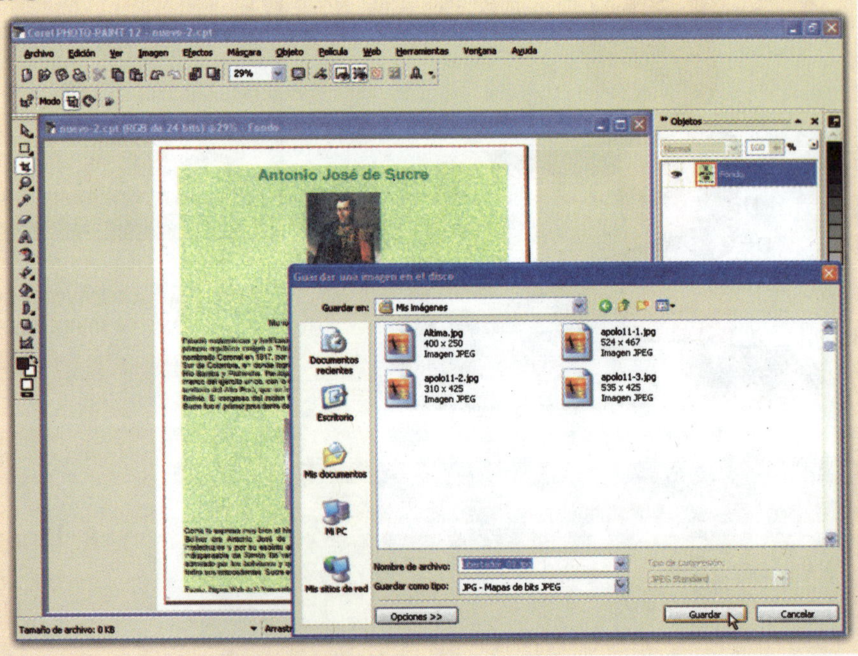

Tip Para guardar un archivo con un formato gráfico conocido como .jpg, ejecuta el comando **Guardar como** del menú **Archivo** y en el cuadro de diálogo **Guardar una imagen en el disco** selecciona la carpeta donde guardar el archivo, el nombre del archivo y el formato.

Digitalización mediante una cámara fotográfica digital

Existen muchos tipos y calidades de cámaras digitales:

Webcam

1. **Webcam**. Pequeñas cámaras que se utilizan en las videoconferencias y en las pláticas en línea a través de Internet. Digitalizan la imagen y la transportan como unos y ceros a través de las redes, hasta una computadora remota que puede estar en tu misma ciudad o en un país lejano.

2. **Cámara digital compacta**. Sencilla cámara capaz de digitalizar imágenes de hasta unos cuatro ***Mega-píxeles*** de resolución. Las imágenes se pueden guardar en una pequeña tarjeta de memoria o capturar directamente en la computadora mediante su propia aplicación de captura o con un programa como Photo-Paint.

Cámara digital compacta

3. **PDA con cámara digital integrada**. Los modernos PDAs son pequeñas computadoras de mano llamadas Asistente Digital Personal (*Personal Digital Assistant*), con grandes capacidades de almacenamiento y manejo de datos como agenda, libretas de direcciones, música MP3, procesamiento de textos, cálculos matemáticos, correo electrónico y muchas otras funciones. Algunos cuentan con teléfono móvil y cámara digital. Las imágenes se transfieren a la computadora mediante tecnologías inalámbricas como "Bluetooth", o por medio de una tarjeta extraíble de memoria.

PDA con cámara digital integrada.

Cámara digital profesional con lentes intercambiables.

4. **Cámara digital profesional**. Los profesionales de la fotografía tienen ahora una gran herramienta digital que les permite realizar excelentes fotografías digitales y retocarlas, corregirlas, darles efectos especiales y mejorarlas sustancialmente con la computadora y programas como Photo-Paint. Las imágenes profesionales tienen entre cinco y doce Mega-píxeles.

Mega-píxeles: Cantidad de píxeles que componen una fotografía digital. La unidad de medida de la resolución de las imágenes que produce una cámara digital es el Mega-píxel, que resulta de multiplicar la cantidad de píxeles del ancho por la cantidad de la altura; por ejemplo, una foto de 1 200 x 1 600 píxeles tiene una resolución de 1.92 Mega-píxeles (1 920 000 píxeles).

Para digitalizar imágenes utilizando una cámara digital, generalmente se utiliza su propio software:

1. **Transferir imágenes**. Acción de copiar las fotografías que han sido tomadas con la cámara digital, y almacenadas en la tarjeta de memoria al disco duro de la computadora. Para esto, se conecta la cámara a un puerto de entrada de alta velocidad como **USB 2** o **FireWire**. Si no se tiene el programa, basta con copiar las fotografías de carpeta a carpeta.

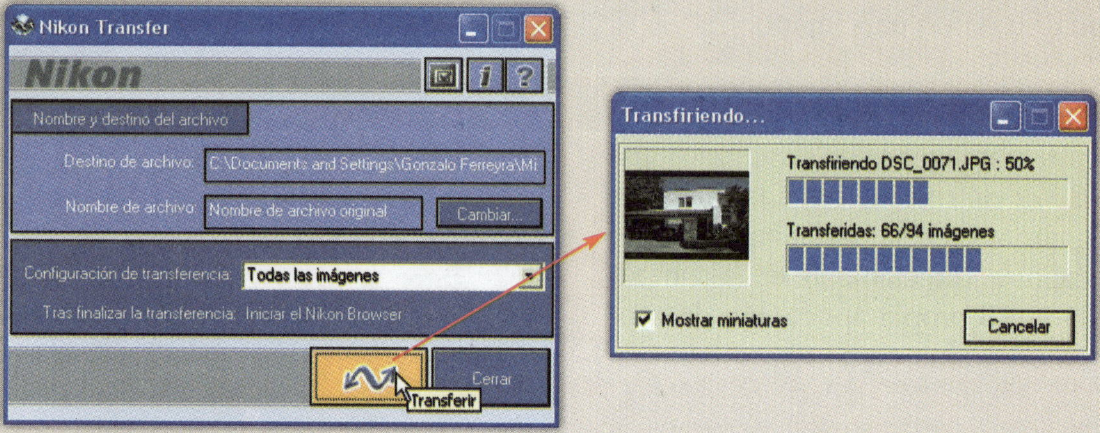

Figura 3.19 El programa **Nikon Transfer** permite "bajar" las imágenes almacenadas en la tarjeta de memoria de la cámara digital, al disco duro de la computadora.

2. **Capturar imágenes**. Proceso que permite capturar directamente las fotografías que se toman con la cámara digital en el disco duro de la computadora. Para hacerlo, es necesario instalar en la computadora el programa que viene con la cámara digital y contar con un puerto de alta velocidad como los mencionados. Si no se instala la aplicación, no se podrán capturar las imágenes directamente y se deberán copiar de la tarjeta digital al disco duro.

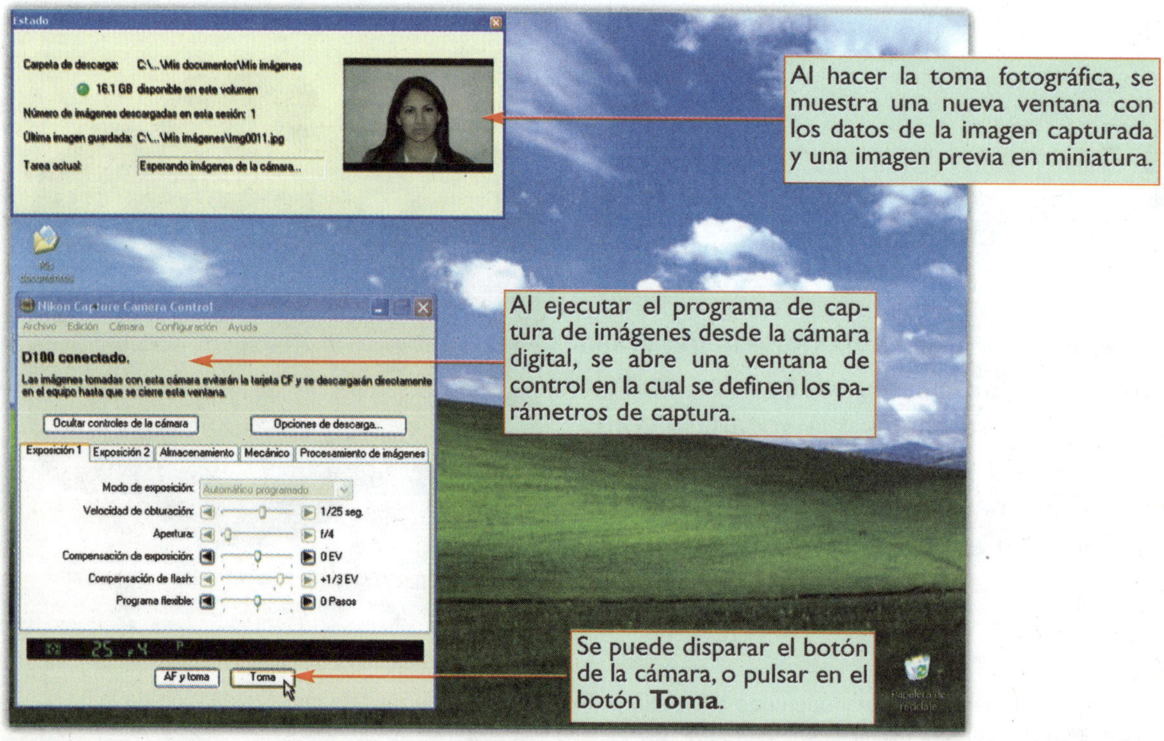

Figura 3.20 La mayoría de cámaras digitales cuenta con un programa que permite capturar directamente las imágenes al disco duro de la computadora.

Actividad 3.12

Junto con tus compañeros de clase organicen una sesión de digitalización de imágenes utilizando cámaras digitales. Pregunta a tus compañeros quiénes de ellos pueden llevar al colegio una cámara digital del tipo compacto y hagan grupos de seis o de ocho alumnos, dependiendo de las cámaras que se obtengan:

1. Recuerda que para almacenar las fotografías deben contar con tarjetas de memoria o con el medio de almacenamiento que utilicen las cámaras.
2. Si van a tomar las fotografías directamente a la computadora, deberán tener el *software* del fabricante de la cámara e instalarlo en la computadora.
3. Un miembro de un equipo diferente deberá tomar una fotografía a tu grupo para que aparezcan todos, del mismo modo, tu equipo ayudará a los otros grupos.
4. Introduzcan las imágenes en la computadora y ábranlas con Photo-Paint.
5. Comparen las fotografías de todos los equipos y califiquen honestamente, entre todos, a los fotógrafos.
6. Para premiar al fotógrafo ganador, pueden entregarle un diploma realizado en CorelDraw o en Publisher e impreso en una hoja blanca gruesa, firmado por tu profesora o profesor.
7. Guarden las fotografías en cualquier medio de almacenamiento para retocarlas después.

Actividad 3.13

1. Inicia una sesión con el navegador y busca imágenes en Internet, en un buscador de información, con las palabras clave **red eyes**.
2. Selecciona una imagen de un niño, una mujer o un hombre que muestren claramente el defecto de *ojos rojos* que produce el flash en la gente de ojos claros, y guárdala para editarla posteriormente.

3.5 Edición de imágenes

Ahora que sabes acerca del color, de la interfaz de Photo-Paint y digitalizar imágenes, el siguiente paso, es editarlas para corregir posibles errores o para mejorarlas desde el punto de vista de la luz y el color, así como para lograr interesantes efectos.

Abrir imágenes

Otra manera de obtener imágenes digitales es abrirlas directamente con Photo-Paint. Para eso debes tenerlas almacenadas en el disco duro, puedes copiarlas desde un CD-ROM de Clipart o conseguirlas en Internet, sólo deberás incluir en tus trabajos la fuente de donde estás tomando las ilustraciones.

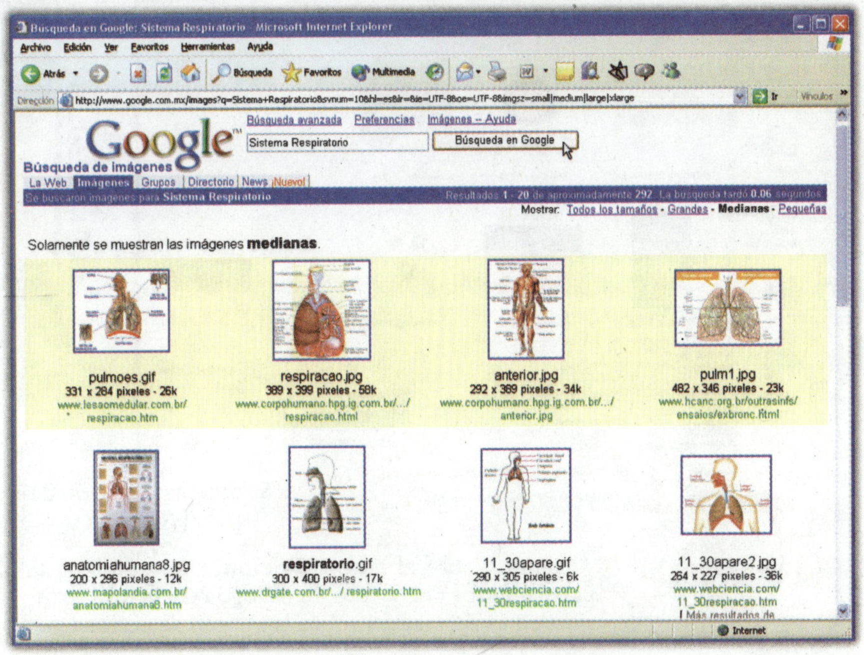

Figura 3.21 Internet es una fuente de imágenes que puedes utilizar para ilustrar tus tareas escolares.

1. Una vez que tienes las imágenes en una carpeta del disco duro puedes abrirlas en Photo-Paint con el comando **Abrir** del menú **Archivo**, con el botón **Abre un nuevo archivo** de la barra de herramientas **Estándar**, o copiarlas directamente desde Internet con el comando **Copiar** del menú contextual.
2. Después de copiada la imagen, abre Photo-Paint y pégala con el comando **Nuevo desde el Portapapeles** del menú **Archivo**.

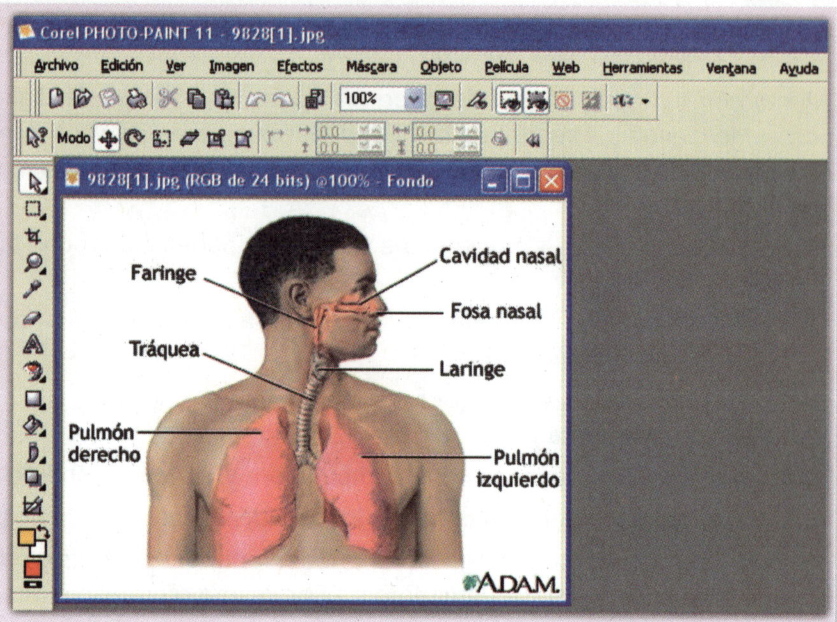

Figura 3.22 Con la imagen abierta en Photo-Paint, puedes ampliarla o reducirla, ponerle textos, retocarla, crearle efectos especiales; en fin, ajustarla a tu informe o proyecto escolar.

Recuerda poner siempre la fuente de las imágenes, como la anterior, que fue tomada de la página de MedlinePlus en la dirección **http://www.nlm.nih.gov/medlineplus/spanish/ency/esp_imagepages/9828.htm**, que es propiedad de A.D.A.M., Inc.

A veces no necesitas una imagen completa, sino una pequeña parte de ella, o tienes una imagen muy ***pesada*** y requieres editar sólo una parte. Photo-Paint te permite abrir las imágenes de cuatro maneras diferentes:

1. **Imagen completa**. Abre la imagen íntegramente para editarla.
2. **Recortar**. Permite recortar una parte de la imagen para crear una nueva, independiente de la original.

Figura 3.23 Photo-Paint permite abrir el recorte de una imagen para crear una nueva, o un segmento de imagen *pesada*, para editarlo por separado.

3. **Nuevo muestreo**. Abre el cuadro de diálogo **Volver a muestrear la imagen**, en el cual puedes modificar los valores de la imagen que se abrirá.
4. **Carga parcial**. Abre sólo una parte de la imagen para editarla. Al cerrarla, la parte editada se integra a la que no se abrió; es decir, no se crea una nueva imagen. Esta opción aparece sólo con las imágenes muy pesadas.

Actividad 3.14

1. Inicia una sesión de Photo-Paint con la opción **Abrir**.
2. Abre la imagen **Nenúfares.jpg** que se encuentra en la carpeta **Mis imágenes**, dentro de la subcarpeta **Imágenes de muestra**.
3. Selecciona la opción **Recortar** en el cuadro de diálogo **Abrir una imagen** y pulsa en el botón **Abrir**.
4. Recorta una parte de la imagen y guárdala con el nombre **Nenúfares_01.jpg**.
5. Cierra el programa.

Corrección de errores

La digitalización de fotografías o documentos "antiguos" siempre produce imágenes con algunos defectos como raspaduras, manchones, etcétera. El efecto del flash sobre los ojos claros se refleja en fotografías de personas con ojos rojos. Photo-Paint es la herramienta adecuada para corregir estos inconvenientes:

Corrección de efectos de muaré

Al escanear una fotografía de un periódico o de una revista, los puntos que forman la impresión producen un efecto como el del tejido de un tapete, llamado *muaré*. Para eliminar una buena parte de esta falla se utiliza la opción **Quitar muaré** del comando **Ruido** que se encuentra en el menú **Efectos**.

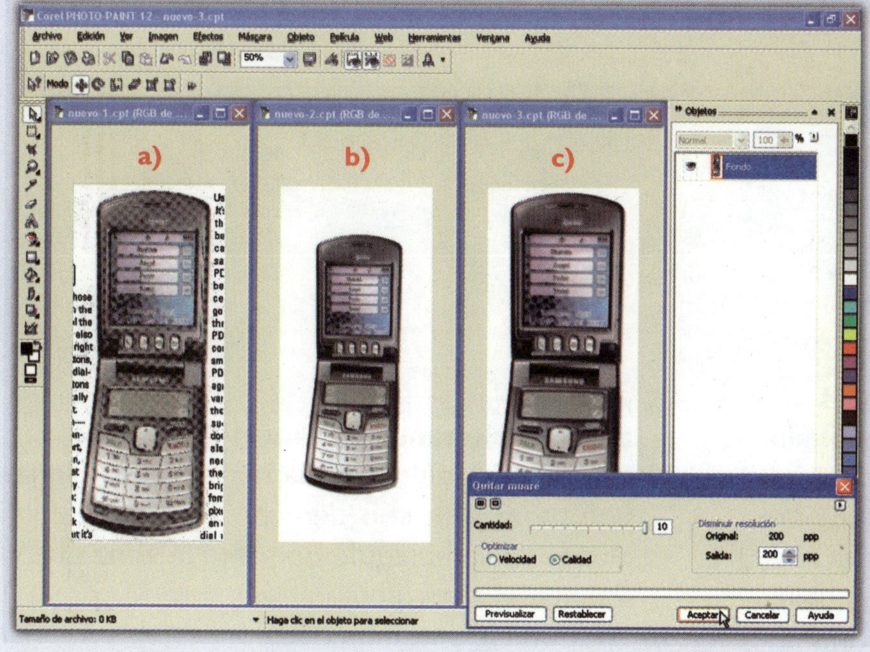

Figura 3.24 a) Imagen escaneada. b) Para eliminar el texto y los manchones se utilizó el comando **Ajustar** del menú **Imagen** con la opción **Ecualizar automáticamente**, y la **Herramienta Borrador**. Los valores de **Quitar muaré** fueron **Cantidad = 6**, **Optimizar Velocidad** y **Disminuir resolución = 150 ppp**. c) Lo mismo que la anterior, pero con los valores que se muestran.

Tip Para copiar una imagen y presentarla como se ve en la figura, ejecuta el comando **Duplicar** del menú **Imagen**. Las ventanas se acoplan en la ventana con el comando **Mosaico vertical** del menú **Ventana**.

Pesada: Se dice que una imagen es pesada cuando su tamaño y cantidad de bytes son muy grandes. Las imágenes de buena calidad para trabajos de impresión de libros y revistas llegan a pesar entre 2 000 y 3000 bytes; en cambio, una imagen para página Web debe tener a lo sumo 15 bytes.

1. En el cuadro de diálogo **Quitar muaré** selecciona las opciones y pulsa en **Aceptar**.
2. Si no te convence la mejora, presionando el botón **Cancelar** sales del comando sin aplicar los cambios.
3. Recuerda que todo lo que hagas a la imagen se puede deshacer con el comando **Deshacer** del menú **Edición**.

Corrección de enmendaduras

Los manchones y enmendaduras de una fotografía antigua se eliminan con herramientas como **Polvo y arañazos** y **Perfilado** del comando **Corrección** que se encuentra en el menú **Imagen**, o con la **Herramienta Clonar** y la **Herramienta Pincel de retoque**.

1. Para empezar hay que enderezar la imagen con el comando **Girar** del menú **Imagen**. En la lista de opciones selecciona la que corresponda (en este caso **90º** hacia la **izquierda**).
2. Con la **Herramienta Recortar** puedes quitar las orillas amarillentas o deterioradas, así como enderezar la fotografía si te ha quedado un poco movida al escanearla.
   a) Selecciona toda la imagen y mueve los nodos de recorte hasta donde se requiera. Pulsa dos veces dentro de la imagen para llevar a cabo el recorte.
   b) Para enderezarla pulsa en la imagen hasta que aparezcan los nodos de rotación y gírala. Para finalizar la rotación pulsa dos veces dentro de la imagen.

Figura 3.26 Para girar la imagen y enderezarla debe estar seleccionado el **Modo de rotación** en la **Barra de propiedades**.

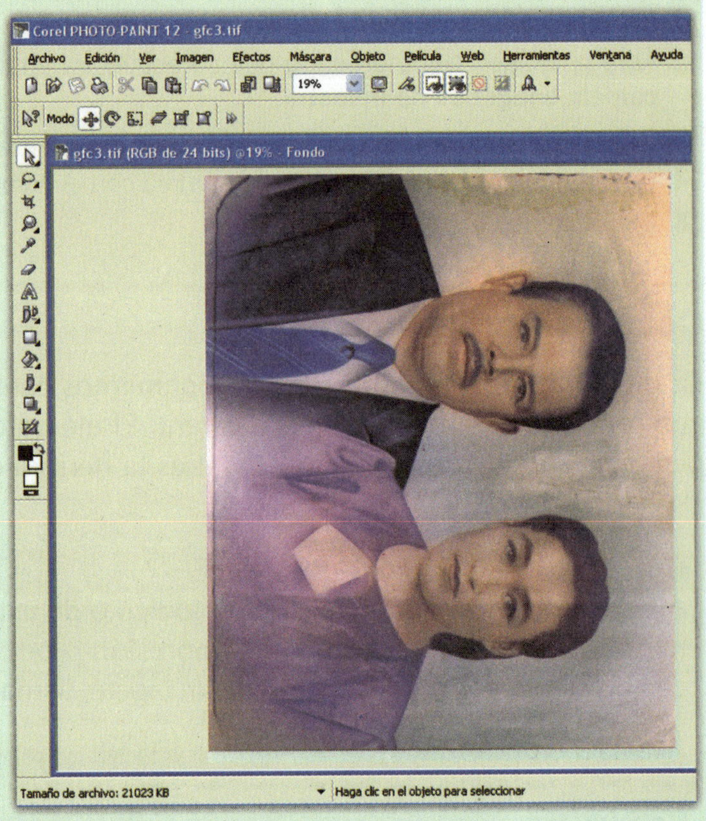

Figura 3.25 Al escanear una imagen antigua, se deben ajustar los parámetros a la mejor calidad y resolución posible. Con Photo-Paint se hacen luego los retoques y ajustes necesarios para adecuarla al medio de salida.

3. Ejecuta las opciones **Polvo y arañazos** y **Perfilado** del comando **Corrección** que se encuentra en el menú **Imagen**. Si ves que los cambios son favorables, pulsa en **Aceptar** si no, cancela la operación.
4. Para eliminar un fondo y cambiarlo por un nuevo color, se deben "enmascarar" los objetos que no van a cambiar de color y rellenar con color el resto de la imagen usando la **Herramienta Relleno**.
5. Puedes realizar los retoques a las áreas dañadas utilizando la **Herramienta Clonar** y en algunas áreas, la **Herramienta Pincel de retoque**.
   a) Para clonar selecciona la herramienta **Clonar**, pulsa con el botón derecho sobre el color a clonar y con el izquierdo sobre la zona que va a tomar el nuevo color.
   b) Para quitar una imperfección como un lunar, por ejemplo, selecciona la **Herramienta Pincel de retoque**, modifica la **Forma** y el **Tamaño** del pincel para que sobresalga de la mancha que se va a quitar y pulsa sobre ella.

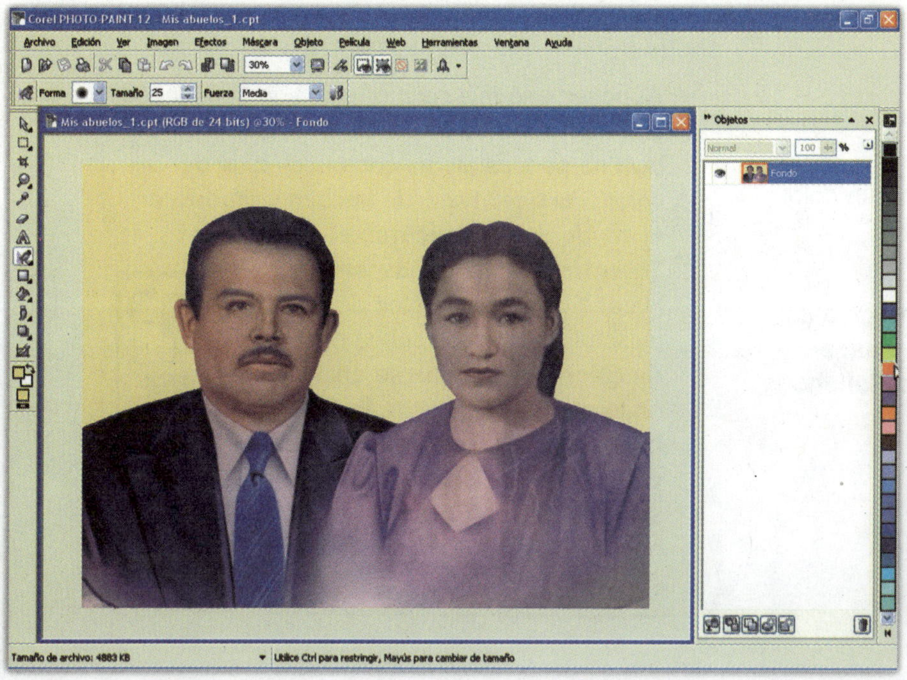

Figura 3.27 Para retocar una imagen hay que conocer las herramientas que se utilizarán; lo demás es cuestión de práctica e intuición de cada quien.

Corrección de ojos rojos

Para eliminar los ojos rojos de una fotografía escoge la **Herramienta Corrección de ojos** rojos y pulsa con ella sobre los ojos de la imagen.

1. Prueba con los valores predefinidos en la **Barra de propiedades**, que generalmente son **Forma = Circular en negro**, **Tamaño = 20** y **Tolerancia = 3**.
2. Amplía o reduce el **Tamaño** hasta que la herramienta rebase el diámetro del círculo rojo de los ojos.
3. Centra la herramienta y aplícala con varias pulsaciones.

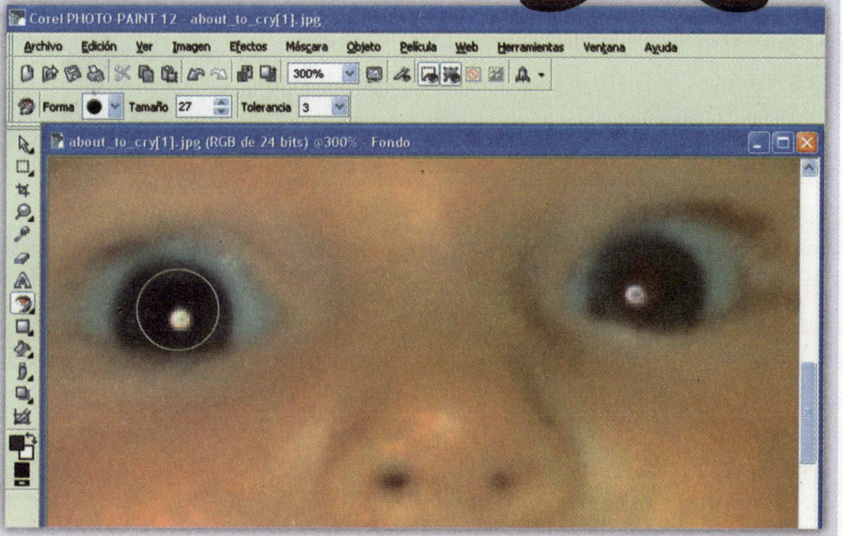

Figura 3.28 Si no logras un buen efecto, puedes deshacer la última acción y volver a comenzar, con otros valores.

Actividad 3.15

1. Organiza equipos de seis compañeros y elijan a uno para que consiga una revista de computación.
2. Inicien una sesión de Photo-Paint con la opción **Adquirir imagen**.
3. Escaneen la fotografía de una computadora y corrijan el efecto de muaré.
4. Guarden los archivos con el nombre de la computadora escaneada en formato .jpg, con las opciones **Optimizar**, **Compresión = 0** y **Suavizado = 10**.

Actividad 3.16

1. Inicia una sesión con el navegador de Internet.
2. Consigue una imagen sencilla como un balón o un juguete, que no contenga muchos colores, sino un color uniforme.
3. Inicia una sesión de Photo-Paint.
4. Practica con la **Herramienta Máscara varita mágica** del menú lateral **Máscara** para "enmascarar" la imagen y cambiar el color del fondo con la **Herramienta Relleno**.

NOTA

Al poner una máscara a una imagen aparece un "velo" rojo en la parte "enmascarada", la cual no podrás modificar ni cambiar de color. Para proteger la imagen y modificar el fondo debes ejecutar el comando **Invertir** del menú **Máscara**.

Puedes cambiar el color de relleno pulsando dos veces sobre el cuadro de color **Relleno** que se encuentra en la parte inferior de la **Caja de herramientas**. En el cuadro de diálogo **Seleccionar relleno** pulsa sobre el botón **Editar** y selecciona el nuevo color para la **Herramienta Relleno**.

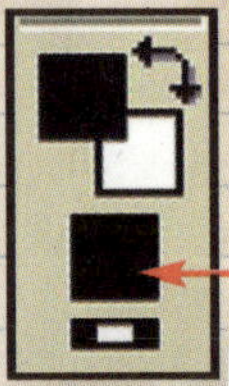

Recortar y extraer imágenes

Si copias una imagen y la pegas sobre otra, el fondo se superpone a esta última tapando una parte. Esto se evita si recortas la primera y la extraes de su fondo. La manera más sencilla de recortar imágenes para ubicarlas en otros trabajos e ilustraciones es utilizar el comando **Recortar/extraer** del menú **Imagen**.

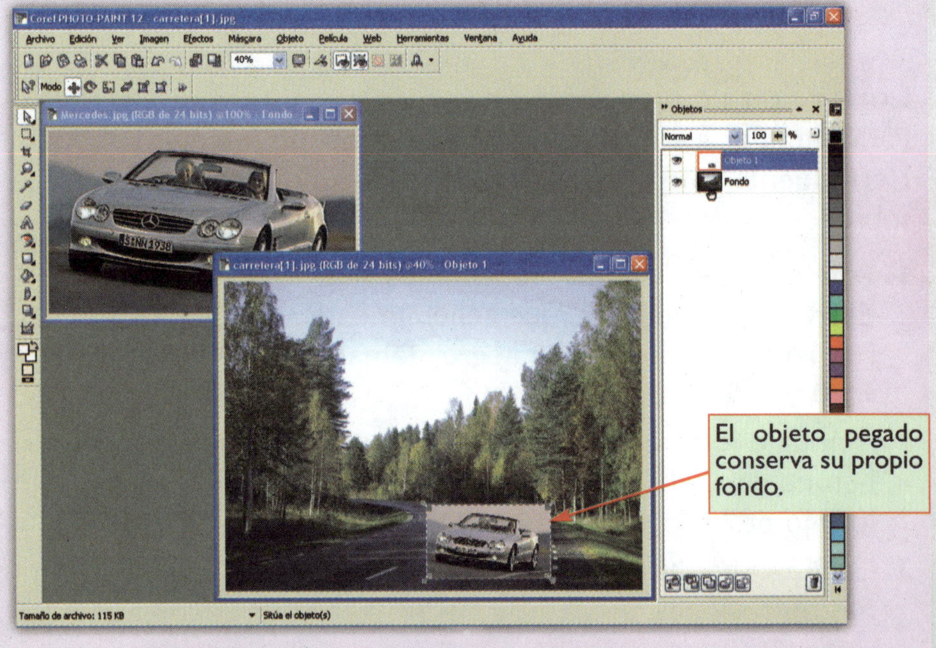

Figura 3.29 Para superponer una imagen sobre otra es necesario recortarla y extraerla de su fondo original.

1. Ejecuta el comando **Recortar/extraer** del menú **Imagen**.
2. En el cuadro de diálogo **Recortar/extraer**, selecciona la **Herramienta resaltar**.
3. Dibuja una línea sobre los bordes de la imagen.
4. Selecciona la **Herramienta Relleno** y pulsa con ella en el área interior de la imagen.

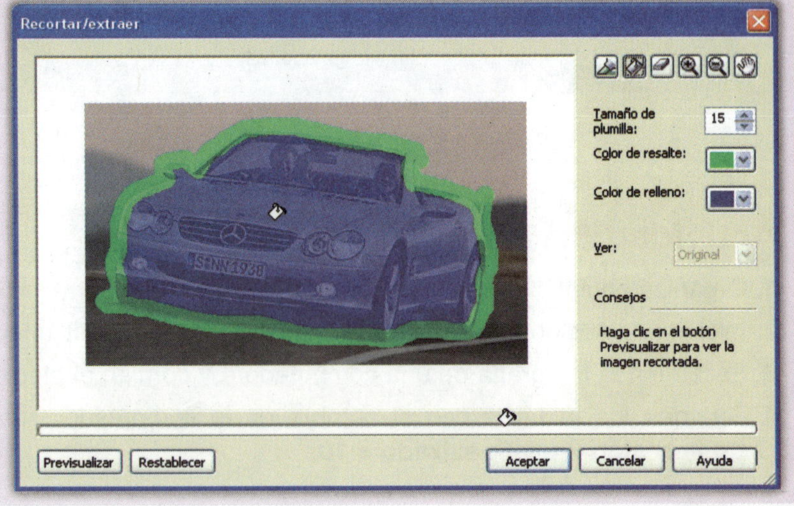

Figura 3.30 Si no te sale bien el trazo de los bordes a la primera, puedes borrarlo con la **Herramienta Borrador** y comenzar de nuevo.

5. Pulsa en el botón **Previsualizar** para ver cómo ha quedado recortada la imagen.
6. Si todo está bien, pulsa en **Aceptar**.
7. Ahora copia el objeto recortado a la otra imagen y observa cómo aparece de manera natural.

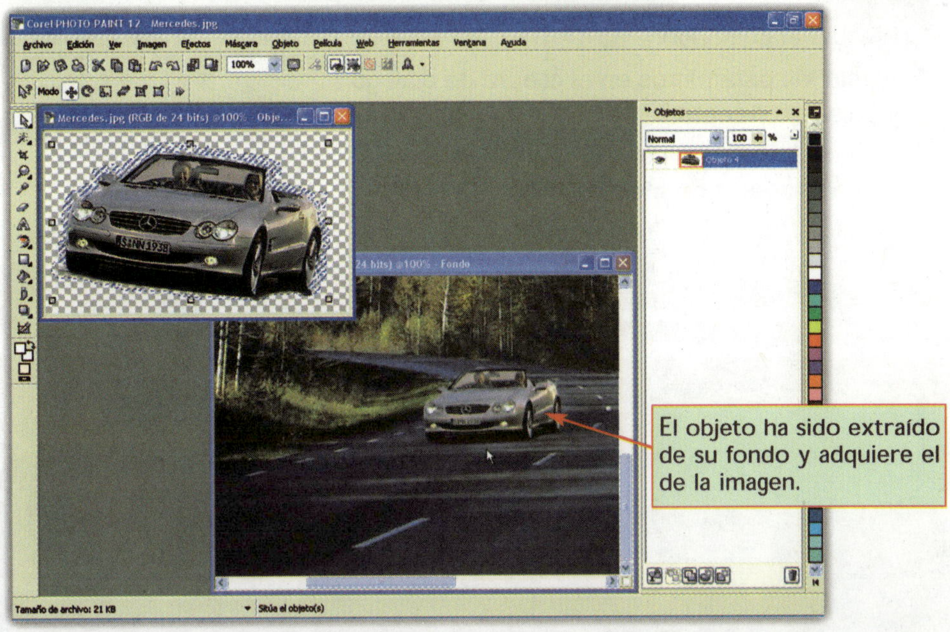

Figura 3.31 El objeto pegado aparece ahora como si fuera parte integral de la imagen.

Aplicación de efectos especiales

La mayoría de aplicaciones de retoque y edición de imágenes ofrece la posibilidad de aplicar efectos especiales a las imágenes. Photo-Paint cuenta con muchos de ellos en el menú **Efectos**, y cada efecto tiene a su vez otros tantos.

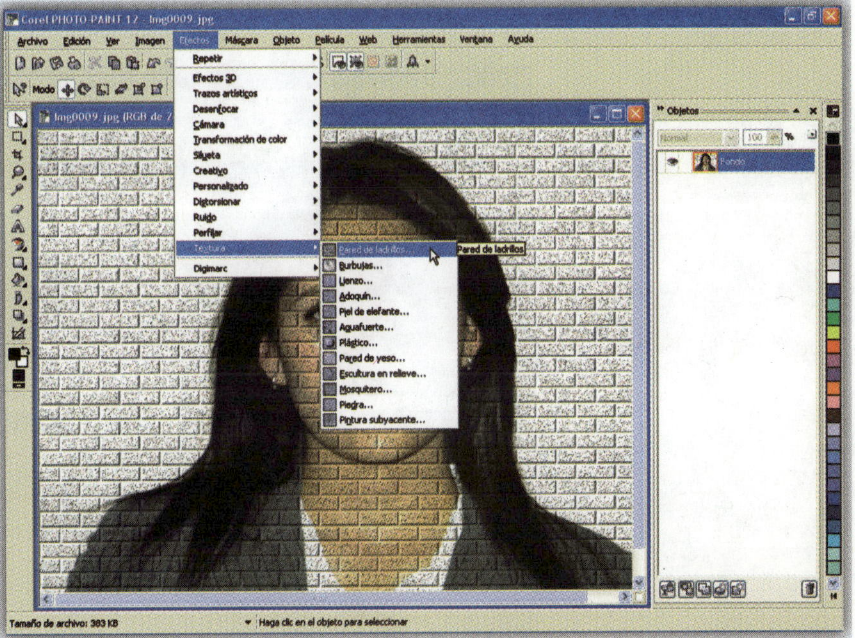

Figura 3.32 Con los comandos del menú **Efectos** puedes lograr imágenes con un toque artístico o chusco.

Actividad 3.17

En la Actividad 3.13 se te pidió guardar la imagen de una persona con el defecto llamado "ojos rojos". Si la conservas, trabaja con ella para eliminar los ojos rojos, si no, consigue una en Internet y realiza la actividad.

1. Guarda la imagen corregida con el nombre **Ojos rojos_corregida.jpg**.

Actividad 3.18

Inicia una sesión de Photo-Paint con una imagen tuya o de uno de tus hermanitos y aplícale **Efectos** de **Textura** como **Pared de ladrillos** o **Adoquín**.

1. Ejecuta el comando.
2. Ajusta los parámetros en el cuadro de diálogo y pulsa en **Aceptar**.
3. Guarda la imagen con un nombre apropiado como **Imagen con efecto_01.cpt**.

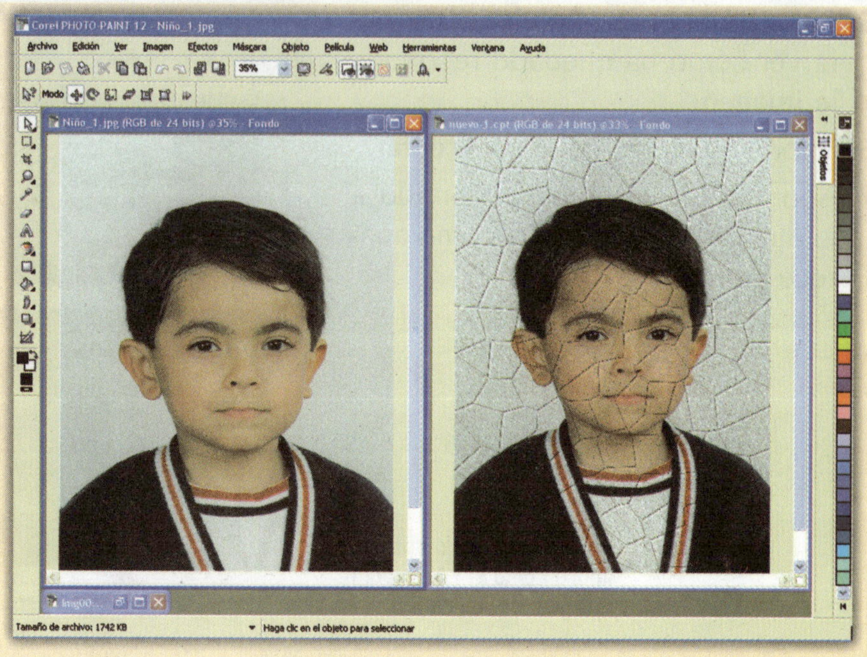

Actividad 3.19

1. Con la misma imagen, crea algunos efectos chuscos como **Zigzag**, **Desenfoque de movimiento**, **Remolino** y **Pixelar**.

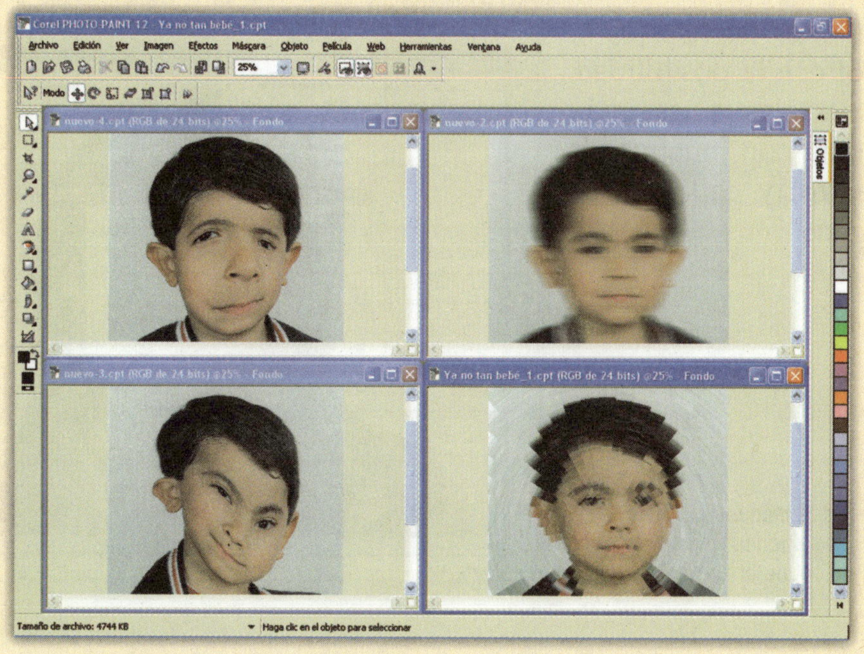

2. Cambiando los valores en los cuadros de diálogo puedes lograr efectos como los que se muestran.
3. Guarda las imágenes como **Chusca_01.jpg, Chusca_02.jpg**, etcétera.

Incluir texto en imágenes

Corel Photo-Paint permite agregar texto a las imágenes. Los textos pueden ser editados, se les puede asignar atributos de formato como **Fuente**, **Tamaño de fuente**, **Negritas**, **Cursivas**, **Alineación** y otros. También es posible crear efectos especiales y aunque el texto se modifique o distorsione, sigue teniendo sus propiedades. Para crear un texto en una imagen de Photo-Paint se procede como sigue:

1. Selecciona la **Herramienta Texto**.
2. Cambia los parámetros en la **Barra de propiedades**.
3. Pulsa sobre la ventana de imagen hasta que aparezca el cursor.
4. Escribe el texto.
5. Pulsa sobre la **Herramienta Selección de objetos** para que el texto se muestre como un objeto seleccionado.
6. Mueve el texto tomándolo de cualquiera de las letras.
7. Amplía o reduce el tamaño del texto tomándolo de sus nodos.
8. Para cambiar de color al texto, selecciónalo con la **Herramienta Texto**, pulsa dos veces sobre el cuadro **Color del primer plano** que se encuentra en la parte inferior de la **Caja de herramientas** y en el cuadro de diálogo escoge un color. Para aplicarlo pulsa en **Aceptar**.

Figura 3.33 Selecciona un relleno pulsando dos veces en el cuadro **Relleno** de la **Caja de herramientas** y con la **Herramienta Relleno**, pulsa en cada letra. Si pulsas fuera de la letra se pone el relleno a todo el fondo.

Tip Para aplicar relleno a las letras es mejor ampliar la imagen con la **Herramienta Zoom**, pero si aún así pulsas fuera de las letras, deshaz la última acción y vuelve a tratar.

Ensamblar imágenes

Photo-Paint permite ensamblar varias imágenes para formar una sola. Si en tus últimas vacaciones tienes la oportunidad de fotografiar un yate crucero, pero tu cámara no alcanza a tomarlo completo desde donde estas, haz las tomas por partes y únelas con Photo-Paint.

1. Abre todas las imágenes con el programa.
2. Ejecuta el comando **Ensamblar** del menú **Imagen**.
3. Escoge las imágenes que deseas ensamblar en el cuadro de diálogo **Seleccionar imágenes** y pulsa en el botón **Añadir** (también puedes pulsar en **Añadir todo** para agregar todas). Pulsa en **Aceptar**.

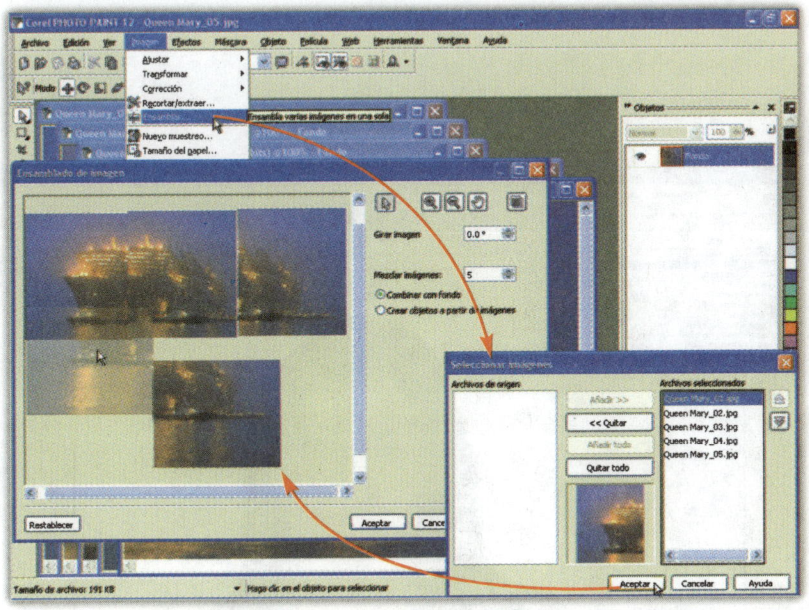

Figura 3.34 Ensambla manualmente las imágenes y pulsa en **Aceptar**.

Figura 3.35 Por último, recorta la imagen pulsando dos veces dentro del marco.

4. Toma las imágenes con el ratón para ensamblarlas lo más exacto posible, ya que la parte que escojas, se mostrará transparente. Al finalizar, pulsa en **Aceptar**.
5. Para recortar la imagen utiliza la **Herramienta Recortar** y pulsa dos veces sobre ella.

Imprimir imágenes

Photo-Paint, como todas las aplicaciones de Windows, permite imprimir cualquier documento utilizando la impresora predefinida.

1. Si hay varias impresoras instaladas selecciona una de ellas en el cuadro de diálogo **Imprimir** del menú **Archivo**.
2. Puedes pulsar en el botón **Propiedades** para definir el tamaño del papel y la calidad de impresión, que puede ser **Óptima**, **Normal** o **Borrador**.
3. Es conveniente ejecutar el comando **Presentación preliminar** para saber si lo que obtendrás en la hoja de papel es lo correcto.

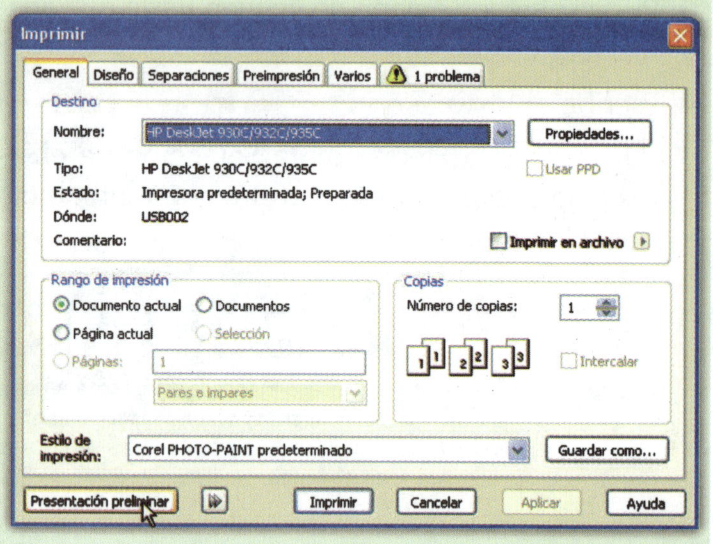

Figura 3.36 Si la imagen no cabe en el papel definido, la ficha **Comprobaciones previas** muestra el mensaje de error en lugar de su nombre.

4. Para eliminar el error, cuando la imagen es más grande que el papel, selecciona la opción **Encajar en página** en la lista **Posición de imagen dentro de página** de la ventana **Presentación preliminar**.
5. De inmediato la imagen se achica y se adapta al espacio disponible para la impresión.
6. Para enviar el trabajo a la impresora, pulsa sobre el icono **Imprimir** de la ventana **Presentación preliminar**.

Figura 3.37 Es conveniente ver cómo quedará la hoja impresa con el botón **Presentación preliminar**.

Actividad 3.20

Abre la imagen de muestra de Windows XP llamada **Nenúfares.jpg** y haz lo siguiente:

1. Inserta en la parte superior de la imagen el texto **¡Viva la primavera!**, en un tipo de 48 puntos aproximadamente.
2. Pulsa dos veces en el cuadro **Relleno** de la **Caja de herramientas**.
3. En el cuadro de diálogo selecciona **Relleno degradado** y pulsa en el botón **Editar**.
4. En el nuevo cuadro de diálogo selecciona el **Tipo Radial**, el botón de opción **Dos colores** y escoge dos colores afines (por ejemplo amarillo y naranja). Pulsa en el botón **Aceptar**.
5. Con la **Herramienta Relleno** aplica el relleno a todas las letras.

6. Guarda la imagen con el nombre **Viva la primavera.cpt.**

3.6 Creación de películas

Corel Photo-Paint, además de creación y retoque de imágenes de mapas de bits, permite crear gráficos con movimiento como los que has visto en las páginas Web, llamados Gif´s animados y películas compuestas por imágenes o fotogramas.

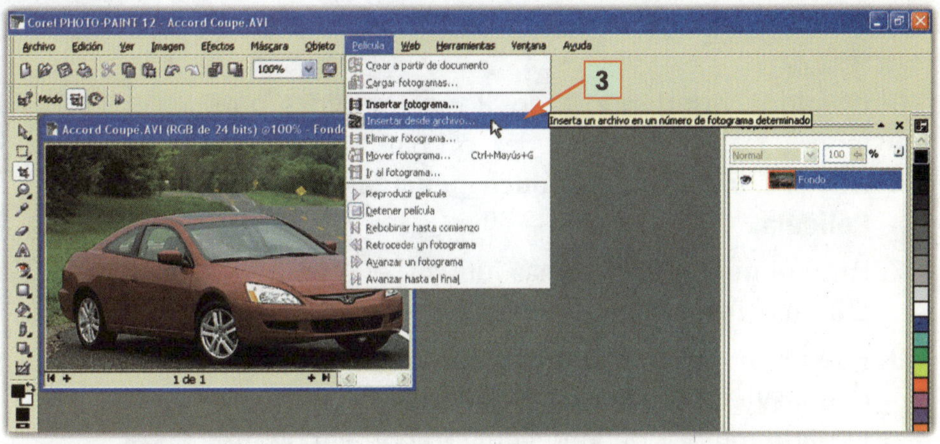

Figura 3.38 De inmediato la imagen se convierte en el fotograma 1 de 1.

Para crear una película haz lo siguiente:

1. Abre la imagen con la cual vas a comenzar la película (el primer fotograma).
2. Ejecuta el comando **Crear a partir de documento** del menú **Película**.

3. El siguiente paso es agregar fotogramas a la película. Abre nuevamente el menú **Película** y ejecuta el comando **Insertar desde archivo**.

4. En el cuadro de diálogo **Abrir una imagen**, selecciona otro fotograma y pulsa en **Abrir**.

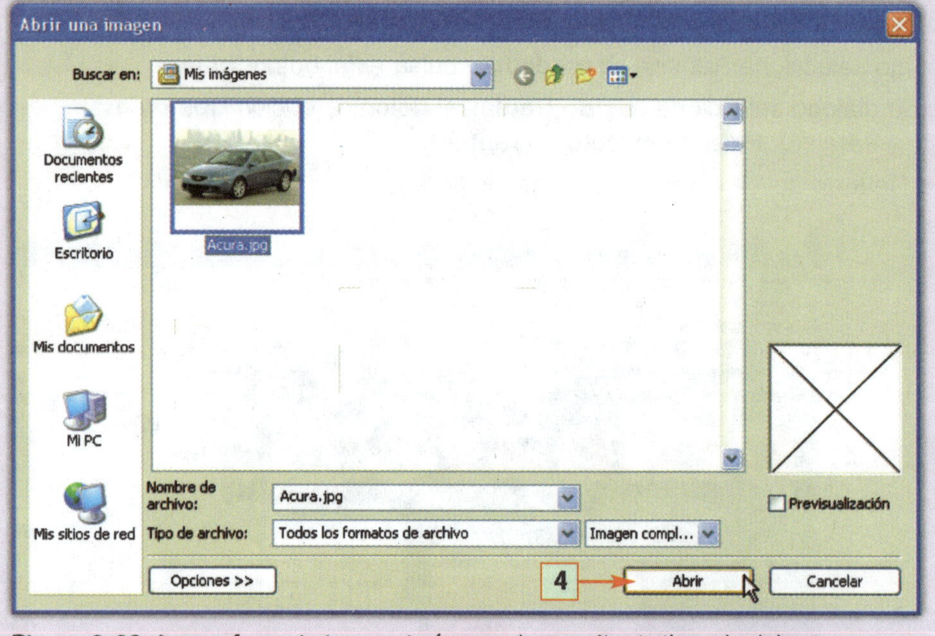

Figura 3.39 De preferencia inserta imágenes de tamaño similar a la del primer fotograma.

5. En el pequeño cuadro de diálogo que aparece, decide si deseas que la nueva imagen se inserte antes o después del fotograma actual y pulsa en el botón **Aceptar**.

6. Continúa insertando todos los fotogramas que tendrá la película. Puedes probar la película con el comando **Reproducir película** del menú **Película**.

7. Para eliminar fotogramas utiliza el comando **Eliminar fotograma** del mismo menú.

8. Puedes ir rápidamente a cualquier fotograma con las flechas de control que se encuentran en la parte inferior de la película, o con el comando **Ir al fotograma** del menú **Película**.

9. Guarda el archivo con formato de película con el comando **Guardar como** del menú **Archivo**.

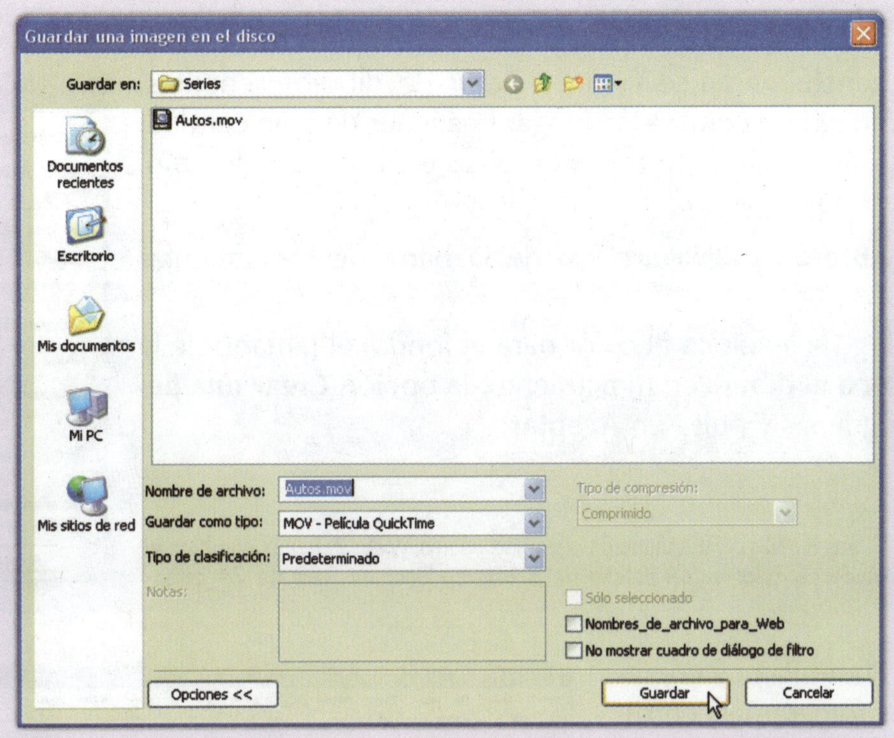

Figura 3.40 Puedes guardar la película con cualquiera de los formatos: **Animación GIF (.gif)**, **Video para Windows (.avi)**, **Película QuickTime (.mov)** y **QuickTime VR (.mov)**.

10. Al abrir la película con el programa asociado al formato de video, verás pasar cada uno de los fotogramas.

11. Los archivos **.avi** se abren con el programa Microsoft Media Player y los **.mov** con Quick Time Player.

Figura 3.41 Para ver la película, pulsa dos veces sobre su icono o nombre en la carpeta donde se guardó. Se abre con el programa apropiado.

Animaciones GIF

Las animaciones GIF generalmente se crean a partir de dibujos sencillos, porque el formato gráfico **.gif** no permite desplegar imágenes de gran calidad. Si haz creado un dibujo en algún programa como CorelDraw, por ejemplo, crear un gif animado es muy sencillo:

1. Pulsa en el botón **Abre un nuevo archivo** de la barra de herramientas **Estándar**.
2. En el cuadro de diálogo selecciona el color para el fondo, el tamaño de la imagen para que quepa tu dibujo en movimiento, la opción **Crear una película** con 5 o 6 fotogramas y pulsa en **Aceptar**.

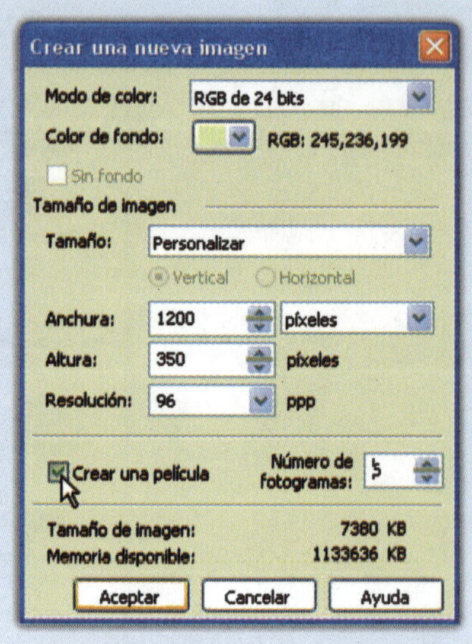

Figura 3.42 Si vas a utilizar la animación para una página Web, deberás cambiar el **Modo de color** a **Con paleta de 8 bits** en lugar de **RGB de 24 bits**.

3. Abre tus dibujos con Photo-Paint y cópialos a cada uno de los fotogramas, en diferentes posiciones para que al pasar la película se vea el movimiento.
4. Al fijar una imagen en el fotograma, ejecuta el comando **Combinar** del menú **Objeto** y selecciona la opción **Combinar todos los objetos con el fondo**.
5. Cuando todos los objetos han sido colocados en su lugar, guarda el archivo con el formato **GIF – Animación GIF**.

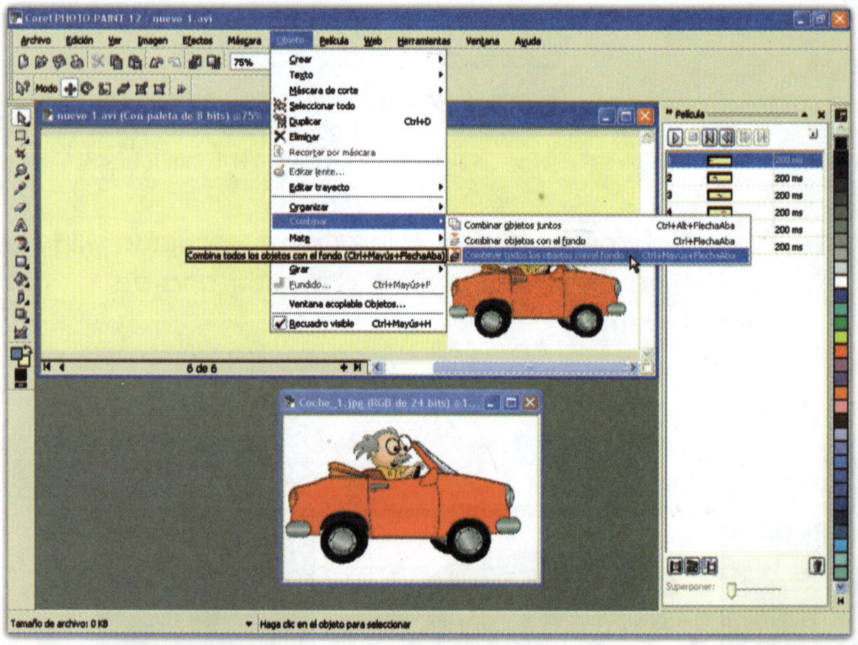

Figura 3.43 Ubica las imágenes en posiciones adelantadas una de otra para crear la ilusión de movimiento en la película.

Actividad 3.21

Junto con tus compañeros de clase organicen una sesión de fotografía con una cámara digita montada en un tripié.

1. Fotografíen todo el salón de clase desde el centro, girando la cámara unos 45 grados en cada toma.
2. Guarden las tomas fotográficas en el disco duro de la computadora.
3. Inicien una sesión de Photo-Paint y abran todas las imágenes.
4. Ensamblen las imágenes en una tira, incluyendo todas las fotografías.
5. Conviertan la nueva imagen en película y guárdenla con el nombre **Mi_salón_de_clase.mov**, con formato **MOV – QuickTime VR**.
6. Para ver el salón de clases en una vista de realidad virtual (como si estuvieras paseando dentro de él), necesitas abrir el archivo con el programa QuickTime versión 6.5 o superior, que se puede bajar de manera gratuita en la dirección de Internet http://www.apple.com

3.7 Reafirmación del aprendizaje

1. ¿Qué característica de los rayos de luz determina el color?

____

2. Menciona los seis colores básicos en los que se descompone la luz blanca al pasar a través de un prisma.

______________________ ______________________

______________________ ______________________

______________________ ______________________

3. Menciona los nombres de los tres principales investigadores de los fenómenos de la descomposición de la luz.

____

____

____

4. ¿Cómo están compuestas las imágenes de mapa de bits?

____

____

5. ¿Cuántas maneras de iniciar un documento de Photo-Paint permite el cuadro de bienvenida? ____________. Menciona tres de ellas.

____

____

____

6. Describe dos tipos de cámaras digitales y su uso más general.

a) ____

____

____

b) ____

____

____

7. ¿Con qué opción del cuadro de diálogo **Abrir una imagen**, puedes abrir una sección de una imagen y guardarla como una nueva?

____

8. ¿Qué comando utilizas para eliminar el defecto que se produce al escanear una imagen impresa de algún periódico o revista?

____

9. ¿Cómo se llama el comando del menú **Imagen** que te permite eliminar el fondo de una imagen?

____

10. Menciona cinco efectos especiales que se pueden aplicar a una imagen.

a) ______________________________

b) ______________________________

c) ______________________________

d) ______________________________

e) ______________________________

Unidad 4 Fundamentos y aplicaciones básicas de Excel

Antes de la llegada de las computadoras de escritorio, los especialistas en matemáticas, ingeniería, contabilidad, finanzas, economía o cuestiones astronómicas, utilizaban cuadernos, lápices y calculadoras para realizar el trabajo cotidiano. Con el desarrollo de las hojas de cálculo como VisiCalc, Lotus y más recientemente Excel, aquellos instrumentos quedaron en el pasado.

En el ámbito escolar la hoja de cálculo se usa para crear cuestionarios, solucionar modelos matemáticos, elaborar gráficas estadísticas, crear simulaciones que resuelvan problemas de física o química, y como herramienta interactiva en proyectos de investigación académica y científica. Con ella podrás presentar muchos de tus trabajos escolares con una calidad insuperable.

4.1 Fundamentos de Excel

Qué es y para qué sirven las hojas de cálculo

Las hojas de cálculo se basan en una estructura rectangular compuesta de 256 columnas y 65 536 renglones o filas, cuyas intersecciones forman una serie de casilleros denominados **celdas** (16 777 216). Los datos como textos, números, fórmulas y funciones, así como los resultados de los cálculos, se escriben dentro de esas celdas.

La hoja de cálculo es la herramienta informática que se usa para procesar operaciones aritméticas, pero su gran versatilidad te permitirá utilizarla para escribir textos, insertar imágenes, escribir fórmulas matemáticas para ilustrar los cálculos, graficar tablas con datos numéricos, hacer presentaciones, etcétera.

Al utilizarla, debes poner mucha atención a los procedimientos, ya que Excel es una aplicación que te permitirá desarrollar tus capacidades de abstracción y análisis, para resolver problemas utilizando las computadoras.

NOTA

Las columnas se identifican con letras y los renglones con números. Para localizar un objeto que se encuentra dentro de una celda se tienen como referencias la letra de la columna y el número de la fila o renglón donde se ubica, por ejemplo: A4, B8, D95.

Manejo del libro de cálculo Microsoft Excel 2003

Microsoft Excel desde hace algunos años introdujo el concepto de libros de cálculo, que simplemente son archivos que pueden contener una sola hoja de cálculo o varias. Cada una de ellas puede alojar fórmulas, funciones, datos alfanuméricos y numéricos, relacionados entre sí o totalmente independientes.

Inicio de una sesión de Excel

El inicio de Excel 2003 es idéntico a cualquiera de las otras aplicaciones de Windows. Para iniciar una sesión de trabajo de Excel:

1. Enciende la computadora.
2. Pulsa sobre el botón **Inicio**, en el escritorio de Windows.
3. Coloca el apuntador en **Todos los programas**.
4. Desliza el apuntador del ratón hacia la opción **Microsoft Office**.
5. En la lista de programas, pulsa en **Microsoft Office Excel 2003**. Instantes después aparecerá en la pantalla la interfaz de Excel.

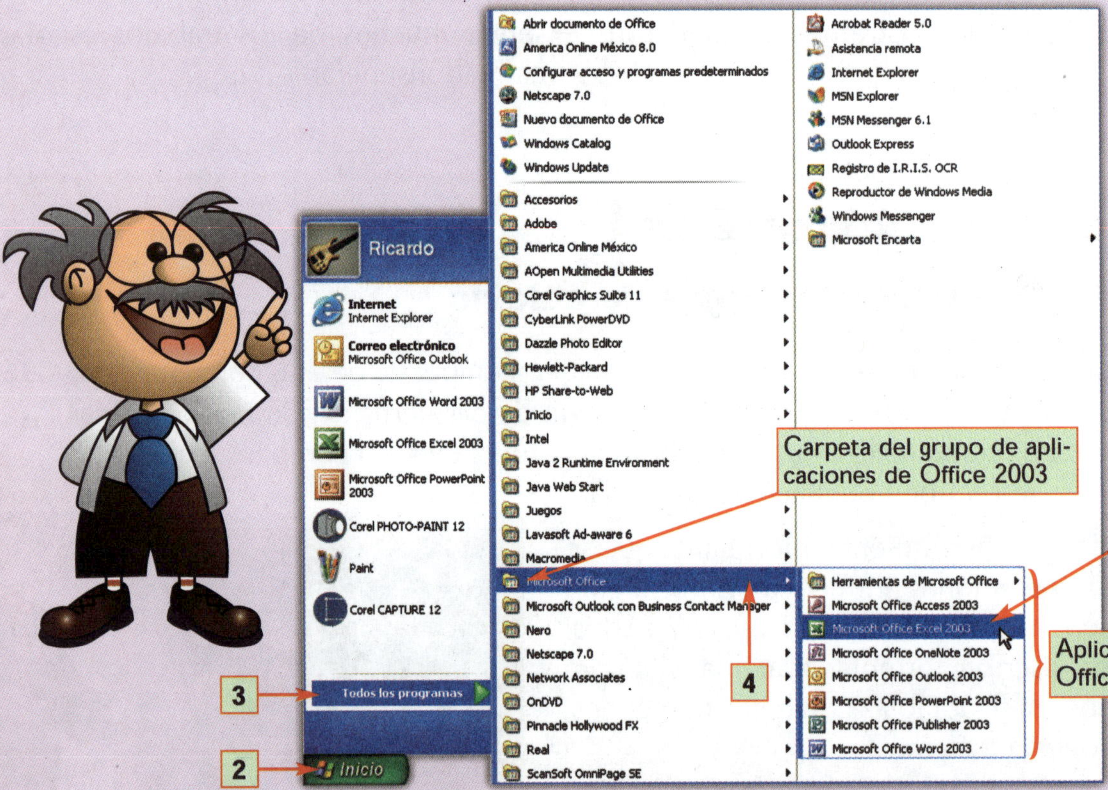

Figura 4.1 El programa **Microsoft Office Excel 2003** se encuentra en el grupo de programas de **Microsoft Office**.

Finalización de una sesión de Excel

Para cerrar una sesión de trabajo de Excel haz lo siguiente:

1. Pulsa sobre el botón **Cerrar**, que se encuentra a la derecha de la **Barra de Título**.
2. Si después de iniciar la sesión escribiste algo o cambiaste alguna configuración, antes de cerrarse la aplicación aparece una ventana con la pregunta **¿Desea guardar los cambios efectuados en 'Libro1'?**
3. En caso afirmativo, pulsa sobre el botón **Sí**.
4. Se abre entonces la ventana **Guardar como** en la que deberás buscar una carpeta o una unidad para almacenar el archivo, en la lista **Guardar en**.
5. En el campo **Nombre de archivo** escribe un

nombre apropiado o acepta el que propone el programa y pulsa en **Guardar**. El programa incluye la extensión **.xls** de manera automática.

6. Si no deseas guardar los cambios ni cerrar el programa, simplemente presiona el botón **Cancelar**.

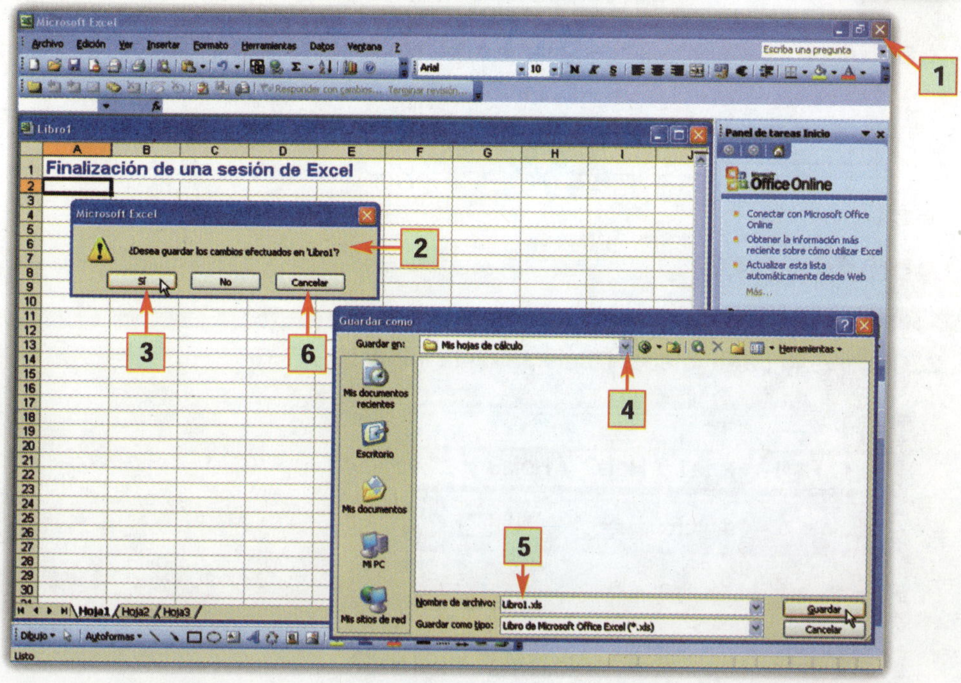

Figura 4.2 Para salir de una sesión de Excel sin guardar los cambios pulsa en el botón **No**.

Actividad 4.1

Inicia una sesión de Excel y haz lo siguiente:

1. No escribas nada, sólo observa detenidamente la interfaz y contesta las siguientes preguntas.
   a) ¿Cuántos botones **Cerrar** ves en la pantalla? ________________.
   b) ¿En qué celda se encuentra ubicado el cursor? (es la que tiene un marco negro). ____________________.
   c) Mueve el ratón sin pulsar los botones. ¿Qué forma tiene el apuntador o puntero?

   ____

2. Cierra la aplicación con el botón **Cerrar**.

Tip También puedes cerrar el programa ejecutando el comando **Salir** del menú **Archivo** o pulsando las teclas **[Alt]**+**[F4]**.

Actividad 4.2

1. Inicia una sesión de Excel.
2. Sin mover el cursor de lugar, escribe con el teclado el número **123** y pulsa la tecla [**Entrar**].
3. Sin cerrar la primera, abre otra sesión de Excel. Ahora escribe **abc** y pulsa [**Entrar**].
4. Repite la operación y escribe **1a2b3c**.
5. Cierra la primera sesión con el botón **Cerrar**; la segunda mediante el comando **Cerrar** del menú **Archivo** y la tercera nuevamente con el botón **Cerrar**.
6. Describe en las líneas cómo se comportaron las tres interfaces; ¿de manera independiente o como un solo programa abierto; es decir, al cerrar la primera se cierran todas las sesiones?

____

____

____

7. Si te sucedió lo último, seguramente tu versión de Excel no es la 2003; en ese caso, anota el nombre o número de versión.

____

____

Actividad 4.3

1. Inicia una sesión de Excel.
2. Observa la parte inferior izquierda de la interfaz.

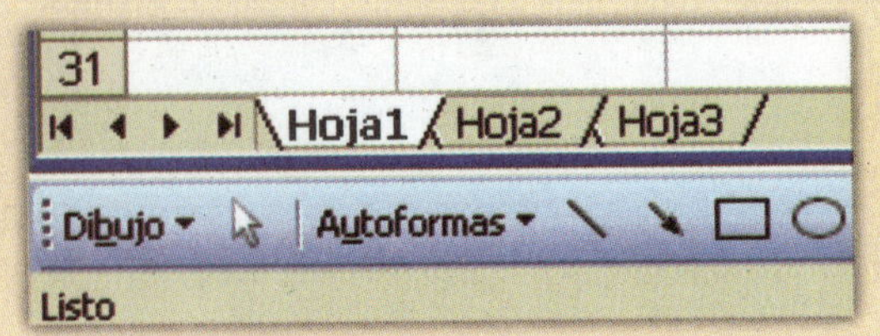

a) ¿Cuántas hojas contiene el archivo abierto? ______________________.

b) Subraya la palabra que defina al archivo de Excel que has abierto.

Hoja de cálculo | Documento de texto | Libro de cálculo

c) Describe ¿Por qué?

____

____

____

____

____

Interfaz de Excel

Microsoft Excel es la hoja de cálculo que destaca por ser una de las aplicaciones más utilizadas en todas las áreas: académica, de los negocios, científica, etcétera. Los elementos que componen su interfaz son muy parecidos a los de otras aplicaciones de Windows; sus diferencias son las funciones específicas de la aplicación y la ventana cuadriculada.

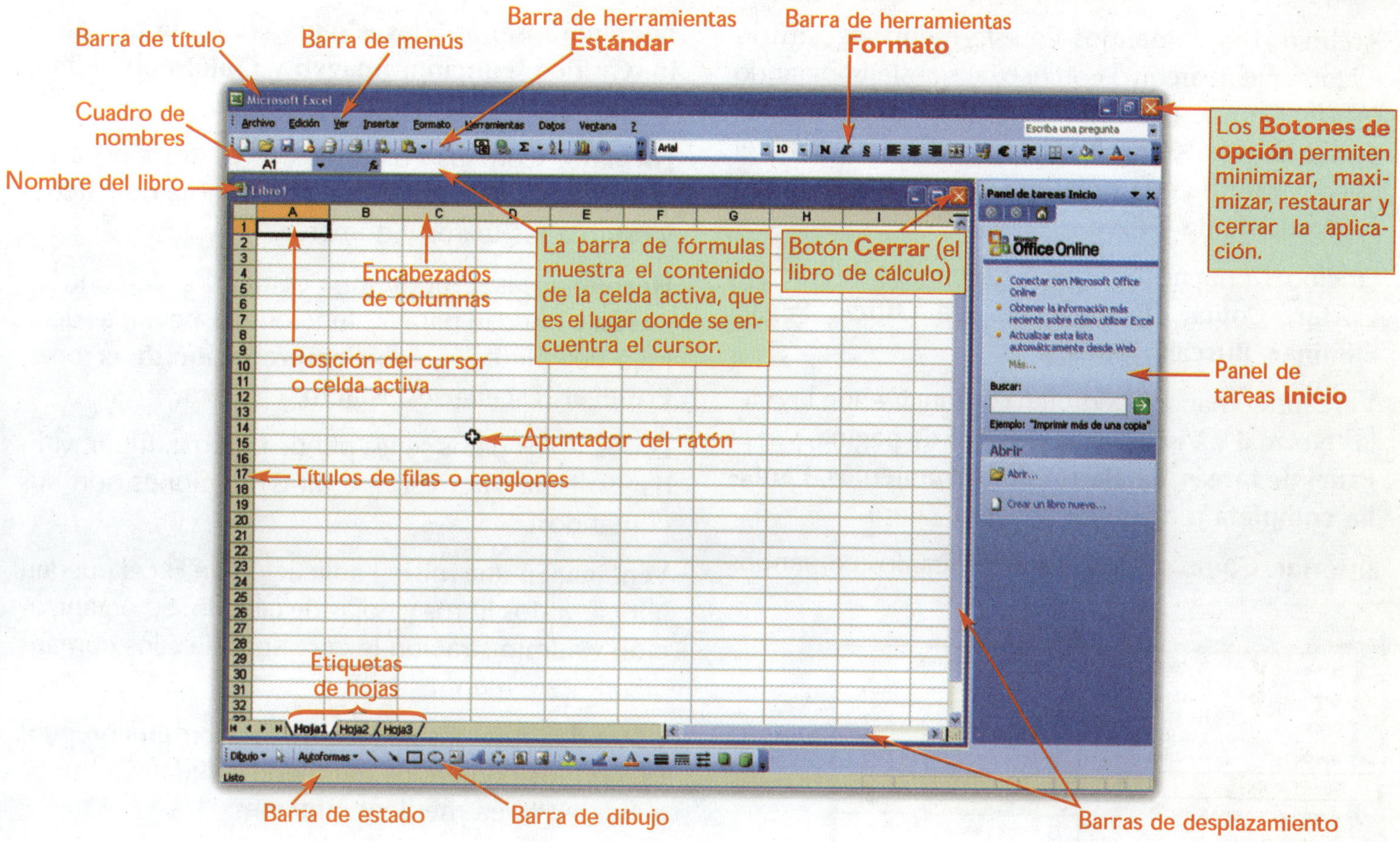

Figura 4.3 Elementos de la interfaz de Excel.

Actividad 4.4

1. Todo el grupo, inicien una sesión de Excel.
2. Cuando aparezca la interfaz de Excel, pulsen la tecla [**Impr Pant**].
3. Inicien una sesión de Word y configuren la página con papel tamaño carta y orientación **Horizontal**.
4. Escriban en la parte superior sus datos personales y como título, **Pantalla de edición de Excel**.
5. Pulsen en el botón **Pegar** de la barra de herramientas **Estándar** de Word.
6. Impriman el documento de Word y en la hoja impresa, escriban con color rojo los nombres de los componentes de la Interfaz de Excel.
7. Intercambien sus trabajos para que con toda honestidad, todos califiquen a un compañero, comparando su impresión con la ilustración del libro.

Barra de menús

Contiene nueve menús desplegables que a su vez alojan gran cantidad de ***comandos*** que permiten realizar operaciones propias de la aplicación, de acuerdo a su nombre.

> ***Comandos***: Órdenes o instrucciones que se dan a la computadora para realizar diversas operaciones.

Archivo. Los comandos de este menú afectan directamente al archivo con el cual se está trabajando (**Abrir**, **Cerrar**, **Guardar**, **Configurar página**, **Vista preliminar**, etcétera. A la derecha se encuentra el cuadro **Escriba una pregunta**, que funciona como el **Ayudante de Office**.

Edición. Contiene los clásicos comandos de edición: **Cortar**, **Copiar**, **Portapapeles de Office**, **Pegar**, **Eliminar**, **Buscar** y otros.

Ver. Sus comandos permiten conmutar entre las vistas **Normal** y **Vista previa de salto de página**, ver el **Panel de tareas**, las **Barras de herramientas**, **Pantalla completa** o algún tamaño del **Zoom**.

Insertar. Como su nombre lo indica, los comandos permiten insertar **Filas**, **Columnas**, **Hoja de cálculo**, **Grafico**, **Función**, **Imagen** y **Objeto** en el libro de cálculo.

Formato. Con sus comandos se da formato a las celdas, filas, columnas o a toda la hoja de cálculo y estilo a los textos y números.

Herramientas. Proporciona comandos de configuración y utilidad para las funciones específicas de la hoja de cálculo, como **Comprobación de errores**, **Proteger**, **Escenarios**, **Macro**, etcétera.

Datos. A los datos se les puede ordenar, filtrar, validar y listar. Para estas y otras funciones son sus comandos.

Ventana. En una misma aplicación de Excel pueden abrirse varios libros y hojas de cálculo. Su organización y administración le corresponde a los comandos de este menú.

? (Ayuda). Además del cuadro **Escribir una pregunta**, con los comandos del menú **Ayuda** se obtiene ayuda en línea mediante Internet.

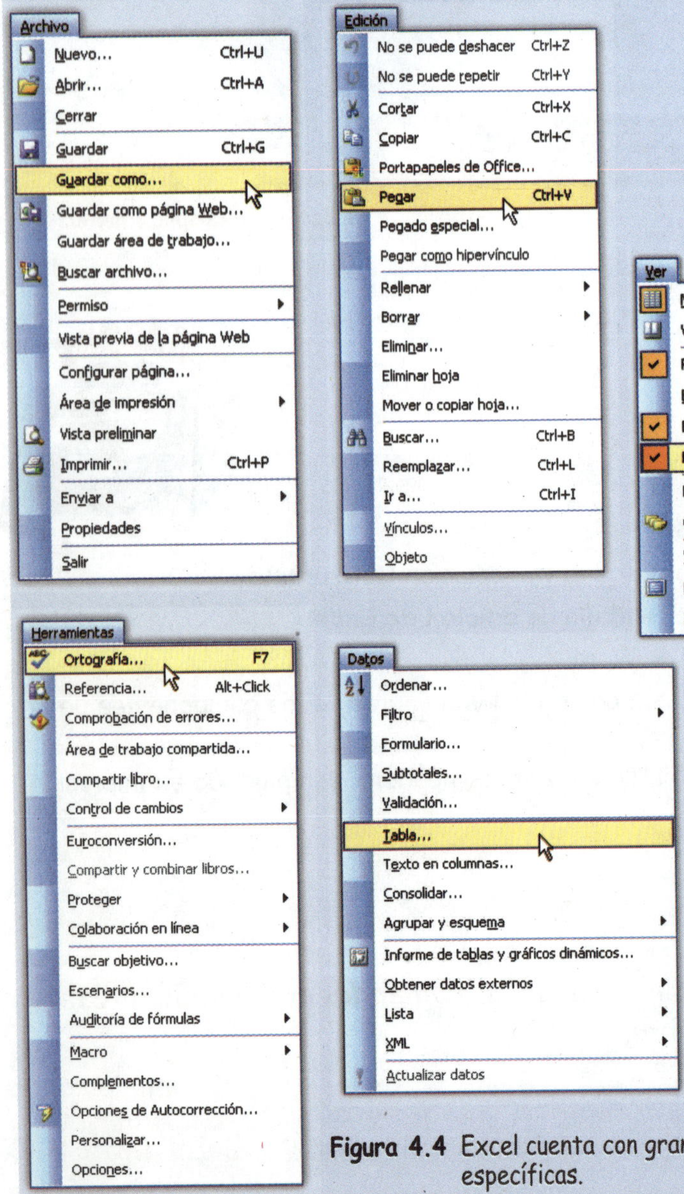

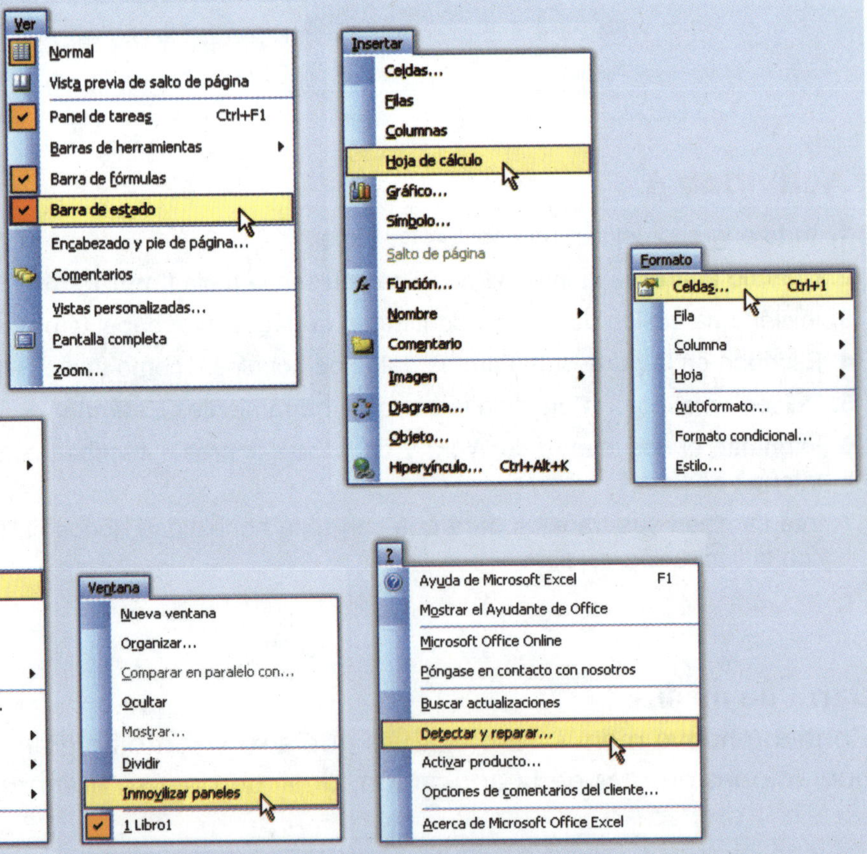

Figura 4.4 Excel cuenta con gran cantidad de comandos organizados de acuerdo con sus funciones específicas.

Barras de herramientas

Las barras de herramientas, como ya debes saber, contienen botones que activan los comandos más utilizados de edición, formato, dibujo y otros.

Barra de herramientas **Estándar**

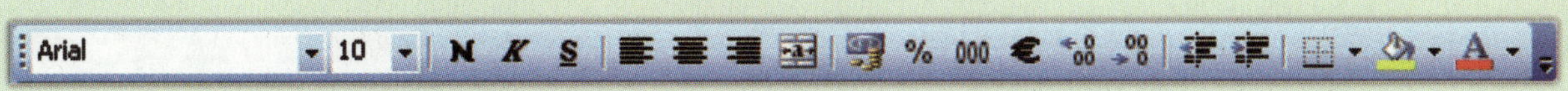

Barra de herramientas **Formato**

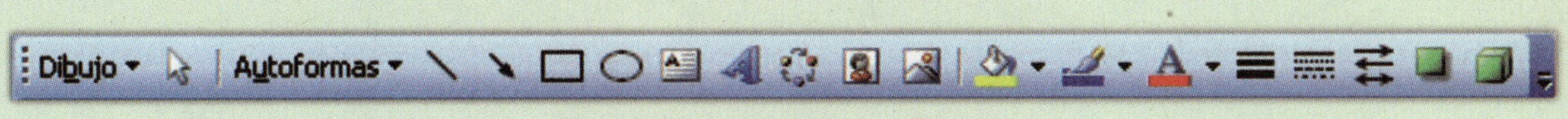

Barra de herramientas **Dibujo**

Microsoft Excel 2004 cuenta con 20 barras de tareas y un **Panel de tareas**. Para activar otras barras de tareas para realizar otros tipos de trabajo, haz lo siguiente:

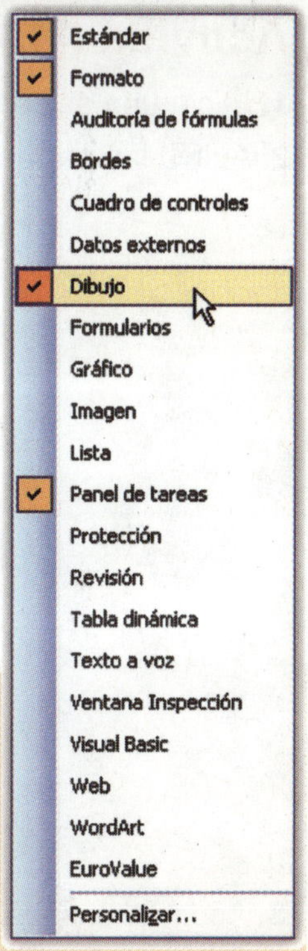

1. Coloca el apuntador del ratón sobre cualquiera de las barras de herramientas (incluso puede ser sobre la de **Dibujo**).
2. Presiona el botón secundario del ratón sobre ella. Se despliega la lista de todas las barras de herramientas disponibles. Las que están visibles tienen una marca a la izquierda que lo indica.
3. Pulsa con el botón principal sobre la barra que deseas activar. Al hacerlo se cierra el listado y aparece la nueva barra.
4. Como algunas de ellas aparecen "flotando" en cualquier parte de la pantalla, se conocen como barras de herramientas flotantes.

Actividad 4.5

1. Inicia una sesión de Excel.
2. Con el apuntador del ratón, despliega uno a uno todos los menús pulsando una vez sobre ellos y obsérvalos detenidamente.
3. Escribe en las líneas lo que se pide:

   a) ¿En qué menú se encuentran los siguientes comandos?

   Hoja ______________________

   Buscar actualizaciones ______________________

   Buscar archivo ______________________

   Tabla ______________________

   Detectar y reparar ______________________
4. Deja abierta la aplicación.

Tip Sólo observa los comandos para que sepas en dónde se encuentran; no trates de utilizarlos. Eso lo podrás ejercitar en la medida en que se va desarrollando el curso.

Actividad 4.6

1. Desliza el apuntador sobre los botones de las barras de herramientas **Estándar** y **Formato**. Sin pulsar el botón, detén un momento el apuntador sobre uno de ellos, espera un poco y verás que aparece un pequeño letrero con el nombre del *icono*.
2. Consulta los nombres de los siguientes iconos y escríbelos en la tabla.

Icono	Nombre

Actividad 4.7

1. Inicia una sesión de Excel.
2. Activa las barras de herramientas **Formularios** y **Cuadro de controles**.

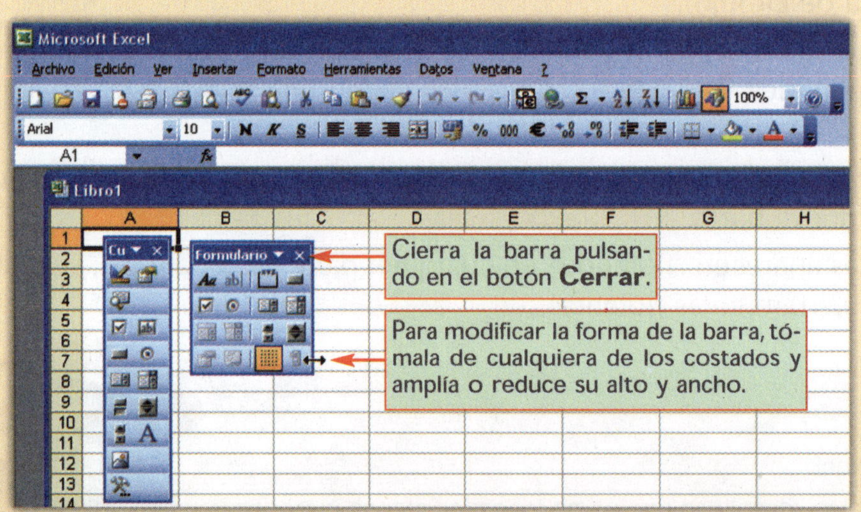

3. Acomódalas a tu gusto en la pantalla. Puedes modificar su forma tomándolas de los costados.
4. Investiga los nombres de los botones pasando el apuntador sobre ellos.
5. Escribe el nombre de cuatro botones que se encuentran compartidos en ambas barras.
   a) ______________________________
   b) ______________________________
   c) ______________________________
   d) ______________________________
6. Cierra el programa con las teclas **[Alt]**+**[F4]**.

Tip Si no aparece el nombre del botón al detener el apuntador sobre él, deberás activar la función. Abre el menú **Herramientas**, ejecuta el comando **Personalizar** y en el cuadro de diálogo que aparece, activa la casilla de verificación **Mostrar información de pantalla en las barras de herramientas**.

Activa la casilla de verificación para ver los nombres de los componentes de las barras de herramientas.

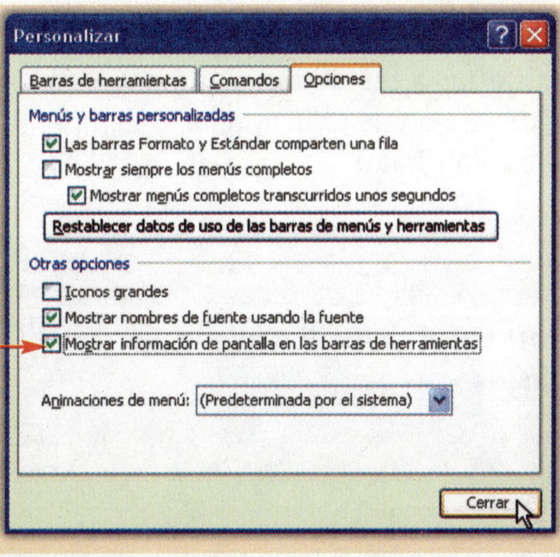

Figura 4.5 En la ficha **Opciones** del cuadro de diálogo **Personalizar** se realizan las configuraciones personales del programa.

Barra de fórmulas

La barra de fórmulas se localiza debajo de las barras de herramientas **Estándar** y **Formato**. Contiene dos secciones: la de la izquierda llamada **Cuadro de nombres**, que indica la dirección de la celda activa y la de la derecha, que es propiamente la **Barra de fórmulas**, en donde se muestra el contenido de la celda activa, después del símbolo *fx*.

Actividad 4.8

1. Inicia una sesión de Excel.
2. Escribe tu nombre en la celda A1.
3. Antes de pulsar la tecla [**Entrar**] observa la barra de fórmulas y describe abajo lo que se muestra en ella.

   ____

4. ¿Qué dirección aparece en el cuadro de nombres? ____________________.
5. Ahora sí, pulsa la tecla [**Entrar**]. ¿Qué sucedió en el cuadro de nombres y en la barra de fórmulas?

   ____

   ____

   ____

Sistema de ayuda de Microsoft Excel

La versión 2003 ofrece dos tipos de ayuda al usuario: de manera interna; es decir, consultando los archivos de ayuda que se encuentran en tu propia computadora, ya sea mediante una pregunta escrita en el campo **Escriba una pregunta** o consultando la **Tabla de contenido**, o a través de Internet utilizando el sistema de ayuda en línea de Microsoft, llamado **Microsoft Office Online**.

El primer servicio te permite mediante el menú **?** **(Ayuda)** encontrar un manual completo en el que puedes consultar cualquier duda sobre la forma de

Icono: Pequeño gráfico que representa a un comando, una aplicación, un documento o una carpeta.

utilizar los comandos o funciones de Excel. El servicio en línea te lleva al sitio Web de Microsoft, en el cual encuentras respuestas a tus dudas, tips y sugerencias de uso y actualizaciones para enriquecer tu versión de Office, ¡claro, siempre y cuando tu programa sea original y no una copia pirata!

Para realizar una consulta:

1. Despliega el menú **?**.
2. Selecciona el comando **Ayuda de Microsoft Excel**. Inmediatamente se abrirá la ventana **Ayuda de Excel** del **Panel de tareas**.

Tip La misma ventana de ayuda del **Panel de tareas** se abre al pulsar la tecla **[F1]** en cualquier momento.

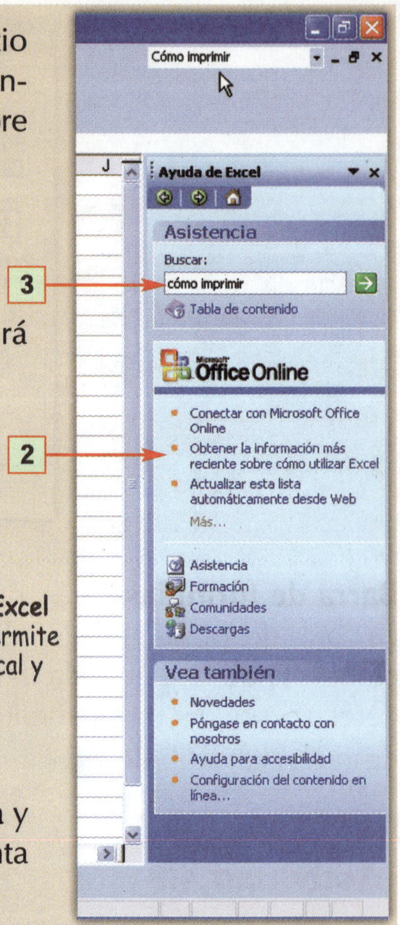

Figura 4.6 La ventana **Ayuda de Excel** del **Panel de tareas** permite consultar las ayudas local y en línea.

3. Escribe una pregunta concreta en el campo **Buscar** de la sección **Asistencia** y pulsa en la flecha verde de la derecha. También puedes escribir la pregunta en el campo **Escriba una pregunta** y pulsar la tecla **[Entrar]**.
4. Enseguida aparece una serie de temas. Selecciona uno para ver la ayuda en la ventana de la derecha (Figura 4.7).

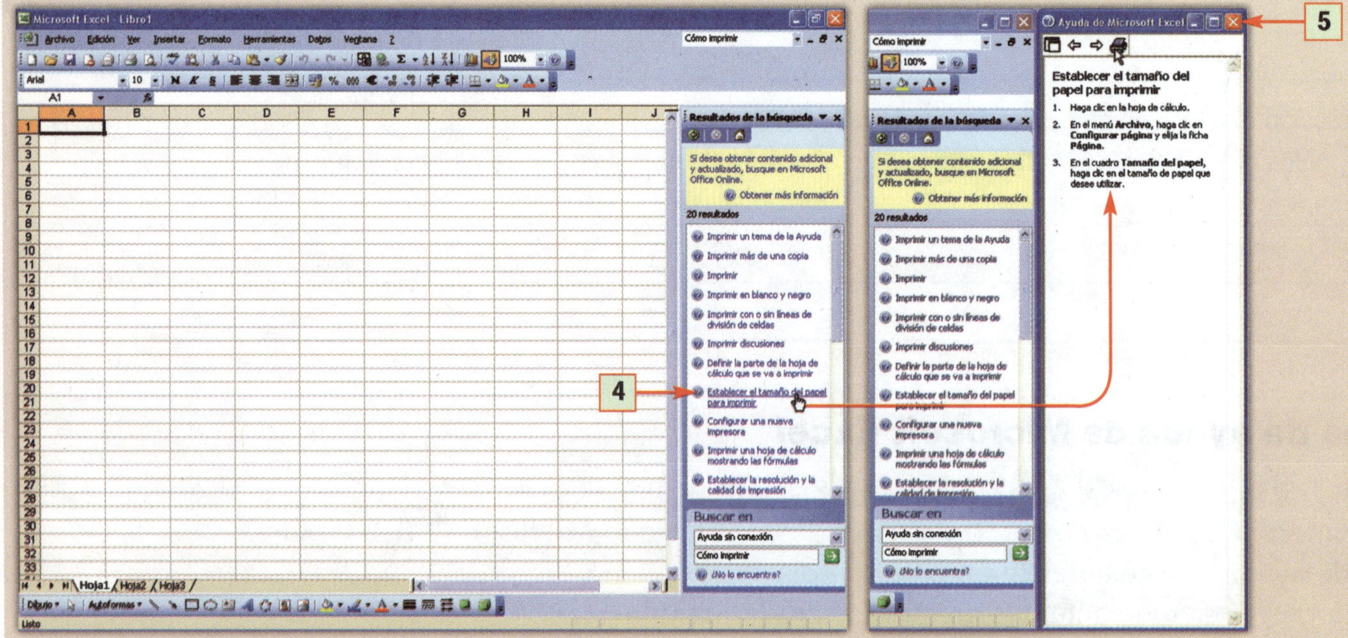

Figura 4.7 Al pulsar sobre uno de los temas se abre una nueva ventana con la ayuda solicitada.

5. Una vez consultado el tema, pulsa en el botón **Cerrar** de la nueva ventana de ayuda. Si deseas cerrar también el **Panel de tareas**, pulsa sobre su icono **Cerrar** ✕.

Tip Otra manera de consultar la ayuda, si tienes activada la opción **Mostrar el Ayudante de Office** del menú **?**, es preguntar a él directamente las dudas. También se abre la ventana de ayuda del **Panel de tareas**. Cuando escribes la palabra para consultar, **Clipo** toma nota y te muestra los temas.

Actividad 4.9

1. Inicia una sesión de Excel.
2. Abre la ventana de ayuda del **Panel de tareas** y escribe la pregunta **Introducir datos en celdas**.
3. Pulsa en el botón **Iniciar búsqueda**.
4. Selecciona uno de los temas de ayuda.
5. Escribe los nombres de cinco temas asociados con el tema de consulta.

   a) ______________________________

   b) ______________________________

   c) ______________________________

   d) ______________________________

   e) ______________________________

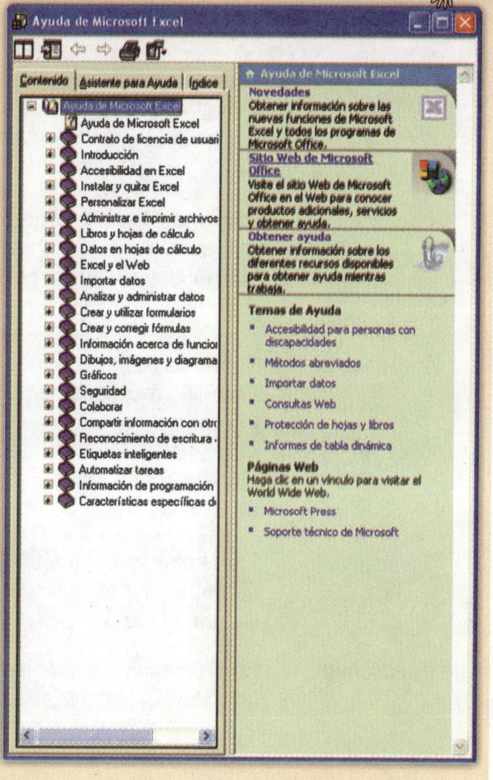

NOTA

Si tu versión de Office es XP o 2000, verás un cuadro de ayuda similar al que se muestra. En ese caso selecciona la ficha **Asistente para Ayuda** y realiza las actividades de la manera más parecida posible.

4.2 Tipos de datos de Excel

Las celdas son el elemento básico de las hojas de cálculo. Las columnas se identifican por letras que van desde la A hasta la Z, luego siguen AA, AB, etcétera, hasta IV. Las filas o renglones están numerados del 1 al 65 536.

Para identificar una celda se usa un método similar al de coordenadas *x* y *y* en un plano:

Dirección de una celda = Letra de la columna + Número del renglón

Por ejemplo, D7 representa a la celda que se encuentra ubicada en la intersección de la cuarta columna (D) con el séptimo renglón (7).

Contenidos de las celdas

Imagina que una celda es como una gaveta en la cual puedes guardar distintos tipos de información, que estará activa mientras trabajas en la memoria RAM de la computadora. Si deseas conservar los datos debes mantener encendida la computadora o guardarlos en un archivo de hoja de cálculo.

Los datos pueden ser de diferentes tipos. La Tabla 4.1 muestra los tipos de datos que se pueden almacenar en las celdas de Excel.

Tabla 4.1 Tipo de datos que se pueden guardar en una celda.

Tipos de datos	Descripción	Ejemplos
Alfanuméricos	**Cadenas de caracteres**. Se utilizan para identificar títulos, personas, direcciones o teléfonos. En general, son palabras, números o símbolos que describen cualquier objeto o concepto. Estos datos **no** se utilizan para realizar cálculos matemáticos. Se alinean automáticamente a la izquierda.	Ricardo Matemáticas Av. Reforma No. 1 Tel. 5675-4744 Sudamérica Río Amazonas
	Títulos. Se utilizan para definir o nombrar a una serie o lista de datos. Explican la función que cumple la hoja de cálculo. Pueden estar almacenados en una celda o en un cuadro de texto independiente de las celdas. Las comillas no se escriben, se utilizan aquí sólo para diferenciarlos de los alfanuméricos y numéricos.	"Datos generales del alumno" "Ventas del mes de mayo" "Calcula el área y el perímetro de un rectángulo"
	Etiquetas. Indican el tipo de dato que se debe escribir dentro de la celda activa o algún mensaje explicativo. Pueden estar almacenados en una celda o en un cuadro de texto independiente de las celdas. Las comillas no se escriben, se utilizan aquí sólo para diferenciarlos de los alfanuméricos y numéricos	"Escribe tu nombre:" "Escribe la longitud de la base:" "El símbolo / representa un operador matemático"
Numéricos	Números positivos y negativos que se utilizan para relacionarlos mediante fórmulas. Excel los reconoce como números y los alinea a la derecha. Pueden ser: • Enteros • Decimales • Mixtos • Fraccionarios	 7, 16, -9, -127 .15, -.195, 24.5 3.1416, 5.87, -16 $\frac{1}{2}$, $\frac{3}{4}$, $-\frac{1}{2}$.
Fórmulas	Elementos que hacen muy poderosa a la hoja de cálculo, pues relacionan, mediante operadores matemáticos, las celdas que contienen datos numéricos. Toda fórmula inicia con el símbolo =.	=12+6-(4*3) =(B7+C7+D7)/3 =A5*A6/A7
Funciones	Son fórmulas preestablecidas de las operaciones más comunes que se realizan en una hoja de cálculo. Inician siempre con el símbolo =.	=POTENCIA(8,3) =SUMA(A3:A12) =PROMEDIO(A3:A12)

Introducción de datos en las celdas

Para introducir un dato en una celda:

1. Ubica el apuntador en la celda en que deseas introducir el dato (celda activa) y presiona el botón principal del ratón. También puedes hacerlo con las teclas de dirección.
2. Escribe los textos utilizando el teclado, como si lo estuvieras haciendo en una máquina de escribir o en un procesador de textos, sin importar que la longitud del texto sea mayor que el espacio en la celda.
3. Los números pueden ser introducidos mediante las teclas de la sección numérica del teclado, activando la función [**Bloq Num**].
4. Pulsa la tecla [**Entrar**] para que el valor quede "almacenado" en la celda.

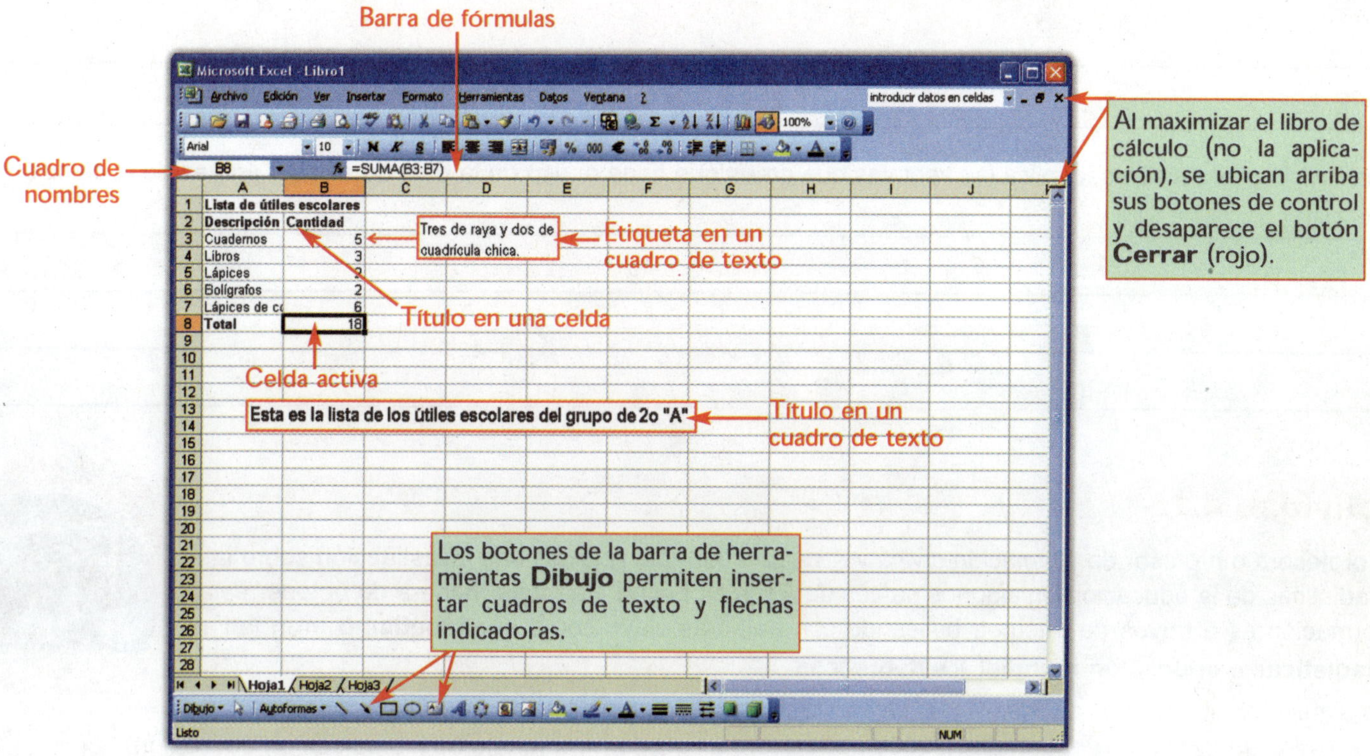

Figura 4.8 Observa que los datos correspondientes a la celda activa se reflejan en el **Cuadro de nombres** y en la **Barra de fórmulas**.

Lee y deduce

Cálculos numéricos y de los otros

La historia de los cálculos numéricos se remonta a los orígenes del hombre, cuando las primeras comunidades tuvieron la necesidad de contabilizar el número de sus miembros y la cantidad de objetos que poseían. Los vestigios de los que parecen ser los primeros sistemas primitivos de numeración se encuentran en antiguos huesos que muestran marcas paralelas, como indicando días transcurridos; las tablillas sumerias; los papiros egipcios; los cordones anudados de los incas o el sistema chino que consistía en una tabla aritmética (swan-pan), que ya permitía realizar las operaciones básicas mediante palillos dispuestos de diferentes maneras sobre un tablero cuadriculado parecido al tablero del ajedrez.

El invento más sobresaliente de la antigüedad se da en el Oriente Medio, y es el ábaco, palabra que significa "tabla lisa cubierta de arena". Este primer instrumento de cálculo se compone de una tablilla que contiene varias sartas de cuentas, que representan las unidades, decenas, etcétera, que permite realizar fácilmente, con una velocidad adecuada, operaciones aritméticas sencillas. El uso del ábaco se extendió con el tiempo a otras culturas; en China se usó hace más de 4 500 años y alcanzó gran difusión. Los romanos lo utilizaron ampliamente.

El ábaco romano consistía en cuentas de piedra caliza o mármol (del latín *calx*) que se deslizaban sobre ranuras en una superficie plana; a estas pequeñas piedras se les llamó *calculi*, plural de *calculus*, de donde proviene el término *cálculo*.

Ahora contesta **sí** o **no**: ¿Has oído de una enfermedad cuyos síntomas son muy dolorosos, que consiste en la formación de piedrecillas que se alojan en los riñones? ____________________.

Si tu respuesta es afirmativa, ¿cómo crees que se le llama a este padecimiento? ______________________________

____

¿Por qué supones que se llama así? ____

____

¿Qué relación crees que tenga el ábaco con la computadora?

____

Con tus propias palabras, explica las ventajas que crees que tiene el uso de la hoja de cálculo en vez de la calculadora.

Actividad 4.10

Tu profesora o profesor de *Formación cívica y ética* te piden que realices una investigación sobre las estadísticas de la educación en algunos países de América Latina. La mejor manera de obtener esta información es a través de Internet, buscando con palabras clave como **analfabetismo mundial + estadísticas** o **educación mundial + estadísticas**.

Las siguientes direcciones de Internet te llevan a páginas de estadísticas de educación mundial:

http://www.uniceflac.org/espanol/sri_2000/indicadores/bgtedu.html (gasto de los países en educación).

http://www.uniceflac.org/espanol/sri_2000/indicadores/llitn.html (número de alfabetas adultos).

http://www.unicef.org/files/Table1_sp.xls (estadísticas de la UNICEF en español).

http://www.uis.unesco.org/ (estadísticas de la UNESCO en inglés).

http://www.unesco.org/water/wwap/facts_figures/base_conocimientos.shtml (estadísticas de la UNESCO en español).

http://www.uis.unesco.org/TEMPLATE/pdf/ged/GED_SP.pdf (Compendio Mundial de la Educación publicado por el Instituto de Estadística de la UNESCO).

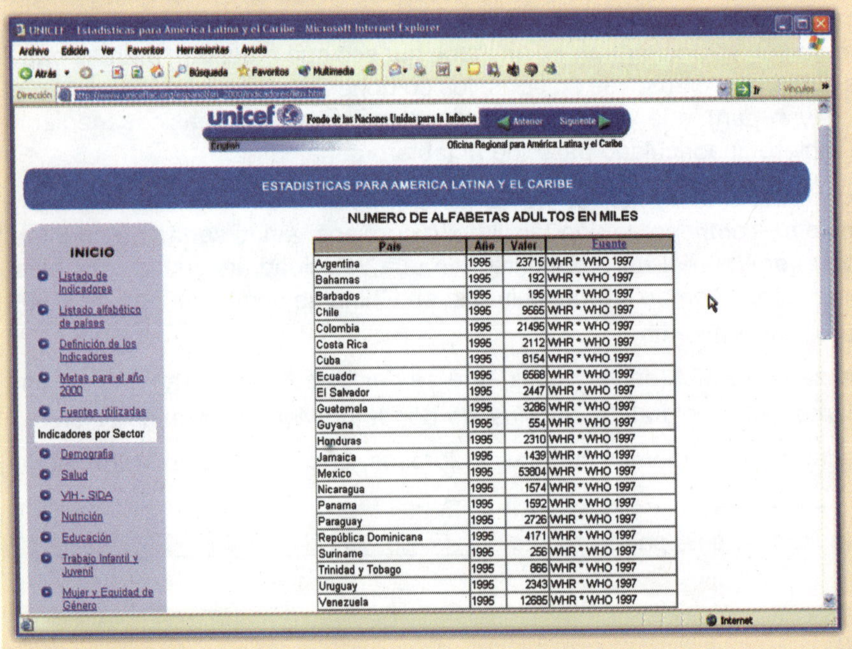

ESTADISTICAS PARA AMERICA LATINA Y EL CARIBE

NUMERO DE ALFABETAS ADULTOS EN MILES

País	Año	Valor	Fuente
Argentina	1995	23715	WHR * WHO 1997
Bahamas	1995	192	WHR * WHO 1997
Barbados	1995	195	WHR * WHO 1997
Chile	1995	9565	WHR * WHO 1997
Colombia	1995	21495	WHR * WHO 1997
Costa Rica	1995	2112	WHR * WHO 1997
Cuba	1995	8154	WHR * WHO 1997
Ecuador	1995	6568	WHR * WHO 1997
El Salvador	1995	2447	WHR * WHO 1997
Guatemala	1995	3286	WHR * WHO 1997
Guyana	1995	554	WHR * WHO 1997
Honduras	1995	2310	WHR * WHO 1997
Jamaica	1995	1439	WHR * WHO 1997
Mexico	1995	53804	WHR * WHO 1997
Nicaragua	1995	1574	WHR * WHO 1997
Panama	1995	1592	WHR * WHO 1997
Paraguay	1995	2726	WHR * WHO 1997
República Dominicana	1995	4171	WHR * WHO 1997
Suriname	1995	256	WHR * WHO 1997
Trinidad y Tobago	1995	866	WHR * WHO 1997
Uruguay	1995	2343	WHR * WHO 1997
Venezuela	1995	12685	WHR * WHO 1997

Figura 4.9 Las tablas de estadísticas que utilizan las organizaciones mundiales como la UNICEF fueron hechas con algún programa de hojas de cálculo o bases de datos.

1. Inicia una sesión de Excel.
2. Escribe el título en la celda A1. En este caso "**NÚMERO DE ALFABETAS ADULTOS (EN MILES)**".
3. Escribe en las celdas B2 y C2 los títulos "**País**" y "**Alfabetas**", respectivamente.
4. En las celdas A3 a A12 escribe los números del 1 al 10.

5. En B3 a B12 escribe los nombres de los diez países de América Latina que tienen el mayor número de alfabetas, en orden descendente (de mayor a menor).
6. En C3 a C12 escribe las cantidades de alfabetas que hay en los países. Esta cantidad está dada en miles.

Tip Cuando en una tabla se dice que ciertas cantidades están dadas en miles o en millones, debe entenderse que los datos de la tabla se deben multiplicar por miles o por millones, respectivamente. Por ejemplo, los 23 715 alfabetas de Argentina en realidad son 23 715 x 1 000 = 23 715 000.

7. Escribe una etiqueta en un cuadro de texto que explique la situación de las cantidades en miles.
8. En la celda C13 escribe la siguiente función: **=SUMA(C3:C12).**
9. No olvides poner una etiqueta con la fuente de tu investigación: **"Fuente: The World Health Report. WHO, Geneva. AÑOS: 95-99"**.

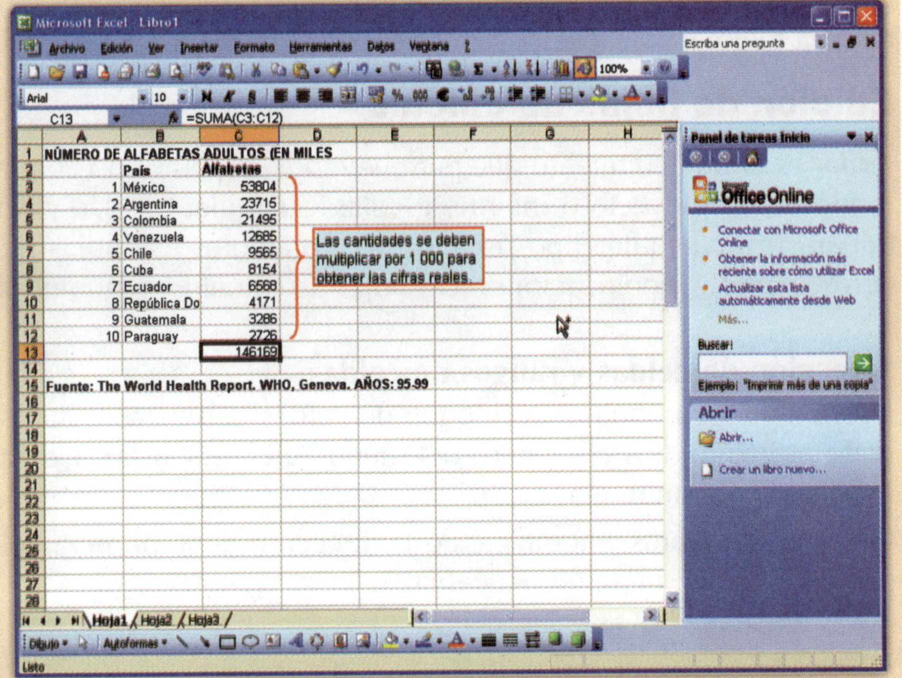

Figura 4.10 Observa cómo las etiquetas o textos se alinean al margen izquierdo de la celda y las cifras lo hacen al margen derecho.

10. Guarda el libro con el nombre **Educación _01.xls**. Recuerda que el programa incluye la extensión del archivo de manera automática.

NOTA

Tu trabajo puede variar del que aquí se presenta. Podría consistir en listar a los analfabetas, el gasto que hacen los países en la educación o cualquier otro tipo de datos estadísticos sobre el tema.

Actividad 4.11

1. Investiga en un diccionario o enciclopedia los significados de las palabras **alfabeta** y **analfabeta** y escríbelos en las líneas de abajo. No olvides poner la fuente de donde los tomaste.

a) ______________________________

____

Fuente: ______________________________

b) ______________________________

____

Fuente: ______________________________

4.3 Funciones de edición y formato

Un trabajo escolar debe cumplir con dos aspectos importantes:

- **Fondo**. Contenido del trabajo. Debe ser claro y congruente con los objetivos propuestos.
- **Forma**. Manera de presentar el trabajo. Debe tener un aspecto ordenado y atractivo.

Hasta el momento has aprendido el modo de introducir datos en una hoja de cálculo de Excel; ahora aprenderás a mejorar su aspecto.

Edición de hojas de cálculo

Editar es el procedimiento que permite modificar el **fondo** de un proyecto o informe escolar. Cualquier trabajo, de cualquier tipo, está sujeto a cambios, correcciones y modificaciones. Las hojas de cálculo no son la excepción; al contrario, por su complejidad y extensión (algunas veces tendrás que manejar hojas de cálculo con grandes cantidades de datos numéricos y de texto), son necesariamente editables.

Selección de celdas y rangos de celdas

Un rango es un conjunto o bloque de celdas con características semejantes, como puede ser el mismo formato asignado. Los comandos del menú **Edición**: **Cortar**, **Copiar**, **Pegar** y **Borrar** se pueden aplicar a una sola celda o a un rango.

Un rango se representa indicando la dirección de la primera celda seguida por el símbolo de dos puntos y por la dirección de la última celda.

TIPOS DE RANGOS O BLOQUES		
Tipo	**Descripción**	**Ejemplos**
Rango horizontal	Comprende varias celdas en un mismo renglón.	**C4:H4**
Rango vertical	Comprende varias celdas en una misma columna.	**C6:C16**
Rango rectangular	Comprende un conjunto de celdas de varios renglones y varias columnas.	**E6:H16**

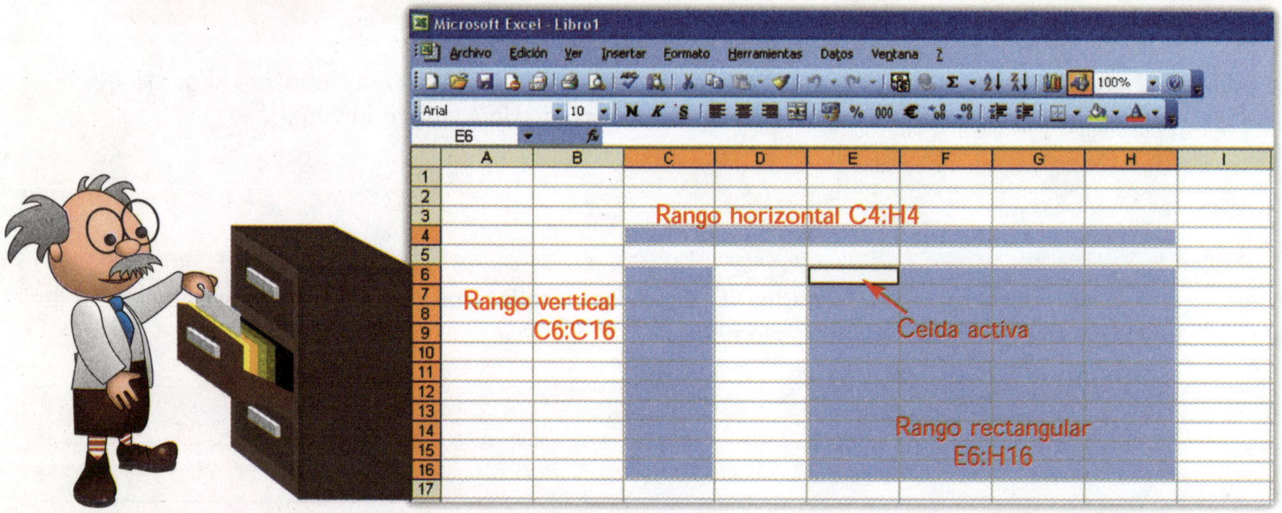

Figura 4.11 Las celdas se seleccionan con el ratón o con las flechas de dirección y la tecla [**Mayús**]. Para seleccionar celdas o rangos dispersos (no contiguos) es necesario pulsar la tecla [**Ctrl**] al realizar la selección.

Editar: Hacer cambios y correcciones a un archivo o documento existente para mejorarlo de fondo.

Cambio del contenido de una celda

Es muy común que al escribir datos en una celda te equivoques y pongas un texto, una fórmula o un número equivocados.

1. Para modificar un dato incorrecto, sólo lleva el cursor a la celda que lo contiene y escribe el nuevo dato o fórmula.
2. Si deseas eliminar el contenido de la celda, lleva hasta ella el cursor y presiona la tecla [**Supr**].

Tip Para hacer una corrección o cambiar un dato de una celda, ubica en ella el apuntador del ratón y pulsa la tecla [**F2**]. Aparece el contenido completo de la celda y un pequeño cursor de tipo texto; ubícalo en el lugar donde vas a hacer la corrección y escribe el cambio. Puedes borrar los caracteres de la derecha con la tecla [**Supr**] y los de la izquierda con [**Retroceso**].

Desplazamiento a través de la hoja de cálculo

Cuando las hojas de cálculo son muy extensas, desplazarse a través de ellas puede ser un procedimiento complicado. Excel ofrece varias formas para encontrar de manera rápida la celda o información que se busca.

1. Para desplazarse hacia la derecha o hacia abajo de la hoja de cálculo, hasta celdas que no se ven, pulsa en las flechas de las barras de desplazamiento horizontal o vertical, respectivamente.

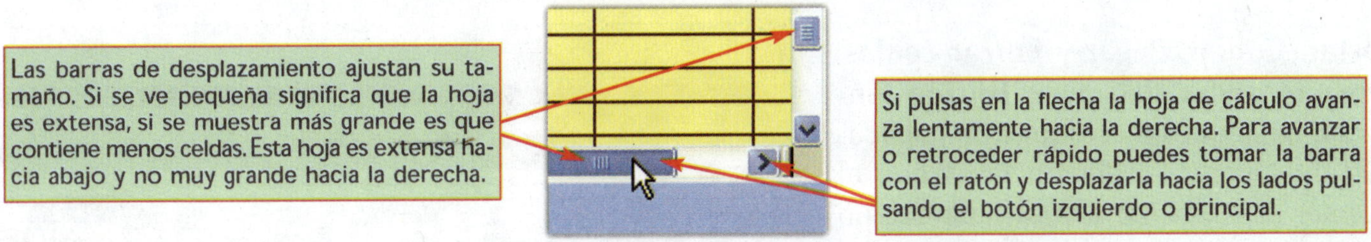

Figura 4.12 Las barras de desplazamiento horizontal y vertical permiten ir a las partes de la hoja de cálculo que no se ven en la pantalla.

Otra manera de ir a cualquier lugar de la hoja de cálculo fácilmente es con el comando **Ir a** del menú **Edición**. Al ejecutarlo aparece un cuadro de diálogo. En el campo **Referencia** puedes escribir la dirección de la celda a la cual deseas ir, o puedes seleccionar un nombre en la ventana y pulsar en **Aceptar.**

Figura 4.13 Con el comando Ir a puedes acudir rápidamente a cualquier parte de la hoja de cálculo.

NOTA

Para que existan nombres en el cuadro de diálogo **Ir a**, antes debes haberlos creado. Para definir un nombre para una celda o para un grupo de celdas, selecciona la celda o el rango a nombrar y ejecuta la opción **Definir** del comando **Nombre** que se encuentra en el menú **Insertar**. Escribe el nombre en el campo **Nombres en el libro** del cuadro de diálogo **Definir nombre**.

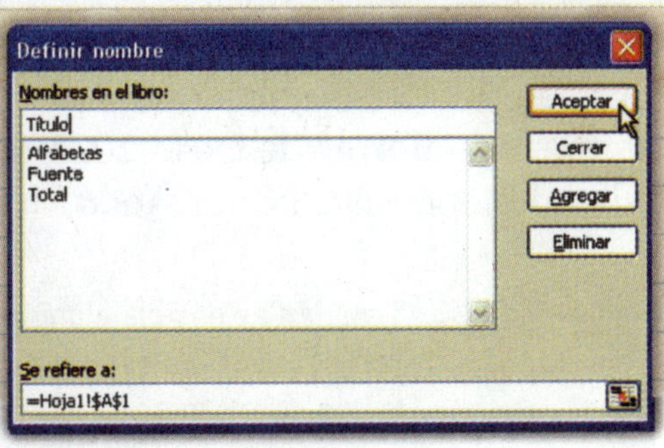

Tip También puedes definir un nombre para una celda o para un rango de celdas si lo escribes directamente en el **Cuadro de nombre** y pulsas la tecla **[Entrar]**, una vez seleccionada la celda o el rango de celdas a nombrar.

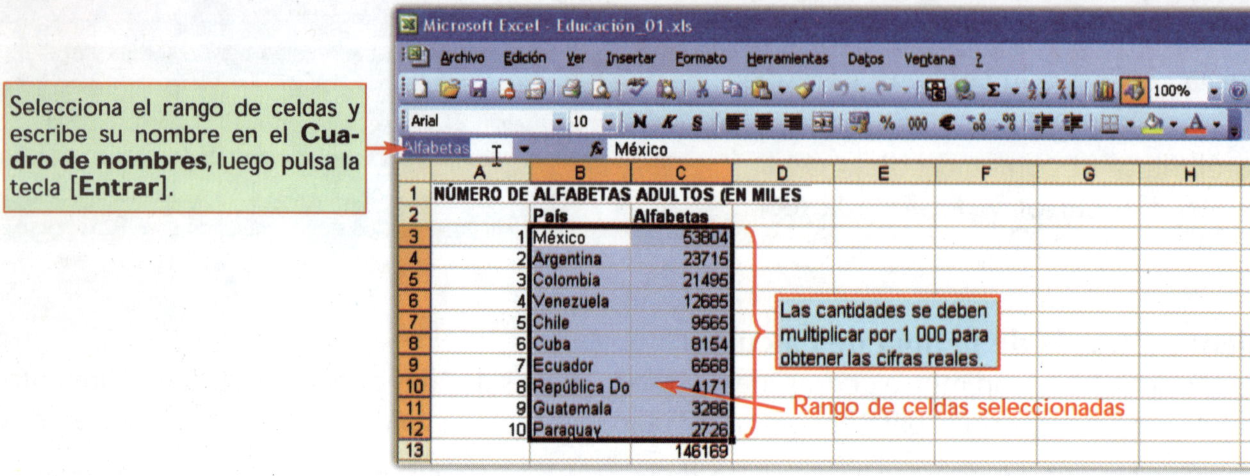

Figura 4.14 Los nombres de celdas y rangos no pueden contener espacios. Si escribes dos palabras, debes separarlas con un guión (-), o un guión bajo (_).

Cortar, Copiar, Pegar y Borrar celdas

Estos comandos del menú **Edición** funcionan igual que en cualquier otra aplicación de Office. La diferencia es que al ejecutar el comando **Cortar**, aparece un marco titilante alrededor de las celdas seleccionadas y desaparece al utilizar el comando **Pegar**. Observa que en el **Portapapeles** aparecen los datos cortados. Estos se pueden pegar en cualquier hoja del libro, o en cualquier documento de Office.

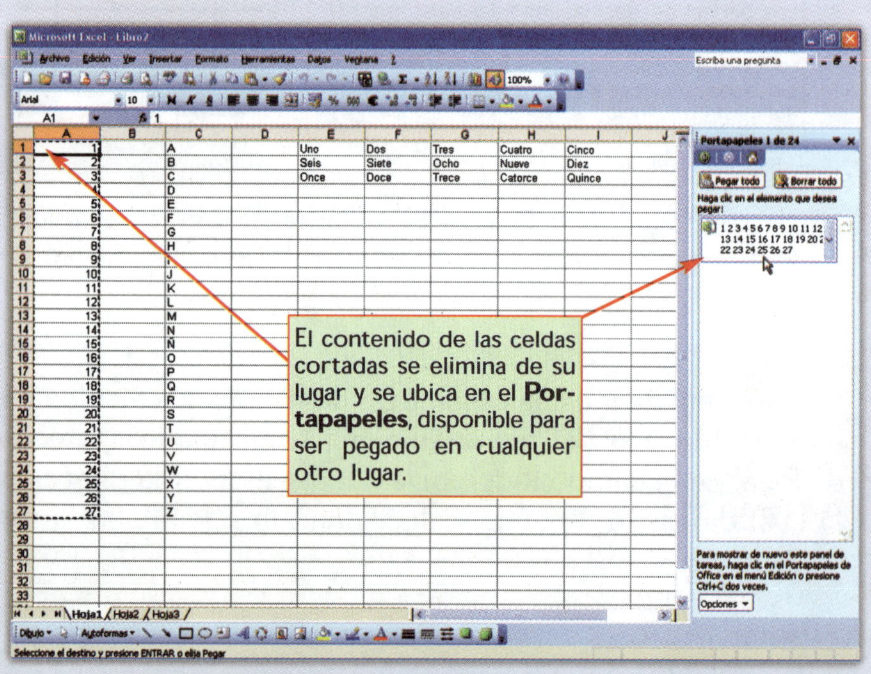

Figura 4.15 El comando **Cortar** lleva el contenido de las celdas al **Portapapeles** y lo elimina de su lugar de origen.

Copiar también lleva el contenido de las celdas al **Portapapeles**, pero deja en su sitio los datos originales. El comando **Pegar** inserta los datos en el lugar en donde se ubica el cursor.

El comando **Borrar** de Excel 2003 tiene cuatro modalidades; permite borrar **Todo**, los **Formatos**, el **Contenido** o los **Comentarios**. En el primer caso, borra el contenido de la celda, los comentarios y el formato; en el segundo borra sólo los formatos asignados a la celda y deja el contenido; **Contenido** borra sólo el contenido sin formatos y **Comentarios** elimina únicamente los comentarios de la celda.

Tip También es posible eliminar el contenido de una celda o de un rango de celdas, seleccionándolos y pulsando la tecla **[Supr]**. Se elimina el contenido de las celdas, pero quedan los formatos que se les hayan asignado. Si de lo que se trata es de eliminar toda la hoja, debes ejecutar el comando **Eliminar hoja** del menú **Edición**.

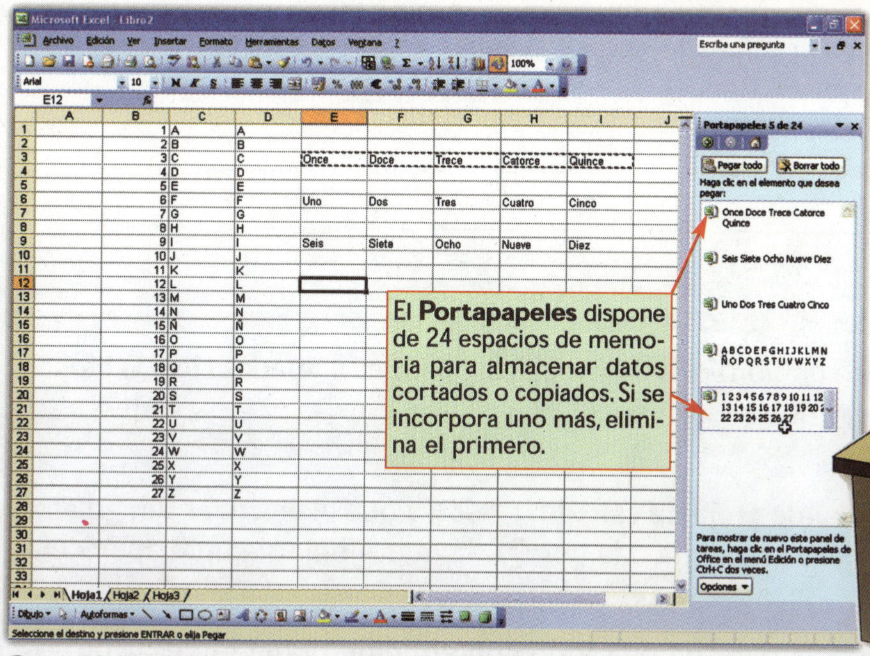

Figura 4.16 *Cada uno de los contenidos de las celdas cortadas o copiadas se va almacenando en el* ***Portapapeles****.*

Actividad 4.12

Inicia una sesión de Excel y haz lo siguiente:

1. Selecciona la celda C4.
2. Selecciona el rango de celdas D2:D8.
3. Selecciona juntos los rangos de celdas A1:E1; D4:D12; A4:B18 y E4:E18.
4. Muestra la última selección a tu profesora o profesor.
5. No cierres el programa para hacer las siguientes actividades.

Actividad 4.13

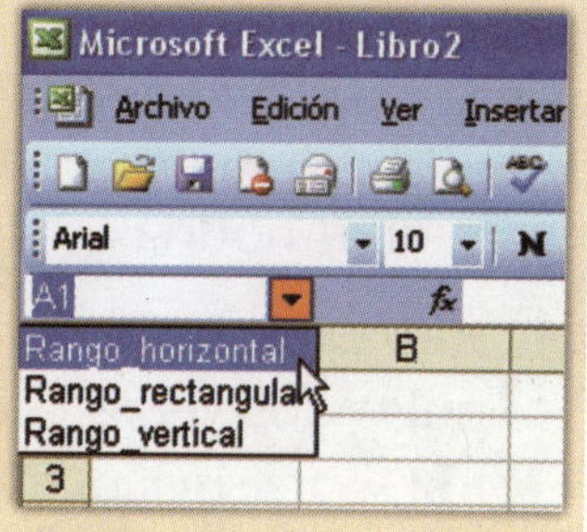

1. Selecciona las celdas B3:H3 y escribe el nombre **Rango_horizontal** en el **Cuadro de nombres**.
2. Selecciona las celdas B3:B20 y escribe el nombre **Rango_vertical**, también en el **Cuadro de nombres**.
3. Selecciona el rango B3:H20 y nuevamente escribe un nombre: **Rango_rectangular**.
4. Ubica el cursor en la celda A1 y pulsa en la flecha para desplegar la lista del **Cuadro de nombres**.
5. Selecciona **Rango_horizontal** y contesta ¿Qué celdas se seleccionaron automáticamente?

   ____

6. Repite la operación seleccionando **Rango_vertical** y **Rango_rectangular**. ¿Qué celdas se seleccionaron?

   Rango_vertical = ____

   Rango_rectangular = ____

Actividad 4.14

1. Sin cerrar la hoja anterior, ubica el cursor en la celda A1.
2. Ejecuta el comando **Ir a** del menú **Edición**.

3. En el cuadro de diálogo selecciona **Rango_rectangular** y pulsa en el botón **Aceptar**. Explica lo sucedido:

____

____

____

Inserción de hojas en un libro de Excel

Al iniciar una sesión de trabajo de Excel se abre un libro con tres hojas disponibles llamadas **Hoja1**, **Hoja2** y **Hoja3**; sin embargo, puedes agregar todas las que te sean necesarias.

Para insertar una hoja de cálculo adicional:

1. Despliega el menú **Insertar** y ejecuta el comando **Hoja de cálculo**. Observa que el efecto es inmediato, se inserta al principio la **Hoja4**. Si seleccionas la segunda o la tercera, la nueva hoja siempre aparecerá a la izquierda.
2. De cualquier manera, puedes moverla hacia la derecha pulsando con el botón primario del ratón sobre ella y desplazándola hasta su nueva posición. Observa la pequeña flecha que indica su ubicación.

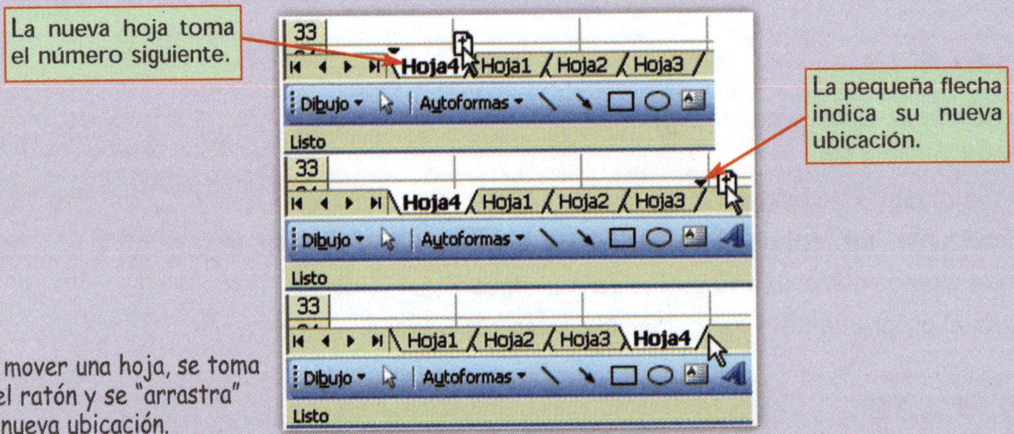

Figura 4.17 Para mover una hoja, se toma con el ratón y se "arrastra" a su nueva ubicación.

Puedes personalizar o renombrar las hojas del libro para hacerlo más claro. Si en una hoja escribes tablas de datos que no se van a modificar, en otra las fórmulas y en una tercera los gráficos, un buen nombre para ellas podría ser **Datos**, **Cálculos** y **Gráficos**.

1. Para cambiar el nombre a una hoja de cálculo, pulsa dos veces con el botón principal del ratón sobre su etiqueta y escribe el nuevo nombre.

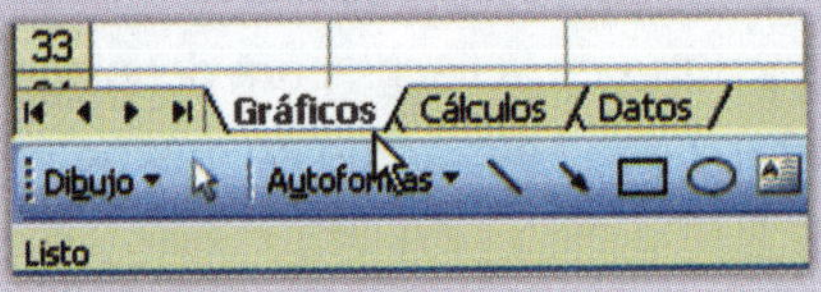

Figura 4.18 Se puede cambiar el nombre a una hoja o a todas las del libro de cálculo.

Actividad 4.15

1. Inicia una sesión de Excel.
2. Inserta una hoja de cálculo después de la **Hoja2**.
3. ¿Qué nombre tiene la nueva hoja? ______________________________.
4. Inserta una hoja de cálculo antes de la **Hoja1**.
5. ¿Cómo se llama esta nueva hoja? ______________________________.

Actividad 4.16

1. Sin cerrar la hoja anterior, pulsa dos veces en las etiquetas de las hojas de cálculo **Hoja1**, **Hoja2** y **Hoja3** y cambia sus nombres a **Febrero**, **Marzo** y **Abril** respectivamente.
2. Renombra como **Enero** la hoja que insertaste antes de la **Hoja1**.
3. Renombra como **Mayo** la hoja que insertaste después de la **Hoja2** y reubícala enseguida de **Abril**.
4. Inserta una nueva hoja, renómbrala como **Junio** y ubícala al final de todas las demás.
5. Guarda el libro de cálculo con el nombre **Primer semestre.xls**.
6. Cierra el programa.

Formateo de hojas de cálculo

Los comandos del menú **Formato** y los iconos de la barra de herramientas **Formato** sirven para modificar la **forma** del libro de cálculo; es decir, para cambiar su ***fisonomía*** y hacerlo claro, entendible y de apariencia agradable.

Formateado de filas y columnas

Las configuraciones de la interfaz de Excel como el formato numérico, la alineación, la fuente, los bordes, las tramas y el nivel de protección dependen, como en el caso del procesador de textos, de una plantilla llamada **Normal.dot**.

El ancho predefinido de las celdas (**10.71**) permite visualizar un promedio de once letras, aunque se pueden incluir muchos más caracteres en una sola celda. Para cambiar el ancho estándar de todas las celdas haz lo siguiente:

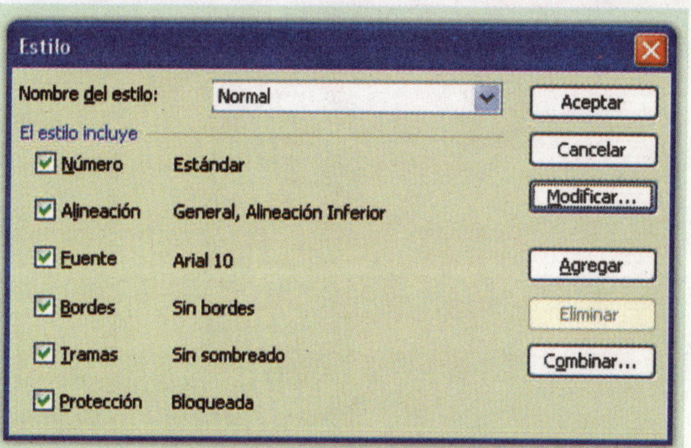

Figura 4.19 La fuente predeterminada para la interfaz de Excel es **Arial** de **10** puntos.

1. Despliega el menú **Formato**.
2. Selecciona el comando **Columna** y en la lista pulsa en **Ancho estándar**.
3. En el cuadro de diálogo **Ancho estándar** escribe el nuevo valor y pulsa en **Aceptar**.
4. De inmediato todas las celdas de la hoja adquieren el nuevo ancho, excepto las que se hayan modificado con anterioridad, las cuales conservan el ancho asignado.

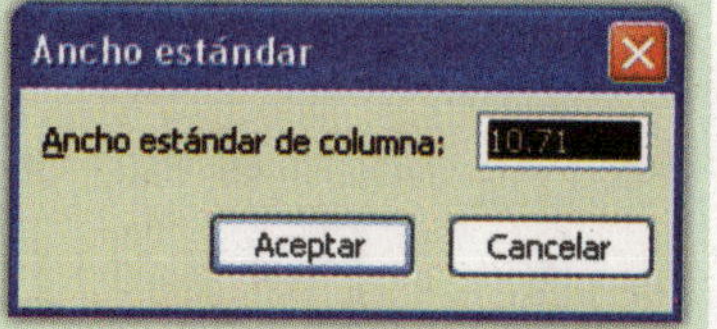

Para modificar el ancho de una columna:

1. Selecciona la columna o el rango de columnas que deseas modificar.
2. Abre el menú **Formato**.
3. Selecciona el comando **Columna** y en la lista pulsa en **Ancho**.
4. En el cuadro de diálogo **Ancho de columna** escribe el nuevo valor (entre 0 y 255), que afectará sólo a las celdas seleccionadas.

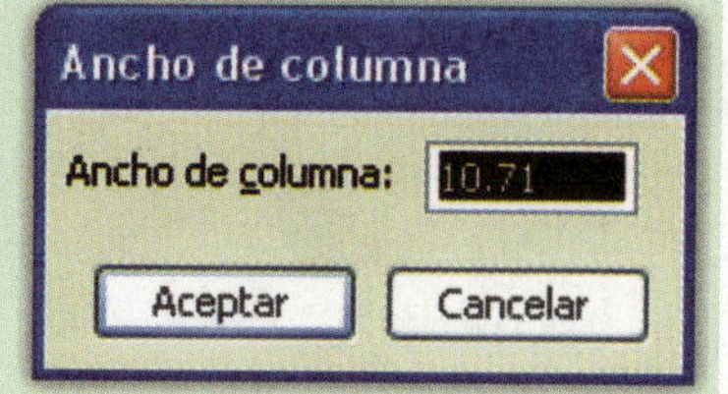

Fisonomía: Aspecto de las cosas. Rasgos o distintivos que hacen diferente una cosa de otra.

Tip

Otra manera fácil de ampliar el ancho de una columna en la cual no caben los nombres completos, es pulsar dos veces en la división de los encabezados de las columnas. Automáticamente se ajusta el tamaño de la columna de la izquierda, al tamaño del texto o número más largo. También se puede "arrastrar" la columna con el ratón hasta donde se requiera.

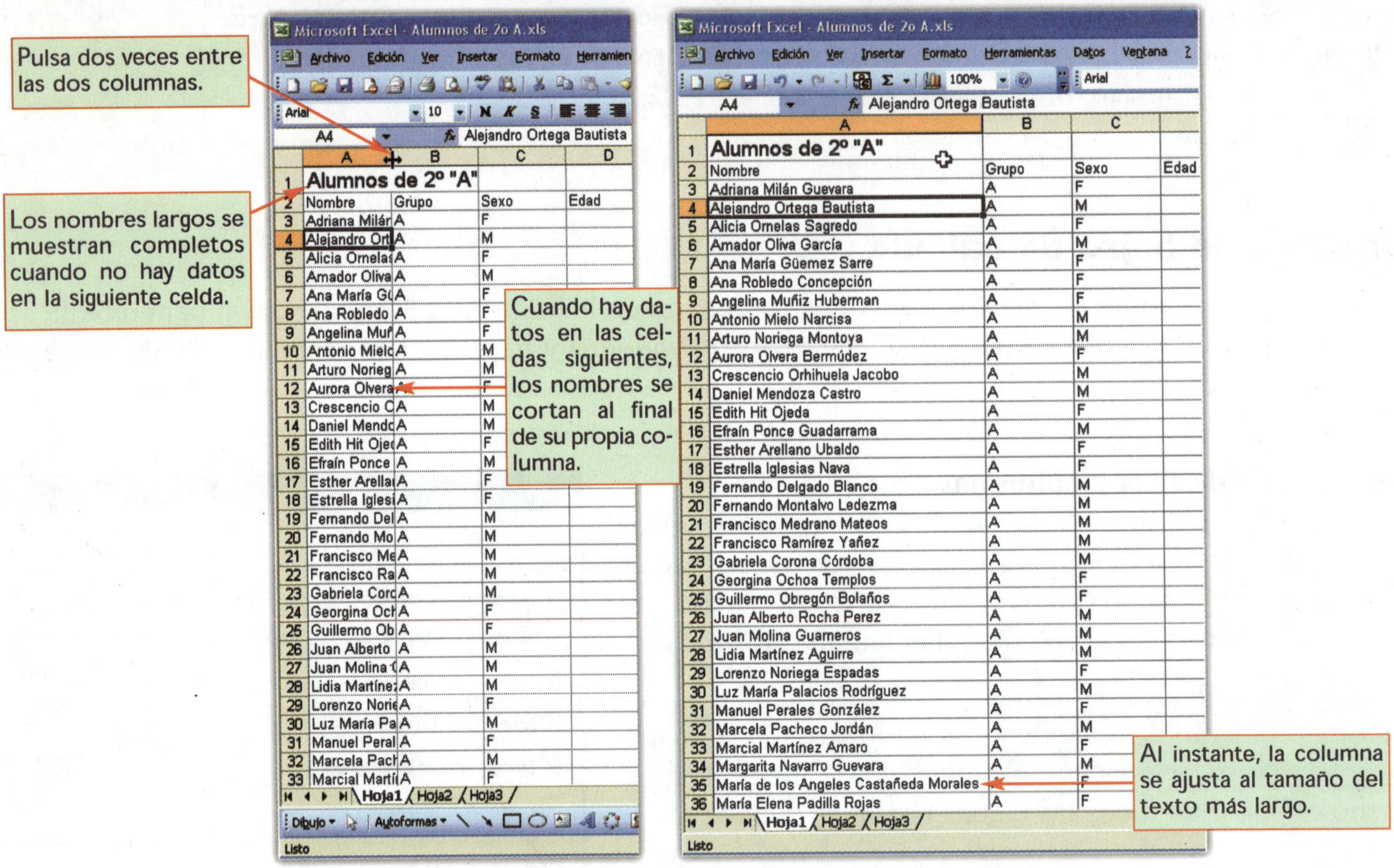

Figura 4.20 Para ampliar las columnas al tamaño del texto más grande, pulsa dos veces en la unión de la derecha de los títulos de las columnas.

Para modificar el alto de una fila o renglón:

1. Utiliza el comando **Fila** del menú **Formato**.
2. En la lista, selecciona la opción **Alto**.
3. En el cuadro de diálogo que aparece, escribe el nuevo valor (entre 0 y 409) para la altura de la fila, que de manera predefinida es **12.75**.
4. El cambio sólo afecta a la fila o filas seleccionadas.

NOTA

Si se introducen valores 0 para filas o columnas, éstas se "ocultan". Para volver a verlas se debe asignar un valor diferente de 0, o se ejecutan las opciones **Mostrar** de los comandos **Fila** y **Columna** del menú **Formato**.

Formateado general de las celdas

Dar formato al contenido de una celda de Excel (letras, números y símbolos) es similar a hacerlo con un párrafo en el procesador de textos.

Para dar formato al contenido de una o varias celdas:

1. Selecciona la celda o el bloque de celdas a las que les vas a aplicar el formato.
2. Utiliza las herramientas de la barra **Formato** para asignarle características de **Fuente**, **Tamaño de fuente**, atributos como **Negrita**, *Cursiva* o Subrayado, **Color de relleno** y **Color de fuente.**
3. En la misma barra selecciona el tipo de alineación que deseas que tengan los datos dentro de la celda: **Alinear a la izquierda**, **Centrar** o **Alinear a la derecha**.

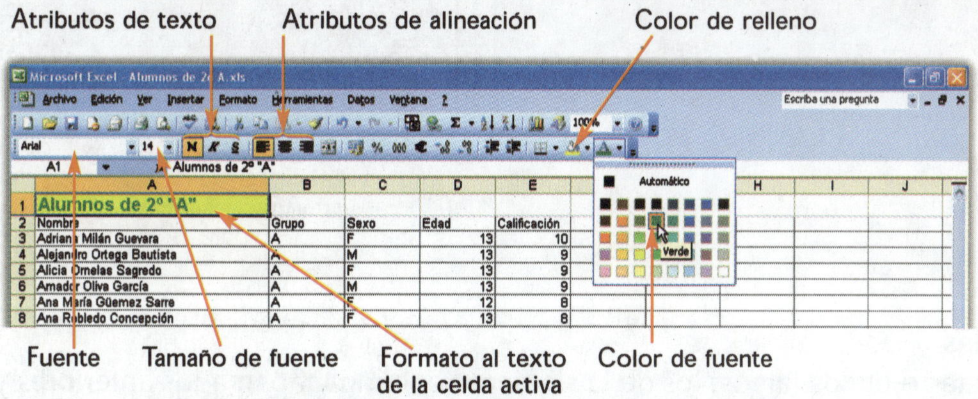

Figura 4.21 Mediante los iconos de la barra **Formato** puedes modificar las características de una celda o de un bloque de celdas.

Actividad 4.17

1. Abre el libro de cálculo **Educación_01.xls**.
2. Amplía o reduce el ancho de las celdas para obtener una hoja más clara y presentable.
3. Da formato a las celdas utilizando los botones de la barra de herramientas **Formato**.
4. Cambia los nombres a las etiquetas de hojas.
5. Asigna **Color de relleno** y **Color de fuente** a las celdas. Cuando utilices un color oscuro para el relleno, la fuente debe ser en color claro y viceversa.
6. Guarda el libro con el nombre **Educación_02.xls**.

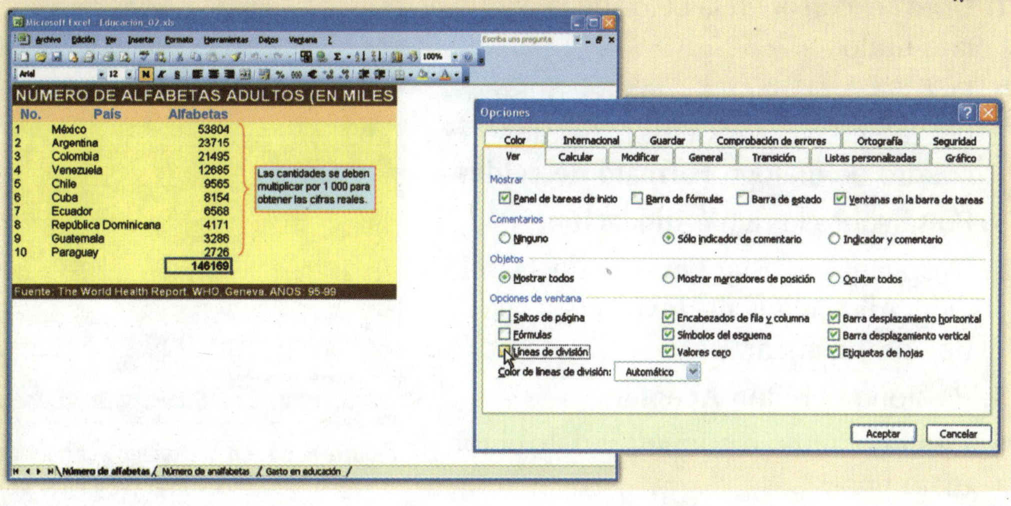

Tip Al eliminar elementos de la interfaz de Excel se logran vistas más claras. Ejecuta el comando **Opciones** del menú **Herramientas** y en la ficha **Ver** del cuadro de diálogo desmarca **Barra de fórmulas**, **Barra de estado**, **Líneas de división**, **Encabezados de fila y columna**, **Barra desplazamiento horizontal** y **Barra desplazamiento vertical**.

Combinación de celdas

Algunas veces se requiere que un título o un texto ocupen varias celdas en lugar de una sola. Para distribuir el contenido de una celda entre varias, agrupándolas:

1. Selecciona las celdas que desees agrupar o combinar.
2. Pulsa sobre el botón **Combinar y centrar**, de la barra de herramientas **Formato**. Observa que el efecto es inmediato: las celdas seleccionadas se agrupan en una sola y el dato queda centrado a lo ancho.

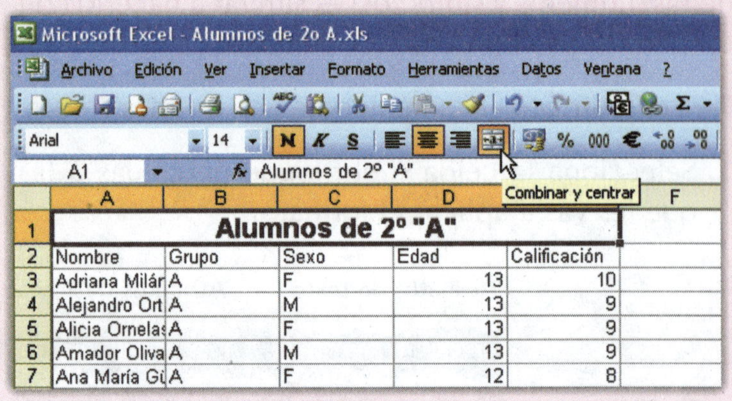

Figura 4.22 Las columnas A, B, C, D y E se convierten en una sola y el contenido de A: Alumnos de 2º "A" se centra automáticamente.

Alineación de celdas

Cuando tienes etiquetas o títulos largos, los de la siguiente columna tapan a los anteriores y no se ven completos. En algunos de estos casos, cuando los títulos no son demasiado extensos, basta con ampliar las columnas para solucionar el problema.

Si los títulos son bastante largos, tal vez no sea conveniente ampliar las columnas, sino distribuir el texto en dos renglones dentro de la misma celda. Para convertir una celda a dos o más renglones debes justificar el texto de manera vertical:

1. Ubica el cursor en la celda de la etiqueta o título.
2. Despliega el menú **Formato** y pulsa sobre el comando **Celdas**. Se abre el cuadro de diálogo **Formato de celdas**.
3. Pulsa sobre la ficha **Alineación**.
4. Despliega la lista **Vertical** de la sección **Alineación de texto** y escoge la opción **Justificar**.
5. Presiona el botón **Aceptar**.
6. Centra el título o etiqueta y dale el formato final.

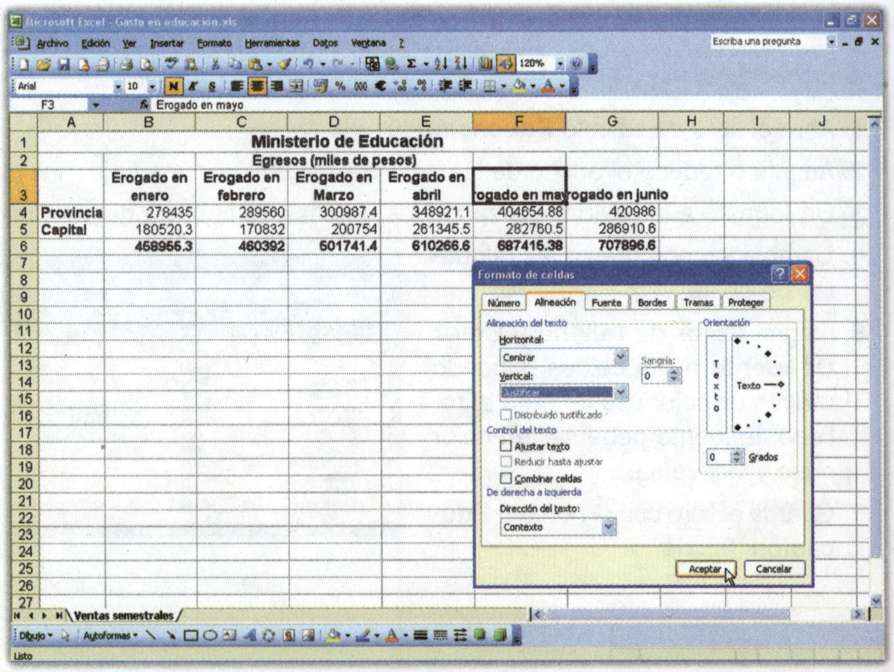

Figura 4.23 La alineación vertical de justificado permite crear etiquetas de dos o más renglones en una misma celda.

Tip Cuando la etiqueta es demasiado grande, es conveniente dividirla en dos con la opción **Justificar** del comando **Rellenar** que se encuentra en el menú **Edición**:

1. Selecciona las celdas suficientes, en dos renglones, para alojar la etiqueta completa.
2. Abre el menú **Edición** y pulsa en el menú **Rellenar**.
3. Escoge la opción **Justificar**.
4. La etiqueta se divide en filas independientes.

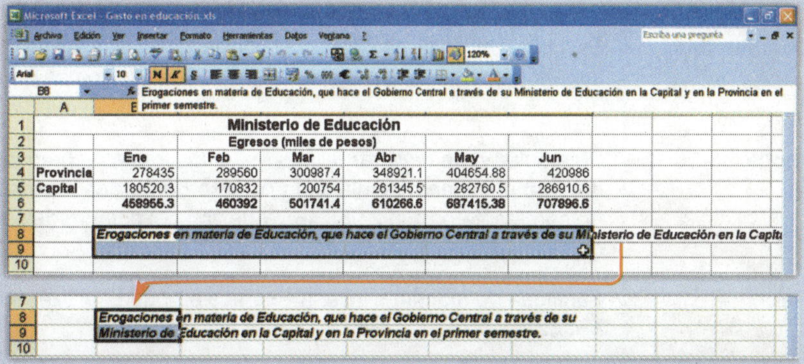

Figura 4.24 Puedes dividir una etiqueta larga en dos filas independientes.

Formatos de celdas

Aunque la mayoría de comandos y herramientas de formato sirven para dar mejor apariencia a las hojas de cálculo, algunos como **Celdas** permiten definir el tipo de datos numéricos que intervienen en los cálculos.

Al ejecutar el comando **Celdas**, del menú **Formato**, aparece un cuadro de diálogo en el cual se puede especificar la categoría de los números que se alojan en las celdas. Excel asigna como formato predefinido para cualquier dato que se introduzca en una celda, el del tipo **General**.

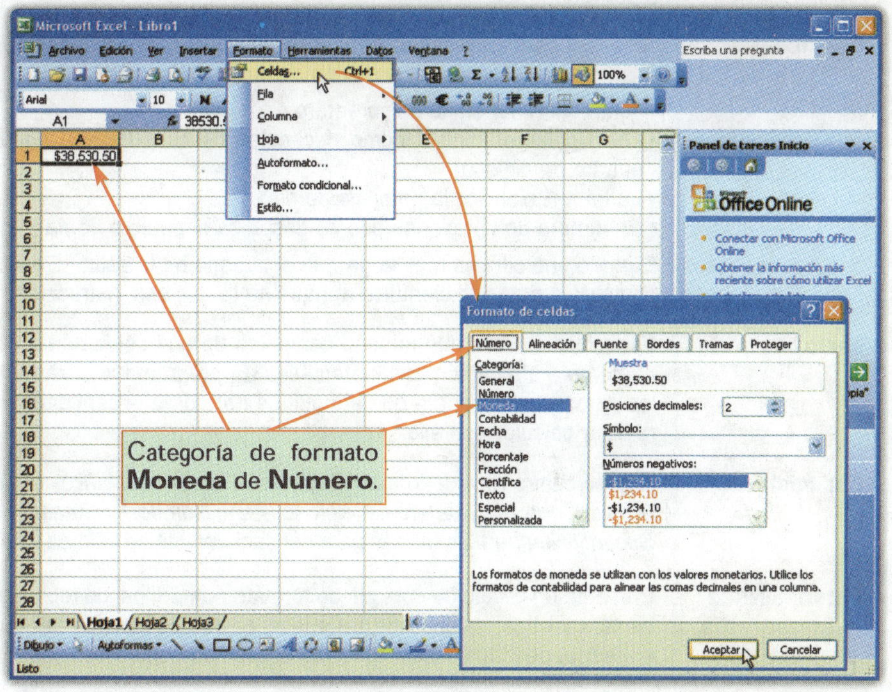

Figura 4.25 Excel ofrece más de 10 categorías de formatos y la posibilidad de crear los propios con **Personalizada**.

Las categorías de la ficha **Número** del cuadro de diálogo **Formato de celdas** se muestran en la Tabla 4.2.

Tabla 4.2 Categorías de formato de **Número**.

CATEGORÍA	DESCRIPCIÓN	EJEMPLOS
General	Es el formato predefinido que utiliza Excel para los datos, cuando no se especifica ningún otro tipo.	456.75 Cantidad
Número	Formato clásico para las cantidades numéricas. En el cuadro de diálogo se definen el número de decimales que tendrán los datos, si deben llevar separadores de miles, y cómo se mostrarán las cantidades negativas.	1,823,456.78 –240.543
Moneda	Este formato se utiliza para las cantidades de pesos, dólares, bolívares, pesetas, euros, yenes, y en particular, cualquier unidad monetaria. El símbolo y notación dependen del sistema monetario internacional configurado. Permite definir la forma en que se verán las cantidades negativas.	2480.56 £54.87 $1 248.94 -$456.75 $456.75

CATEGORÍA	DESCRIPCIÓN	EJEMPLOS
Contabilidad	Es muy similar al de **Moneda**, con la diferencia de que las cantidades se alinean tomando en cuenta los signos de moneda y las comas o puntos decimales.	$ 456.75 $ 5,678.95 $ 2.467,22
Fecha	Se emplea para registrar fechas en varios formatos predefinidos, listados en el apartado **Tipo** del cuadro de diálogo **Formato de celdas**. Las fechas se representan por los números enteros 1 al 2 958 465, que van del primero de enero de 1900 al treinta y uno de diciembre de 9999.	27 de junio de 2005 27/06/2005 27/06/05 27-06-05
Hora	Funciona de manera similar a **Fecha** y se puede utilizar solo o como complemento de **Fecha**.	4:35:50 p.m. 16:35:50
Porcentaje	Expresa las cifras en unidades multiplicadas por cien; es decir, en porcentajes. Se puede especificar el número de cifras decimales.	1 = 100% .1 = 10% .01 = 1%
Fracción	Los números que contienen decimales se pueden convertir en fraccionarios con la categoría de formato **Fracción**.	8.25 = 8 ¼ 4.5 = 4 ½
Científica	Se utiliza para representar cifras muy grandes o números decimales muy pequeños en una notación científica que se compone de cuatro partes: • Toma el primer dígito como entero. • Los siguientes dígitos como decimales (la cantidad de dígitos se establece en el cuadro de diálogo). • La letra **E** significa la potencia de diez. • El número de posiciones que se desplaza el punto o coma decimal. Cuando una cifra es más larga que el tamaño de la celda, Excel la convierte automáticamente a notación científica aunque no le des esa instrucción.	9 200 000 da 9.20E+06. 123456789 da 1.23E+8
Texto	Especifica a Excel que tome el contenido de una celda como texto, aunque contenga números o alguna fórmula matemática. El programa le dará un tratamiento de texto a los datos, de tal manera que aunque se trate de una cantidad numérica, no se pueden realizar cálculos con ella.	12456.879 es igual a "12456.879"
Especial	Existen cuatro tipos de formato **Especial**: *Código postal (Postal Code), Código postal +4 (Postal Code +4), Número de teléfono (Pone Number) y Número de seguro social (Social Security Number)*. Se utilizan para dar seguimiento de valores en listas y bases de datos.	37998 expresado en **Código postal+4** es igual a 00003-7998
Personalizada	Presenta un listado de códigos de formato numéricos, de fecha, exponenciales, de porcentaje y otros, muchos de los cuales se encuentran en las anteriores opciones; sin embargo, permite utilizar casos especiales personalizados de formato.	37998 en formato **dd/mm/aaaa** es igual a 12/01/2004

NOTA

Mediante los iconos de la barra de herramientas **Estándar** se pueden asignar fácilmente los formatos **Estilo moneda**, **Estilo porcentual**, **Estilo millares**, así como ampliar o disminuir la cantidad de decimales con **Aumentar decimales** y **Disminuir decimales**. La versión en español ofrece también un icono para dar formato de **Euro** a las cantidades monetarias.

Copiado del formato de una celda a otra

Para aplicar atributos de formato a un gran número de celdas, puedes seleccionar bloques o rangos y pulsar en el botón del formato que deseas; de esta manera, en lugar de dar formato a cada una de las celdas, se aplica a todo el grupo.

Otra manera rápida de aplicar los formatos es seleccionar la celda que contiene el formato que deseas, y copiarlo a una celda o a un rango de celdas. Para hacerlo:

1. Coloca el cursor en la celda con el formato definitivo.
2. Pulsa sobre el botón **Copiar formato** de la barra

de herramientas **Formato** (el apuntador del ratón aparecerá con la forma del icono de esta herramienta: una brocha).

3. Lleva el apuntador a la nueva celda que deba tener el mismo formato.
4. Pulsa el botón principal del ratón.
5. Si se trata de un bloque de celdas, lleva el apuntador al inicio del mismo y selecciónalo. El efecto es inmediato: las nuevas celdas adquieren el mismo formato que la celda original.

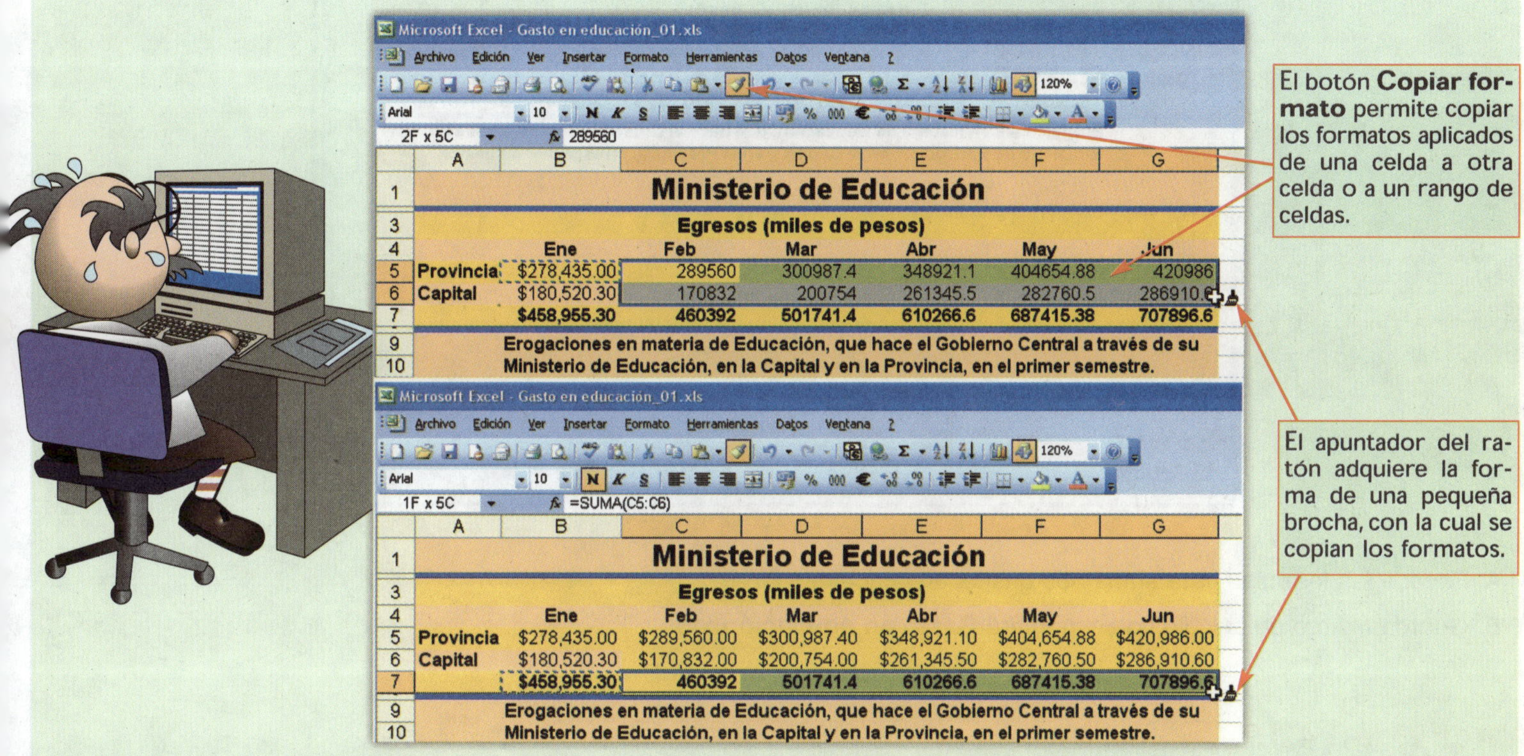

Figura 4.26 *Mediante el icono **Copiar formato** puedes repetir fácilmente el formato de una celda en otras con contenido similar.*

Actividad 4.18

1. Inicia una sesión de Excel.
2. Escribe una pequeña hoja de cálculo con los siguientes datos:

Tipo de dato(s)	Celda(s)	Dato(s)
Título	A1	Ministerio de Educación
Etiqueta	C2	Egresos (miles de pesos)
Etiquetas	B3:G3	Meses (Ene, Feb, Mar, Abr, May, Jun)
Etiqueta	A4	Provincia
Etiqueta	A5	Capital
Cantidades	B4:G4	278435, 289560, 300987.4, 348921.1, 404654.88, 420986
Cantidades	B5:G5	180520.3, 170832, 200754, 261345.5, 282760.5, 286910.6
Etiqueta	B8	Erogaciones en materia de Educación, que hace el Gobierno Central a través de su Ministerio de Educación, en la Capital y en la Provincia, en el primer semestre.
fórmulas	B6:G6	=SUMA(B4:B5), =SUMA(C4:C5), =SUMA(D4:D5), =SUMA(E4:E5), =SUMA(F4:F5), =SUMA(G4:G5)

3. Aplica los atributos de formato necesarios para obtener una hoja parecida a la de la figura.

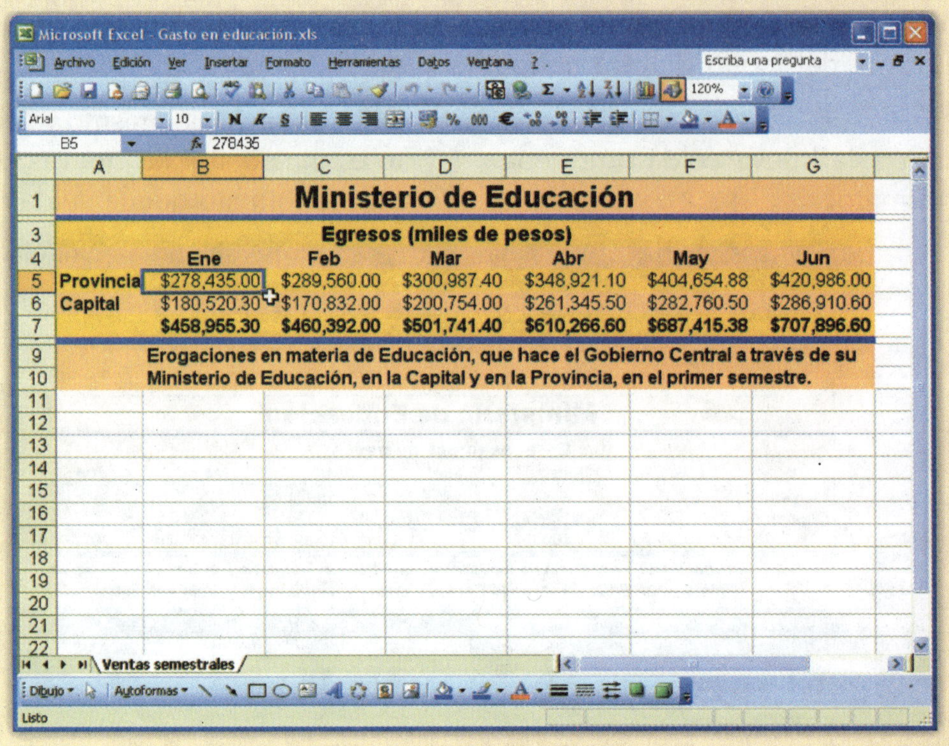

4. Escribe las fórmulas para sumar los gastos en las celdas B7:G7.
5. Guarda el libro de cálculo con el nombre **Gasto en educación.xls**.

Actividad 4.19

1. Inicia una sesión de Excel.
2. Selecciona las primeras 36 columnas (de la A a la AJ) y asígnales un ancho de 3 unidades.
3. Escribe los títulos y etiquetas del modelo que muestra la figura.
4. Aplica las características de formato y edición que ves en la figura.
5. Rellena el formulario con tus datos personales.
6. Guarda la hoja con el nombre **Ficha médica_01**.
7. Cierra el programa.

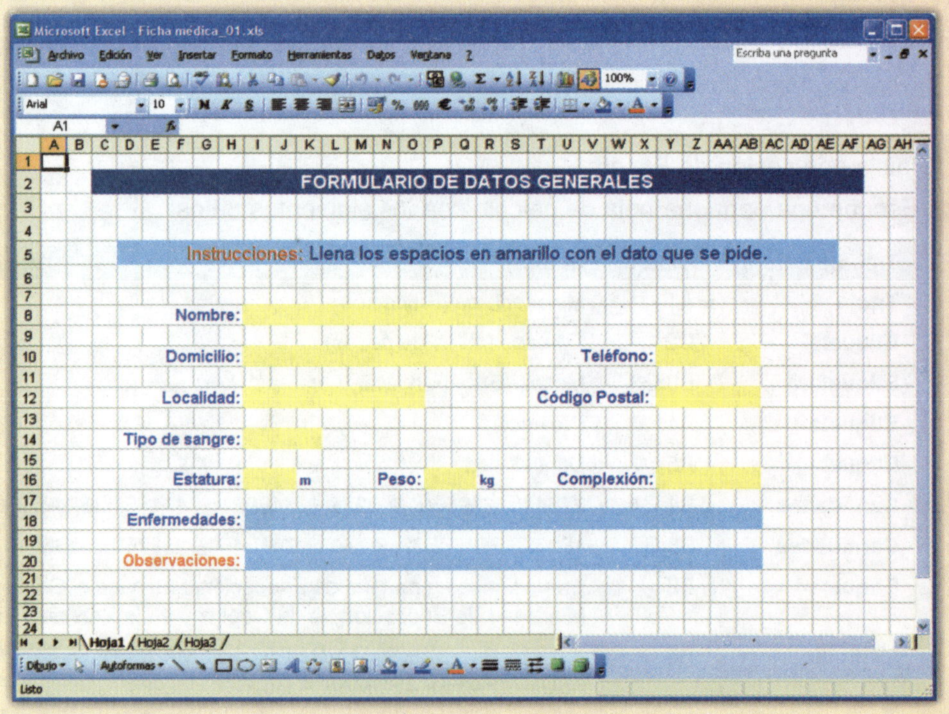

Figura 4.27 Con Excel puedes crear formularios de repaso y organizar tu información.

4.4 Aplicaciones básicas de Excel

Excel como herramienta y método de estudio

Excel es una muy útil herramienta para estructurar un sistemático método de estudio. En las siguientes páginas se propone un método de repaso y evaluación diseñado con base en este programa.

Con la gran cantidad de datos que existen en los diversos medios o fuentes de información, cada vez se hace más difícil la tarea de memorizarlos. Por esto es necesario un método práctico para sistematizar la información y depurar de ella los datos más relevantes.

Después de definir el objetivo del repaso y el tipo de datos que vas a depurar, debes seguir la siguiente secuencia:

1. **Lectura del texto**
2. **Síntesis de datos sobresalientes**
3. **Elaboración de un cuestionario**
4. **Evaluación de las respuestas**

Lectura del texto

Antes de emprender la lectura debes definir el objetivo que te propones y el tipo de datos que resumirán el tema. Realiza la lectura a un ritmo tal que no permita que te distraigas. Para evitar perder la concentración o saturarte de información, programa lapsos cortos, de no más de tres a cuatro minutos, al cabo de los cuales marca los datos relevantes.

Actividad 4.20

1. Localiza una fuente (enciclopedia, almanaque o Internet) que exponga el tema de los países que integran el bloque centroamericano.
2. Realiza una lectura rápida del texto.
3. Aparta la vista de la fuente y resume el tema en voz alta.

Síntesis de datos sobresalientes

Repasa rápidamente el texto, localiza los datos relevantes que definiste con el objetivo, al inicio de la sesión, y organízalos mediante una tabla o ***base de datos***.

Actividad 4.21

1. Inicia una sesión de Excel.
2. Escribe en la **Hoja1** los datos que se muestran en la Figura 4.28 (nombre del país, capital, forma de gobierno, población, superficie territorial, moneda, idioma y religión.
3. Dale a la tabla un formato agradable.
4. Guarda el archivo con el nombre **Países centroamericanos_01.xls**.

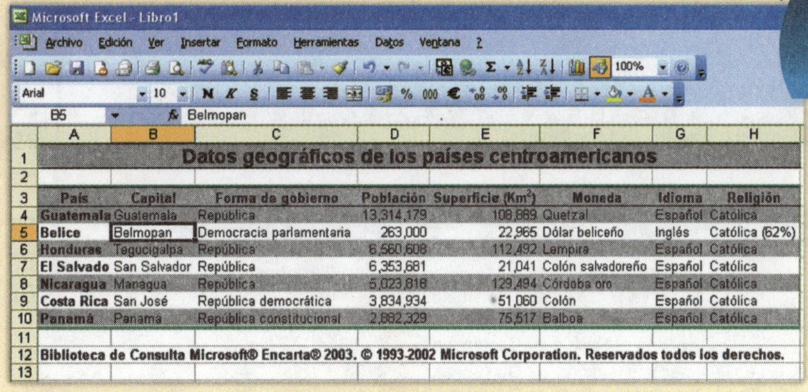

	A	B	C	D	E	F	G	H
1	Datos geográficos de los países centroamericanos							
2								
3	País	Capital	Forma de gobierno	Población	Superficie (Km²)	Moneda	Idioma	Religión
4	Guatemala	Guatemala	República	13,314,179	108,889	Quetzal	Español	Católica
5	Belice	Belmopan	Democracia parlamentaria	263,000	22,965	Dólar beliceño	Inglés	Católica (62%)
6	Honduras	Tegucigalpa	República	6,560,608	112,492	Lempira	Español	Católica
7	El Salvado	San Salvador	República	6,353,681	21,041	Colón salvadoreño	Español	Católica
8	Nicaragua	Managua	República	5,023,818	129,494	Córdoba oro	Español	Católica
9	Costa Rica	San José	República democrática	3,834,934	51,060	Colón	Español	Católica
10	Panamá	Panama	República constitucional	2,882,329	75,517	Balboa	Español	Católica
11								
12	Biblioteca de Consulta Microsoft® Encarta® 2003. © 1993-2002 Microsoft Corporation. Reservados todos los derechos.							
13								

Figura 4.28 Una tabla como resumen de un tema de estudio facilita el repaso y el aprendizaje.

Base de datos: Conjunto de datos estructurados en filas y columnas, o archivos interrelacionados entre sí, generalmente administrados por un programa manejador de bases de datos como Microsoft Access o Excel.

Elaboración de un cuestionario

Una vez que hayas localizado los datos fundamentales sobre el tema, diseña un cuestionario que te permita repasarlo de manera ordenada.

Los principales tipos de cuestionarios son:

- Cuestionario de preguntas y respuestas
- Cuestionario de selección de respuestas de una lista
- Enunciados con opción de respuestas **Verdadera** o **Falsa**
- Relación de enunciados con respuestas.
- Elección de respuesta en una lista de tres, cuatro o cinco opciones posibles.

Cuestionario de preguntas y respuestas. Esta tabla consiste en escribir las preguntas en una primera columna y enfrente de cada una su correspondiente respuesta. Para crear un cuestionario de preguntas y respuestas:

1. Escribe tus preguntas en una columna ubicada a la izquierda, procurando que los enunciados sean lo más explicativos posible.
2. Escribe las respuestas en una columna ubicada a la derecha.
3. Ajusta el ancho de las columnas al texto mayor.
4. Dale al cuestionario un formato agradable para diferenciar una columna de la otra.

Actividad 4.22

1. Inicia una sesión de Excel.
2. Escribe un cuestionario de preguntas y respuestas en la **Hoja1** con las siguientes características:

Tipo de dato(s)	Dato(s)
Título	Preguntas y respuestas
Etiqueta	Preguntas
Etiqueta	Respuestas
Preguntas	Columna con siete preguntas sobre un país latinoamericano
Respuestas	Tus respuestas a las preguntas

3. Deberás obtener un libro de cálculo como el que se muestra.

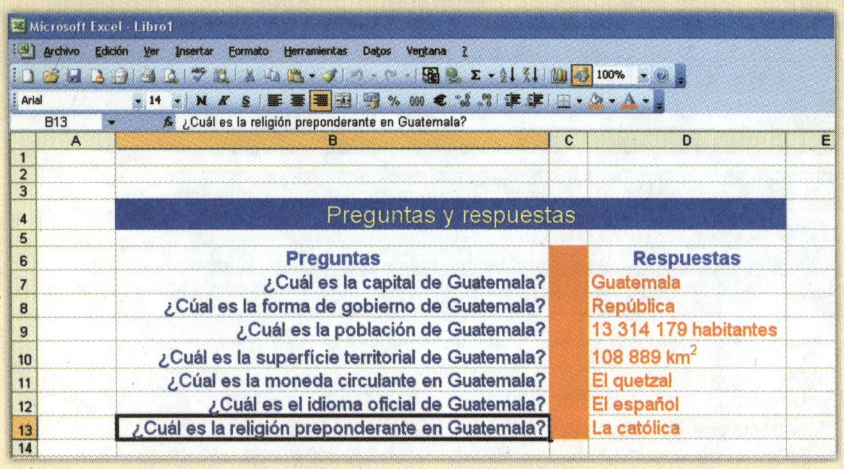

4. Guarda el archivo con el nombre **Cuestionarios.xls**.
5. Cierra el programa.

Cuestionario de selección de respuestas de una lista. Este tipo de cuestionario agiliza el repaso al visualizar varias opciones de respuesta, de las que debes escoger la correcta. La interfaz de un cuestionario de este tipo se divide en: título o encabezado, sección de preguntas, columna para las respuestas del usuario y sección de posibles respuestas.

Para crear estos cuestionarios sigue este sencillo procedimiento:

1. Agrupa un número conveniente de columnas.
2. Ajústalas a un ancho reducido (aproximadamente 3 unidades).
3. Distribuye en la pantalla las cuatro secciones del cuestionario.
4. Redacta las preguntas y dales el formato adecuado.
5. Escribe las posibles respuestas, relacionándolas con una letra.

Actividad 4.23

1. Abre el archivo **Cuestionarios.xls**.
2. Selecciona la **Hoja2**.
3. Introduce los datos de un cuestionario de selección de respuestas como el que se muestra en la figura.
4. Guarda los cambios pulsando en el botón **Guardar** de la barra de herramientas **Estándar**.
5. Cierra el programa.

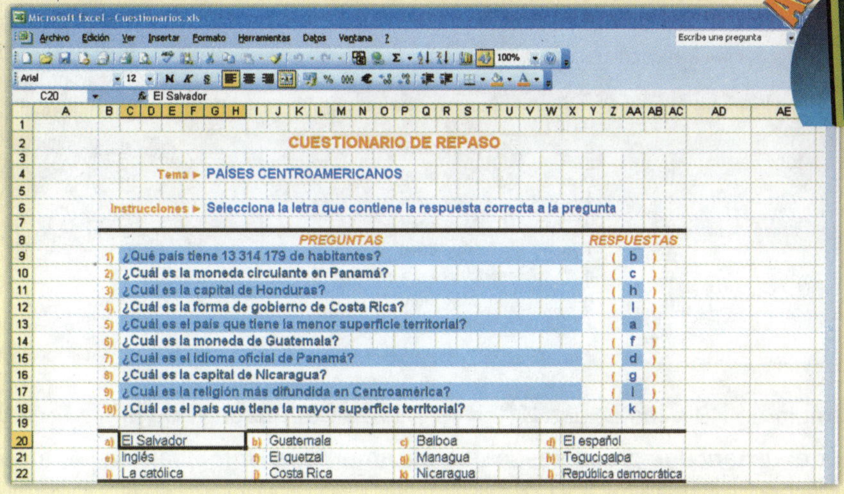

Evaluación de las respuestas

Para redondear el método de estudio debes evaluar de manera automática tus respuestas. Verás que es muy sencillo programarlo en Excel. Se trata de relacionar los datos de un cuestionario en otra hoja del mismo libro de cálculo y comparar las respuestas del usuario para calificarlas de inmediato.

Para crear la hoja de evaluación, realiza la siguiente actividad paso por paso como se indica.

Actividad 4.24

1. Abre el archivo **Cuestionarios.xls** y selecciona la **Hoja3**.
2. Introduce los datos del formato para la evaluación como se muestra en la figura.
3. La columna de números en rojo se refiere al número de la pregunta del cuestionario de la **Hoja2**.
4. La columna de números en azul representa las respuestas que resuelven de manera correcta el cuestionario.
5. La columna **Respuesta** debe incluir la fórmula **=Hoja2!AA9**, que se relaciona con las respuestas que introduce el usuario en el cuestionario de la **Hoja2**.

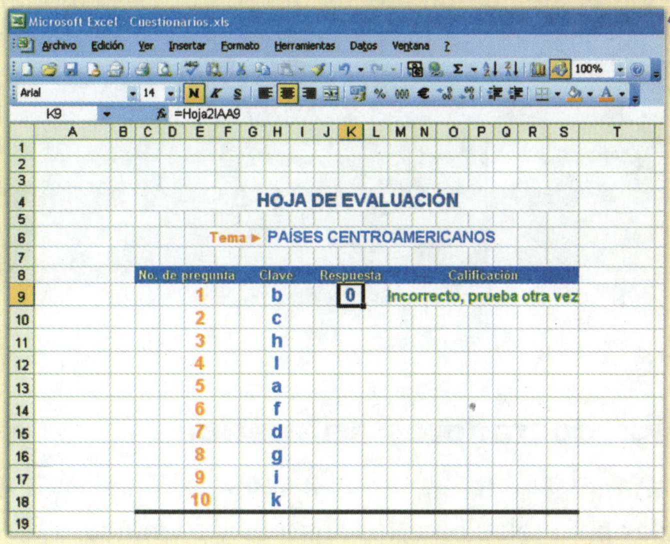

Figura 4.29
Diseña la interfaz de la hoja de evaluación en la **Hoja3** y relaciona los datos mediante fórmulas.

a) La introducción de las fórmulas en Excel se hace de manera intuitiva: En K9 (o la celda que estás utilizando para las respuestas del usuario), escribe el signo igual (=), pulsa en la etiqueta de la **Hoja2** y selecciona la primera respuesta del usuario. Pulsa la tecla [**Entrar**]. Automáticamente se escribe la fórmula que hace que el valor de la celda K9 sea igual al dato introducido por el usuario como respuesta a la pregunta 1 del cuestionario.

6. Escribe la fórmula **=SI(K9=H9,"¡Muy bien!","Incorrecto, prueba otra vez"**), sustituyendo las celdas K9 y H9 por las que alojan los datos de las respuestas del usuario y los de **Clave** respectivamente. La fórmula compara el valor de la respuesta del usuario con la respuesta correcta y si corresponde escribe el primer mensaje; si no es correcta, escribe el mensaje de error.

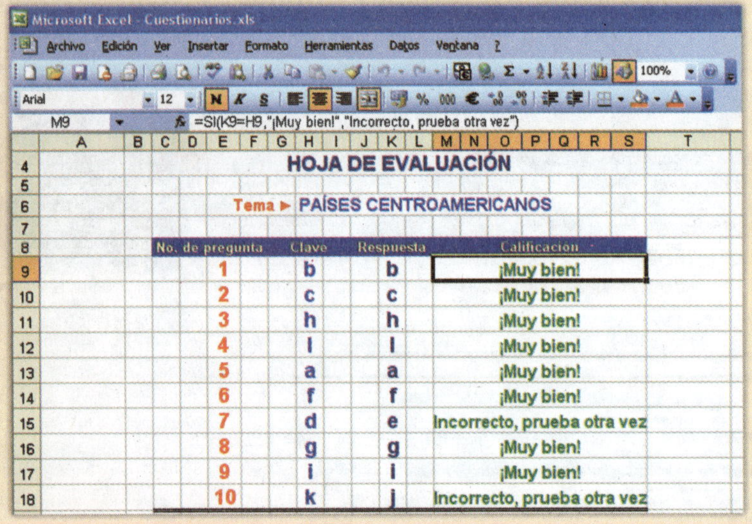

Figura 4.30 Al comparar las respuestas, Excel califica automáticamente el cuestionario de la Hoja2.

7. Copia la fórmula de K9 a las celdas K10:K18 y la de **Calificación** de la fila 9 a las filas 10 a 18.

8. Al responder el usuario las preguntas, automáticamente la **Hoja3** califica las respuestas.

9. Guarda los cambios y cierra el programa.

4.5 Resolución de algoritmos matemáticos

Recuerda que un algoritmo es la secuencia de pasos que se deben seguir para resolver un problema. Excel posee las características ideales para plantear y resolver algoritmos matemáticos.

Ejemplo: Para calcular el área de un rectángulo se utiliza el modelo básico.

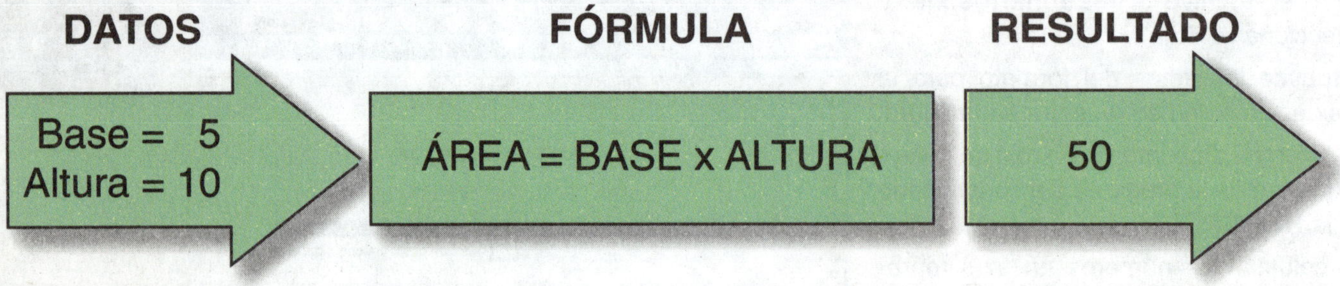

Jerarquía de los operadores aritméticos

En informática las fórmulas se basan en el álgebra pero no se escriben de la misma manera, pues se deben cumplir ciertas reglas para relacionar los factores y términos.

Tabla 4.3 *Jerarquías de los operadores aritméticos.*

Jerarquía	Operador	Expresión algebraica y Fórmula en Excel	Explicación
1ª	( )	$(2+4)^2$= 36 =(2+4)^2	**Símbolos de agrupamiento**. Agrupan dos o más números o valores de celdas que pueden contener operadores aritméticos de menor jerarquía. La operación que se encierra entre paréntesis es la que se resuelve primero. **Ejemplo**: (2+4)^2 es igual a 36 porque 2+4=6, que es el número que se eleva al cuadrado. **No confundir**: =2+4^2 es igual a 18 porque Excel calcula primero la potencia de 4 al cuadrado (16) y el resultado lo suma al 2.
2ª	^	5^2=25 =5^2	**Potencia o exponente**. Permite elevar la base a la potencia que se indica a continuación del signo ^. La base puede ser un número o un conjunto de números o valores agrupados. **Ejemplos**: =2^5, =A3^2, =(B7+C8*D5)^3
3ª	* y /	8 x 2 ÷ 4 = 4 =8*2/4	Las operaciones de multiplicación y división tienen el mismo nivel o jerarquía, aunque se acostumbra realizarlas de izquierda a derecha. **Producto**. Permite multiplicar dos o más valores introducidos manualmente, o los valores de dos o más celdas. **Ejemplos**: =2*5, =A3*4, =B7*C8*C6 **Cociente**. Permite dividir dos o más valores introducidos manualmente, o los valores de dos o más celdas. **Ejemplos**: =2/5, =A3/4, =B7/C8*C6
4ª	+ y –	8 + 2 – 4 = 6 =8+2–4	Suma y resta también tienen la misma jerarquía y se resuelven de izquierda a derecha. **Suma**. Permite sumar dos o más valores introducidos manualmente, o los valores de dos o más celdas. **Ejemplos**: =2+5, =A3+4, =B7+C8 **Resta**. Permite restar dos o más valores introducidos manualmente, o los valores de dos o más celdas. **Ejemplos**: =5–2, =B3–4, =B7+C8–D6
5ª	=	= B1*C1/2	**Asignación**. Asigna a la celda activa el resultado de la operación. **Ejemplo**: =B1*C1/2; la celda en donde se introduce esta fórmula adquiere el valor 12 si B1 vale 6 y C1 vale 4. 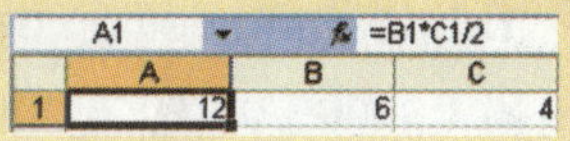

Por ejemplo, la expresión algebraica

$$4+5^3-\frac{8}{2}-15(3)=$$

se escribe en informática: =(4+(5^3)–(8/2)–(15*3)).

Si la escribimos en Excel y los valores de la expresión anterior están ubicados en las celdas que se indica, entonces se deberá escribir la fórmula en A8 y en la misma se visualizará el resultado.

Celdas de entrada (datos)							Celda donde se introduce la fórmula	Celda de salida (resultado)
A1	A2	A3	A4	A5	A6	A7	A8	A8
4	5	3	8	2	15	3	=A1+(A2^A3)–(A4/A5)–(A6*A7)	80

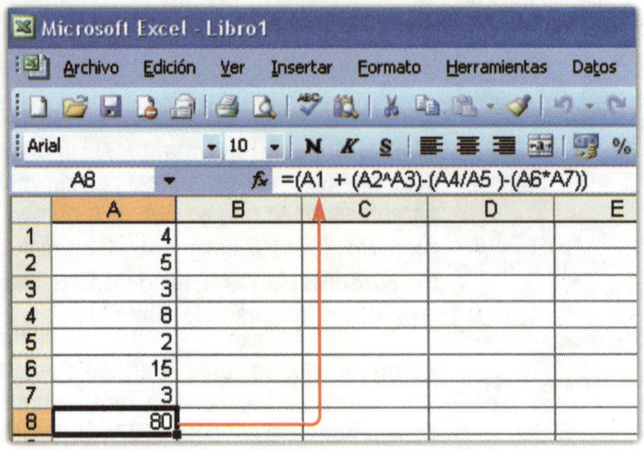

Figura 4.31 Excel realiza las operaciones considerando los valores de las celdas involucradas.

La computadora la resuelve en el siguiente orden:

Paso	Operación		Resultado
1º	Potencia	5^3=125	(4+125–(8/2)–(15*3))
2º	División	8/2=4	(4+125–4–(15*3))
3º	Multiplicación	15*3=45	(4+125–4–45)
4º	Suma	4+125=129	(129–4–45)
5º	1ª Resta	129–4=125	(125–45)
6º	2ª Resta	125–45=80	80

Actividad 4.25

Calcula el valor numérico de la siguiente expresión:

$A+\frac{B}{C}=$

1. Inicia una sesión de Excel.
2. Escribe en A1 el título **Valor numérico de una expresión algebraica**.
3. Escribe en A3 la etiqueta **En la expresión A+(B/C)**.
4. Escribe en A5 la etiqueta **Si A=**.
5. Escribe en A6 la etiqueta **Si B=**.
6. Escribe en A7 la etiqueta **Si C=**.
7. Escribe en B5 el dato: **4**.
8. Escribe en B6 el dato: **8**.
9. Escribe en B7 el dato: **2**.
10. Escribe en A9 la etiqueta **El resultado es:**.
11. Escribe en B9 la fórmula que calcule el resultado tomando las direcciones de las celdas que contienen los datos.
12. Ajusta el ancho de las columnas.
13. Verifica el resultado (debe dar 8).
14. Guarda el archivo con el nombre **Expresión algebraica_01**.
15. Cambia los tres valores de las celdas de datos y observa el nuevo resultado.
16. ¿Qué pasa con la celda de salida cuando se cambian los datos de entrada?

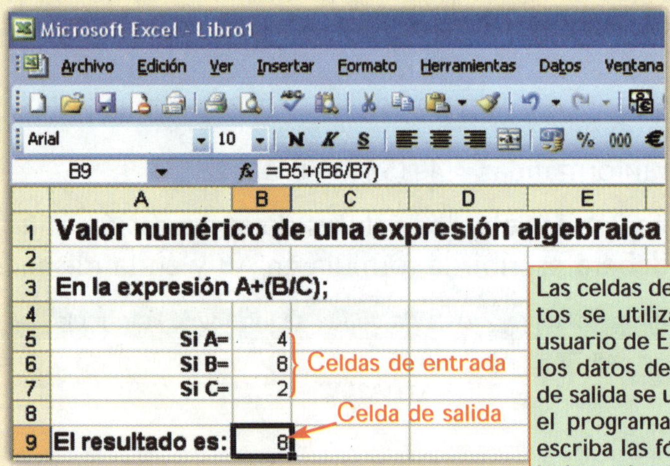

Las celdas de entrada de datos se utilizan para que el usuario de Excel introduzca los datos del problema. Las de salida se utilizan para que el programador (como tú) escriba las fórmulas que relacionan las diferentes celdas de entrada; en éstas se visualizan los resultados.

____

____

Actividad 4.26

1. Inicia una sesión de Excel.
2. Copia la interfaz de la Figura 4.32.
3. Comprueba los resultados con la calculadora de Windows.
4. Guarda el libro con el nombre **Operaciones básicas_01**.

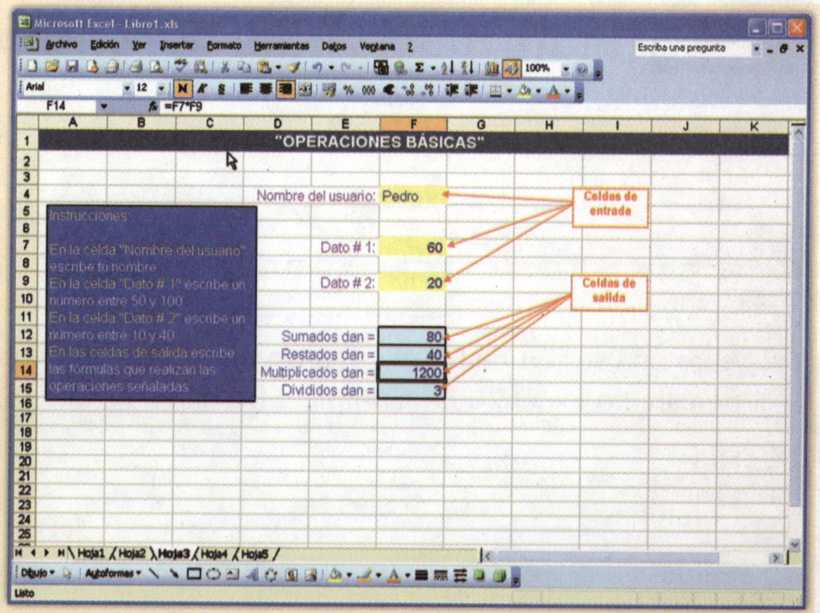

Figura 4.32 Copia los datos e introduce las fórmulas para lograr los resultados de las celdas de salida.

Actividades complementarias

Actividad 4.27

1. Inicia una sesión de Excel.
2. Ajusta el ancho de ocho columnas con el alto de ocho filas para que se vean como un tablero de ajedrez.
3. Dale formato de color al tablero con el comando **Celdas** del menú **Formato**, en la ficha **Tramas**.
4. En la ficha **Bordes** selecciona contorno por los cuatro lados.
5. Escribe números en siete filas y siete columnas para que al sumarlos todos den el mismo resultado.
6. Guarda el libro con el nombre **Cuadro mágico_01.xls**.

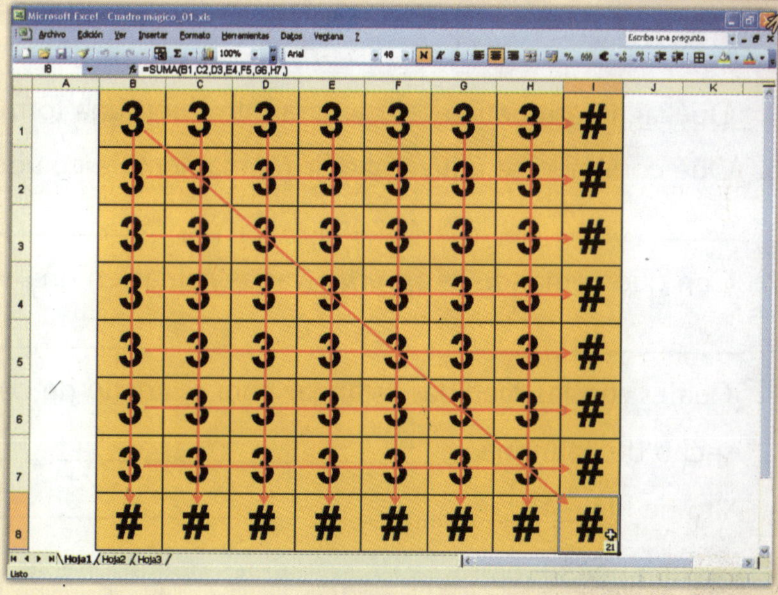

Figura 4.33 Da formato a los números para que se vean centrados en los cuadros.

Actividad 4.28

1. Inicia una sesión de Excel.
2. Elabora la interfaz que calcule la expresión:

$$2m+\frac{m^2n}{m-n}-3n$$

   para cualquier valor entero positivo de n y de m.

3. Escribe la expresión utilizando el editor de ecuaciones.
4. Comprueba que la interfaz funciona dándole valores $m = 2$ y $n = 1$, con lo que el resultado deberá ser = 5.
5. Guarda el archivo con el nombre de **Expresión algebraica_02.xls**.

4.6 Reafirmación del aprendizaje

1. Define con tus propias palabras qué es una hoja de cálculo.

____

____

____

2. Abre una sesión de Excel y realiza el siguiente cálculo en la celda A1. ¿Cuántas celdas tiene la hoja de cálculo Excel 2003? Completa los datos de abajo:

Filas ______________________.

Columnas 256 ______________________.

Celdas ______________________.

3. Escribe los nombres de los cuatro tipos de datos que puedes introducir en las celdas de Excel.

______________________ ______________________

______________________ ______________________

4. Marca con un signo de paloma (✔) los rangos bien escritos.

A1:A5 _____ A3;B30 _____ C12:D22:E35 _____ D23:H48 _____ A1+D2:C31 _____
D12:D28 _____ A5,A8 _____ C4-C10 _____ B1:B2 _____ B2:B8,C3 _____

5. ¿Qué signo aritmético se usa para introducir una fórmula? ______________.

6. ¿Qué comando se utiliza para ir rápidamente a cualquier parte de una hoja de cálculo?

____.

7. ¿Con qué comando se agrupan varias celdas en una sola?

____.

8. ¿Cuáles son las medidas estándar para el ancho de columna y el alto de fila?

Ancho de columna ______________________.

Alto de fila ______________________.

9. Ordena por su jerarquía los siguientes operadores aritméticos:

Operador	Jerarquía
+	
^	
/	
( )	
*	

10. Resuelve con Excel la siguiente expresión: 4*2^3+(6*3^2–8^2)/2*4+12.

Unidad 5 Introducción a la programación estructurada

¿Te hago una pregunta? En un día típico de clases, desde que te levantas hasta que llegas a la escuela realizas una serie de acciones, ¿siempre son las mismas?, ¿las haces en forma consciente? Por lo general, las acciones cotidianas se efectúan de manera automática.

Programar es la acción de crear procedimientos que nos lleven a efectuar una tarea o a resolver un problema en forma sencilla y sistemática. El procedimiento lógico que facilita la solución se conoce como ***algoritmo***.

Las áreas donde participa activamente el personal informático son:

- **Usuario**. Quien realiza cualquier actividad académica o profesional utilizando computadoras y aplicaciones de propósito específico, como hojas o libros de cálculo, un procesador de palabras o un ***programa*** de diseño.
- **Desarrollador**. La persona que crea los programas o aplicaciones con las cuales trabajas en la computadora.
- **Técnico**. El ingeniero o personal de mantenimiento que se encarga de reparar y mantener en funcionamiento los equipos y redes de computadoras.

Ya conoces muchas de las tareas que realizan los usuarios y qué programas utilizan, ahora el reto es mayor, pero más interesante. Entrar al mundo de los desarrolladores te abre un horizonte de mayor realización personal, ya que despierta tu imaginación y desarrolla tus habilidades mentales, que serán de gran utilidad durante tu vida, ¡te lo dice el profesor Monitor!

Actividad 5.1

1. Escribe en siete pasos el algoritmo para crear un párrafo de texto en Word. Considera todos los pasos a seguir, como encender la computadora, etcétera.

a) *Encender la computadora*

b) ____________________

c) ____________________

d) ____________________

e) ____________________

f) ____________________

g) ____________________

2. Ahora describe el procedimiento para guardar el archivo de Word, cerrar el programa y apagar la computadora, en seis pasos.

a) ____________________

b) ____________________

c) ____________________

d) ____________________

e) ____________________

f) ____________________

¡Esto es programación!

- ***Algoritmo***: Secuencia de pasos que permiten resolver un problema.
- ***Programa***: Conjunto de declaraciones e instrucciones que se ejecutan una a una para procesar una serie de datos y obtener un resultado.

5.1 Lenguajes de programación

Para resolver problemas con la computadora, es necesario aprender un lenguaje de programación capaz de traducir las órdenes del usuario al lenguaje que entiende la máquina. Un lenguaje de programación es similar a uno humano; utiliza un conjunto de símbolos, instrucciones (generalmente en inglés) y enunciados que están sujetos a una serie de reglas, se compone de:

- **Léxico**: conjunto de símbolos conocido como vocabulario.
- **Sintaxis**: Reglas para construir el lenguaje.
- **Semántica**: Conjunto de significados de un lenguaje.

Generaciones de los lenguajes de programación

Igual que las computadoras, los lenguajes de programación se han clasificado por generaciones que coinciden de alguna manera, ya que se han desarrollado en forma paralela.

Primera generación

Se remontan a las primeras computadoras integradas por bulbos. Los programas se realizan con base en instrucciones en el lenguaje máquina, de bajo nivel, que utiliza sólo los símbolos binarios 0 y 1.

Segunda generación

Se desarrollan los lenguajes ensambladores, también de bajo nivel, que traducen al lenguaje máquina, órdenes simples como sumar, restar o almacenar.

Tercera generación

En 1957 se dio un gran paso en la programación de computadoras. **John Backus**, programador de IBM inventa el primer ***lenguaje de alto nivel*** llamado FORTRAN por las siglas en ingles, **FOR**mula **TRAN**slator. Después aparecen COBOL, Basic, Pascal, C y muchos otros; varios de ellos conocidos y utilizados en la actualidad.

Algunos de estos lenguajes producen un ***programa objeto*** que se ejecuta directamente en la computadora; otros, crean sólo un ***programa fuente*** y requieren del lenguaje de programación para traducir las instrucciones, una por una, al momento de ejecutar el programa. Para traducir las órdenes al lenguaje máquina, utilizan intérpretes y compiladores.

Por la forma en que realizan la traducción del programa fuente a programa objeto o ejecutable, se dividen en:

- **Intérpretes**: leen una orden, la traducen a lenguaje máquina y la ejecutan. Si en el proceso detectan un error de sintaxis, envían un mensaje a la pantalla para que el programador corrija la orden.
- **Compiladores**: primero traducen todo el programa fuente a lenguaje máquina y, una vez compilado, lo ejecutan.

Lenguaje de alto nivel: Utilizan órdenes o instrucciones en un lenguaje entendible para los humanos (generalmente en inglés), las cuales deben ser traducidas al lenguaje máquina, que entiende la computadora.

Programa objeto: Programa ejecutable traducido a lenguaje máquina. Generalmente tienen las extensiones **.exe** o **.com**.

Programa fuente: Programa escrito en el lenguaje de alto nivel. Para ejecutarlo requiere de traducir cada instrucción. Su extensión coincide con el nombre del programa; por ejemplo, **.pas** para los de Pascal, **.bas** para los de Basic, etcétera.

Esquema de un Intérprete:

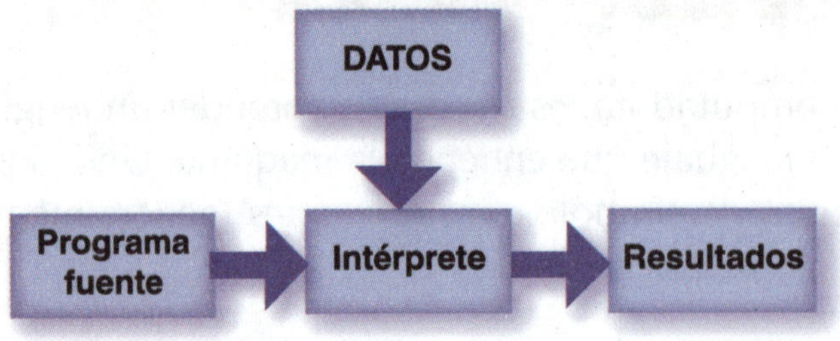

Esquema de un Compilador:

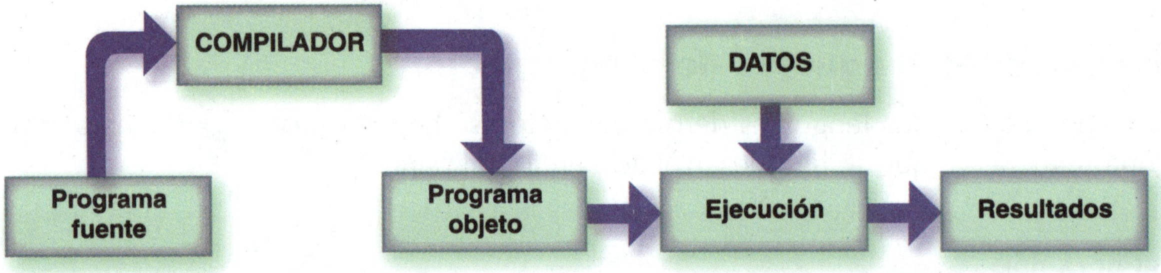

Figura 5.1 Esquemas de los procesos que realizan los intérpretes y los compiladores.

Cuarta generación

Los lenguajes evolucionan hacia las interfaces gráficas, que permiten generar el código relacionando objetos e instrucciones. Se conocen como lenguajes orientados a objetos y gestión de bases de datos como Visual Basic, C++, SQL y otros.

Quinta generación

Son lenguajes que se emplean para desarrollar aplicaciones de robótica e inteligencia artificial como LISP y PROLOG.

Lee y deduce

Hay de lenguajes a lenguajes

Por el grado de madurez que has alcanzado, sabes que un lenguaje es la expresión de nuestro pensamiento (si no la única, sí la más importante y generalizada), porque a través de él, podemos comunicar lo que queremos, con la certidumbre de que otras personas lo comprenden.

Todos los contenidos en el lenguaje tradicional tienen tres dimensiones de referencia al mundo:

- **Cognitiva-expositiva**: trasmite una situación registrada en cifras.
- **Afectiva-emocional**: expresa algún sentimiento en relación con tales cifras.
- **Evaluativa-valorativa**: califica los significados concretos de una expresión lingüística.

Relaciona esta información de los lenguajes humanos con los lenguajes informáticos, escribe y explica tres características que compartan ambos mundos:

1. ______________________________

2. ______________________________

3. ______________________________

¿Consideras que cualquiera de los dos lenguajes y sus diversas manifestaciones pueden ser individuales, sí o no? ________

¿Especifica por qué? ____

____

De la reflexión anterior, ¿qué característica universal definirías para cualquier lenguaje, ya sea humano o de computadora?

____

____

____

Actividad 5.2

1. Organicen equipos de cuatro alumnos en el salón y realicen lo siguiente:

a) Cada equipo debe investigar sobre el desarrollo de uno de los siguientes lenguajes de programación: FORTRAN, Cobol, Basic, Pascal, Visual Basic, Visual C++, DELPHI y JAVA Studio.

b) En un documento de Word, cada grupo debe escribir uno o dos párrafos con lo investigado. El texto debe incluir un título en WordArt y un formato agradable y claro.

c) Cada grupo debe guardar el documento con el nombre del lenguaje investigado; por ejemplo, **Basic.doc** o **Pascal.doc**.

d) En una presentación de PowerPoint, incluyan cada una de las investigaciones en una diapositiva con los siguientes datos:

Nombre del lenguaje
Año de creación
Ilustración de la persona o grupo que lo desarrolló
Lugar en donde lo crearon
Breve descripción
Si es posible, una línea de programación en el lenguaje descrito

e) Guarden el documento con el nombre **Lenguajes de programación.ppt**.

f) Realicen la presentación ante todo el grupo.

5.2 Programación estructurada

La programación estructurada se basa en el método científico, utilizando estructuras de control. Para resolver problemas complejos, se dividen éstos en pequeños módulos que los resuelven por partes. La solución de problemas utilizando computadoras involucra también ciertos operadores aritméticos, diagramas de flujo y un lenguaje natural denominado ***seudocódigo***.

Seudocódigo: Descripción, en tu idioma, de la solución de un problema, paso a paso

Operadores aritméticos

La mayoría de los programas y lenguajes de programación utilizan una notación especial para ejecutar las operaciones aritméticas, que se desarrollan de acuerdo con sus jerarquías. Si tienes dudas respecto a la jerarquía de los operadoras, repasa la sección correspondiente en el capítulo anterior, de Excel.

Operador	Operación	Ejemplo	Explicación
( )	Agrupa	(6+3) da 9	Agrupa 6 y 3
^	Potencia	6^3 da 216	6 elevado a la potencia 3
*	Multiplicación	6*3 da 18	6 multiplicado por 3
/	División	6/3 da 2	6 dividido entre 2
+	Suma	6+3 da 9	6 más 3
–	Resta	6–3 da 3	6 menos 3
=	Asignación	**A** = 3	Se asigna a la letra **A** el valor de 3

Para resolver la *ecuación* x = (6+4)*2+3^2–32/8 se procede de la siguiente manera:

Jerarquía	Operación		Resultado
1ª	Desagrupa	(6+4) = 10	= 10*2+3^2–32/8
2ª	Eleva a la potencia	3^2 = 9	= 10*2+9–32/8
3ª	Multiplica	10*2 = 20	= 20+9–32/8
3ª	Divide	32/8 = 4	= 20+9–4
4ª	Suma	20+9 = 29	= 29–4
4ª	Resta	29–4 = 25	= 25
5ª	Asigna	x = 25	Se asigna a la letra x el valor 25

Existe otro tipo de operadores que se utilizan para relacionar valores, llamados operadores de relación.

Símbolo	Se lee
Si A = B	Si A es igual que B
Si A < B	Si A es menor que B
Si A > B	Si A es mayor que B
Si A <= B	Si A es menor o igual que B
Si A >= B	Si A es mayor o igual que B
Si A <> B	Si A es diferente que B

Actividad 5.3

1. Resuelve las siguientes operaciones tomando en cuenta la jerarquía de los operadores aritméticos:

a) 2+(8–3)*2 = ____________________

b) (10+4)/7–2*4 = ____________________

c) 12–8*2 = ____________________

d) 3^2–18/2 = ____________________

e) (16–2^3)*4–64/2 = ____________________

Ecuación: Igualdad. Expresión algebraica polinomial que oculta una o varias incógnitas.

Constantes y variables

Constantes

Los datos o valores constantes que se utilizan en el curso o ejecución de un programa se denominan **constantes**, porque no cambian su valor. En este caso se encuentran constantes como π, que siempre tiene el valor 3.14159265358979323846264338327 95, abreviado 3.1416 por conveniencia, o el número 3, que siempre será 3, mientras no se asigne a una variable.

Variables

Los datos para ser procesados, se almacenan en una localidad en la memoria de la computadora. Estos datos reciben el nombre de **variables** y pueden cambiar su valor durante la ejecución de un programa. Existen variables para todo tipo de datos; por el momento, únicamente las dividiremos en dos:

1. **Variables de texto**. Son aquellas que se emplean para almacenar cadenas de caracteres; no se utilizan en operaciones aritméticas, por ejemplo nombres de personas o números de teléfono. Nombres válidos para estas variables pueden ser NOMBRE, TEL, DIRECCIÓN, etcétera.
2. **Variables numéricas**. Almacenan números reales, enteros o decimales, positivos o negativos. Los términos que integran la fórmula que soluciona el problema, se sustituyen por el nombre de las variables donde se almacenan los datos correspondientes. Por ejemplo, los valores de una fórmula como ÁREA = BASE x ALTURA; las variables pueden ser B y AL, que al variar dan diferentes valores de ÁREA.

NOTA

No se pueden utilizar como variables los comandos propios de un lenguaje de programación o del sistema, como PRINT, CLS, GO, ADD, LIST, VER y otros. Los nombres de variables no pueden comenzar con un número, como 3COM, 2PASOS, 5NOMBRE, etcétera.

Actividad 5.4

1. Escribe un modelo que calcule el área de cualquier círculo, dado su radio, de acuerdo con lo siguiente:
   a) ¿Qué datos se necesitan conocer?
   b) ¿Qué variables se deben definir?
   c) ¿Cuál es la fórmula algebraica?
   d) Escribe la expresión utilizando nombres de variables.

Modelo:

Algoritmos

Como se mencionó, algoritmo es un conjunto de pasos que deben seguirse para solucionar un problema. Todo algoritmo debe ser:

Preciso. Debe ser concreto, no tener pasos de más y llevar a una solución clara.

Congruente. Al probarse varias veces, los resultados deben ser los mismos.

Finito. Al seguir los pasos deben conducir a la solución.

Los algoritmos se representan mediante:

Diagramas de flujo. Representación gráfica de la secuencia de pasos para resolver un problema o ejecutar una determinada tarea, mediante símbolos.

Seudocódigo. Descripción paso a paso, en tu idioma, de la solución de un problema o la ejecución de una tarea. Cada orden se expresa en una línea.

Diagramas de flujo

Desde los primeros lenguajes de programación se utilizaron los diagramas de flujo, que ayudan a visualizar de manera clara los procedimientos que se deben seguir para resolver un problema de no muy grandes dimensiones.

Sin embargo, quienes continúen con una carrera informática y se dediquen a elaborar complejos programas para resolver no uno, sino muchos problemas, verán que los diagramas de flujo no les servirán de mucho.

¡Imagina el diagrama de flujo para hacer un programa como Microsoft Excel!, no cabría en miles de hojas, y seguirle el paso sería imposible. Para eso existen otras metodologías avanzadas de programación estructurada.

Tabla 5.1 Símbolos utilizados en los diagramas de flujo.

SÍMBOLO	EXPLICACIÓN
	Se utiliza siempre para dar **inicio** en un diagrama de flujo. También se puede utilizar como inicio, el símbolo de fin del diagrama.
	Representa la **entrada** de datos, que generalmente se hace mediante el teclado.
	Representa un **proceso**. Dentro del rectángulo se escriben las fórmulas que se van a utilizar en la solución del problema.
	Se utiliza para la **salida de datos**. Los resultados se imprimen o se muestran en la pantalla.
	Indica el **final** de un diagrama de flujo. También se puede usar para el fin, el símbolo de inicio del diagrama.
	Símbolo de **selección**. Se plantea una condición; si se cumple el programa fluye por la derecha, si no, sigue su flujo por la izquierda. También se utiliza para realizar operaciones repetitivas, hasta que se cumpla una condición dada.
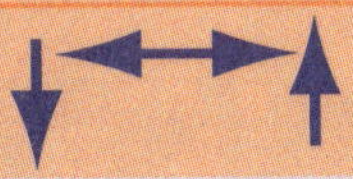	Indican las **direcciones de los flujos** del diagrama.

Seudocódigo

El seudocódigo o seudolenguaje se integra por una serie de instrucciones en lenguaje natural como inglés, alemán o español, además de expresiones y operadores que representan cada uno de los pasos para resolver un problema (o muchos). Quienes sigan una carrera profesional como programadores verán la utilidad de usarlo, porque transformar un algoritmo en pseudocódigo, a un lenguaje de programación, es muy sencillo.

Por eso, es conveniente no traducir las estructuras IF-THEN-ELSE, FOR o DOWHILE, que verás más adelante. Para los que utilizarán la programación como auxiliar en la solución de sus tareas escolares de física, matemáticas y de cualquier otra materia, con utilizar el seudocodigo en español basta.

Enseguida, compara un algoritmo para la solución de un problema de cálculo de la presión que ejerce una fuerza sobre una superficie, realizado en diagrama de flujo y en seudocódigo.

Diagrama de flujo

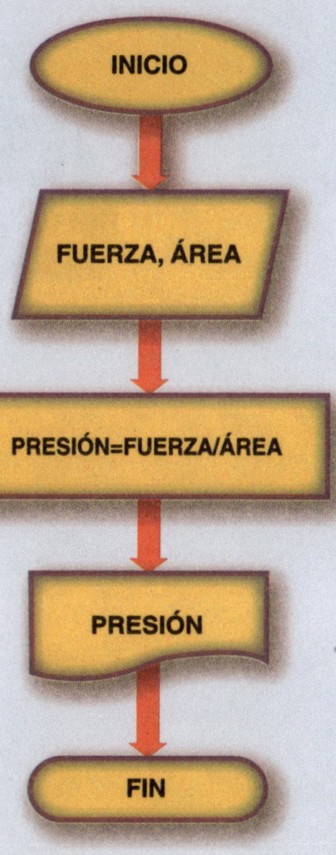

Seudocódigo

INICIO	
Escribe	"Calcula la presión que ejerce una fuerza sobre un área"
Escribe	"Da la fuerza en newtons"
Captura	FUERZA
Escribe	"Da el área en metros"
Captura	ÁREA
Fórmula	PRESIÓN = FUERZA / ÁREA
Escribe	"La presión en pascales es:"
Imprime	PRESIÓN
FIN	

Lee y deduce

Orígenes de las lenguas

Tú sabes que el idioma español es una lengua romance derivada del latín; también conoces que los árabes fueron maestros de la aritmética y el álgebra, además tuvieron gran influencia sobre España debido a los siglos de dominación que ejercieran sobre ella; es por esto que muchas palabras relativas a la matemática provienen de esa lengua. Seguramente habrás escuchado hablar de Mohammed ben Musa (780-850 d.C.), llamado el "padre del álgebra", tenía el seudónimo de Al Jwarizmi, término que con el tiempo degeneraría en "algorismo" para convertirse finalmente en "algoritmo".

Si algoritmo son los pasos para solucionar un problema, ¿desde cuándo crees que fueron utilizados?

____

____

____

Describe el algoritmo de alguna tarea que desarrollas cotidianamente:

____

Finalmente, ¿consideras que la formulación de algoritmos puede facilitarte la realización de alguna tarea? Explica por qué.

____

Actividad 5.5

Elabora el algoritmo que calcule el volumen de cualquier cilindro, dados su radio y altura.

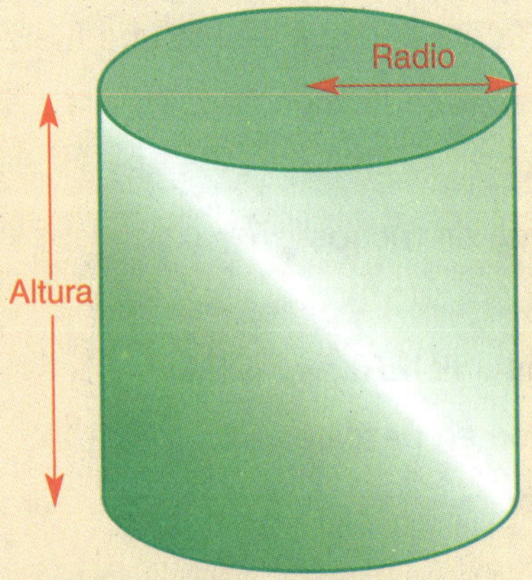

Fórmulas:
Área de la base = π x Radio^2
Volumen = Área de la base x Altura

1. Haz una presentación de PowerPoint que incluya lo siguiente:
   - **a)** Diapositiva 1. Portada relativa al tema.
   - **b)** Diapositiva 2. Análisis del problema (copia la figura y las fórmulas).
   - **c)** Diapositiva 3. Elabora la solución en seudocódigo.
   - **d)** Diapositiva 4. Elabora la solución mediante un diagrama de flujo.
2. Guarda el archivo con el nombre **Volumen de un cilindro.ppt**.

Estructuras de programación

Llamadas también estructuras de control, representan la manera de dirigir el flujo de acciones encaminadas a la solución de problemas, de manera ordenada; es decir, bien estructurada. Las estructuras de programación tienen la función de facilitar la comprensión de un problema y evitar los errores en la programación.

Estructuras secuenciales

Los programas, cuando están correctamente estructurados, son necesariamente secuenciales. El flujo de procesamiento de los datos se lleva a cabo de manera ordenada y disciplinada. Se van procesando los datos en forma secuencial, paso por paso.

Se aplican en la solución de problemas sencillos con la siguiente secuencia:

1. Captura de datos
2. Proceso de datos
3. Impresión de resultados

en los cuales las instrucciones se ejecutan linealmente en el orden en que fueron escritas.

Diagrama de flujo

Seudocódigo

INICIO	
Escribe	"Explicación de la interfaz"
Escribe	"Nombre de los DATOS 1 a n"
Captura	DATO1, DATO2...DATOn
Fórmula	FÓRMULA
Escribe	"La respuesta es:"
Imprime	RESULTADO
FIN	

Actividad 5.6

1. Elabora un diagrama de flujo secuencial que describa el algoritmo que desarrollaste en el apartado **1** de la **Actividad 5.1**.

a) Inicia una sesión de Excel.

b) En la **Hoja1** dibuja el diagrama de flujo utilizando la barra de herramientas **Dibujo**.

c) Incluye el título **Cómo crear un párrafo de texto en Word**, con la herramienta WordArt.

d) Guarda el archivo con el nombre **Párrafo de texto en Word.xls**.

Actividad 5.7

1. Elabora en seudocódigo el algoritmo que desarrollaste en el apartado **2** de la **Actividad 5.1**.

a) Inicia una sesión de Word.

b) Escribe el programa en seudocódigo.

c) Incluye el título **Cómo guardar un archivo de Word**, con la herramienta WordArt.

d) Guarda el archivo con el nombre **Guardar archivo de Word.doc**.

Estructuras de decisión o selección

La estructura secuencial, a veces no es suficiente para llevar a cabo el procesamiento desde el principio hasta la obtención de resultados, y es necesario tomar decisiones para saber hacia dónde deberá continuar el proceso del programa.

Se utilizan en la solución de problemas donde se establece una condición. El programa evalúa la condición mediante los operadores lógicos y determina: si es verdadera, realiza la rutina A, si no, ejecuta la rutina B.

SI Condición verdadera, ENTONCES Rutina A, SI NO Rutina B

Diagrama de flujo

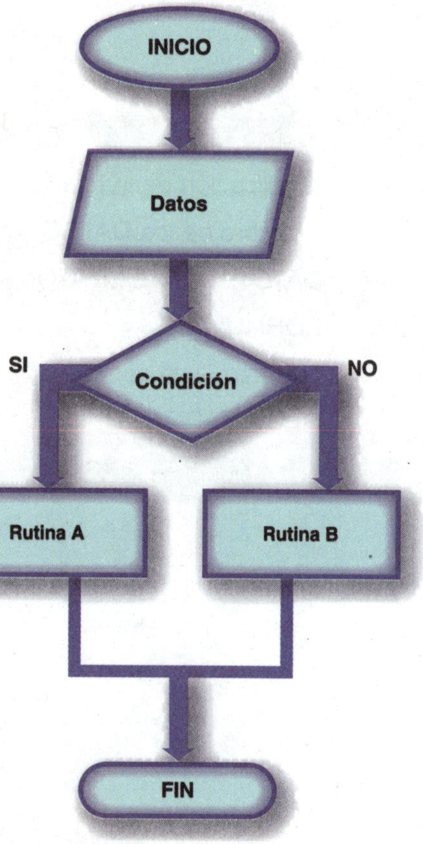

Seudocódigo

INICIO	
Escribe	"Explicación de la interfaz"
Escribe	"Nombre de los DATOS 1 a n"
Captura	DATO1, DATO2...DATOn
Condición	SI (Operación de relación)
	ENTONCES Rutina A
	SI NO Rutina B
FIN	

Actividad 5.8

Elabora un diagrama de flujo que describa gráficamente el siguiente algoritmo, utilizando una estructura de decisión.

1. José consulta todos los días su horario de clases a las 10:00 A.M. para saber si entra a clase de biología o al laboratorio de física.
2. Los lunes, miércoles y viernes tiene biología y los martes y jueves va al laboratorio de física.
3. En la primera diapositiva de una presentación de PowerPoint dibuja el diagrama.
4. Incluye el título **¿A qué clase entro?**, con la herramienta WordArt.
5. Guarda el archivo con el nombre **Decisión _01.ppt**.

Estructura de repetición o iteración

Otras veces, se hace necesario repetir en múltiples ocasiones una rutina o secuencia de instrucciones, hasta cumplir con una condición establecida. La condición arroja sólo dos valores como resultado: Verdadero *(True)* o Falso *(False)*. Dependiendo de ellos, el flujo del programa se desvía hacia una u otra ramificación o camino.

Esta estructura se emplea en la solución de problemas que realizan una misma tarea varias veces, con la salvedad de que en cada ***ciclo*** utiliza datos diferentes. Se requiere una variable que controle el ciclo. La estructura es:

VC = V_i hasta V_f

.

.

Rutina

.

Termina el ciclo

Se conocen dos tipos de estructuras de repetición:

Estructuras de Ciclos predefinidos. Cuando se conoce previamente el número de repeticiones que debe realizar la rutina.

Diagrama de flujo

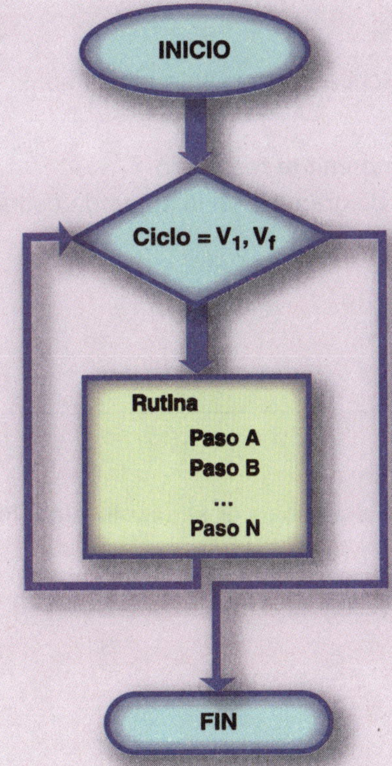

Seudocódigo

INICIO	
Escribe	"Explicación de la interfaz"
Ciclo	A = V_i, V_f
Rutina	Paso A
	Paso B
	...
	Paso N
FIN	

Ciclo: Repetición controlada de un bloque de instrucciones. Es conveniente prever el término de la iteración mediante una condición o comparación de valores para evitar ciclos infinitos.

Estructuras de Ciclos condicionados. Cuando el número de repeticiones depende de una condición que se evalúa en cada ciclo.

Diagrama de flujo

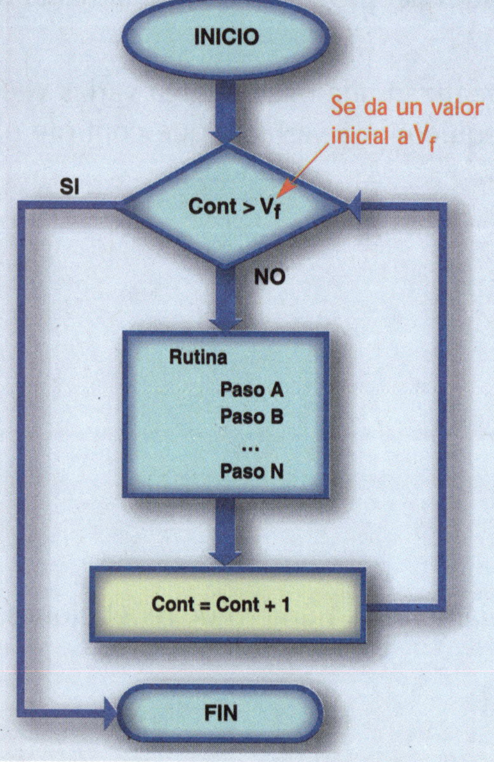

Seudocódigo

INICIO	
Escribe	"Explicación de la interfaz"
Ciclo	SI **Cont** > V_f
Rutina	Paso A Paso B ... Paso N
Contador	**Cont = Cont + 1**
	Regresa a evaluar la condición
FIN	

Actividad 5.9

Elabora un diagrama de flujo y su representación en seudocódigo, que describan el siguiente algoritmo, utilizando una estructura de repetición.

1. Dados los números 1 al 30, sumar todos aquellos que sean pares e imprimir el resultado.
2. En la primera diapositiva de una presentación de PowerPoint dibuja el diagrama y en la segunda escribe el programa en seudocódigo.
3. Incluye el título **Suma de números pares**, con la herramienta WordArt.
4. Guarda el archivo con el nombre **Suma pares.ppt**.
5. Contesta lo siguiente: ¿de qué tipo de estructura de repetición se trata?

____

Actividad 5.10

Elabora un diagrama de flujo y su representación en seudocódigo, que describan el siguiente algoritmo, utilizando una estructura de decisión.

1. Arroja 20 veces una moneda al aire y ve registrando (imprimiendo) cuántas veces cae la moneda en cara y cuántas en reverso.
2. Detén el ciclo en el evento número 20.
3. Imprime el número de veces para cara y el número para reverso.
4. Finaliza el programa.
5. Realiza el diagrama y el seudocódigo en un documento de Word con el título Cara o Cruz.
6. Guarda el archivo con el nombre **Cara o cruz.doc**.
7. Contesta lo siguiente: ¿de qué tipo de estructura de repetición se trata?

____

5.3 Solución de problemas con computadora

Existen muchas aplicaciones de desarrollo con las cuales podrías crear tus propios programas y resolver problemas utilizando la computadora. Dependiendo de tu campo de acción, puedes aprender a programar en el lenguaje de programación apropiado.

Metodología para la solución de problemas

Los pasos sistemáticos que debe tener en cuenta el programador para resolver problemas en la computadora son:

- **Identificar el problema a resolver**
- **Analizar el problema**
- **Diseñar la solución del problema**
- **Trasladar la solución a un lenguaje de programación**
- **Verificar la solución**
- **Entregar la interfaz de solución**

Nunca olvides estos sencillos pasos que te serán muy útiles siempre, aunque también deberás poner toda tu inventiva y crear el programa escrito en un lenguaje informático, que dé solución al problema planteado de una manera sencilla y fácil de entender por cualquier usuario de computadoras.

Actividad 5.11

Cómo enfrentar un reto.

1. Analiza los dibujos y relaciona cada viñeta con las palabras de abajo.

( ) ( ) ( ) ( ) ( )

1. Identifica el problema (reto)

2. Analiza el problema

3. Diseña la solución

4. Implementa la solución

5. Logra tu objetivo

Identificar el problema a resolver

En esta etapa se toma conciencia del problema, se le puede asignar un nombre como identificador, se analizan las limitaciones que se tienen y se define la herramienta informática que se va a utilizar para implantar la solución.

Tu profesora o profesor de biología te pide como tarea escolar para realizar en casa, un ensayo sobre el aparato auditivo humano. La identificación de tu problema o tarea a resolver se puede desglosar en los siguientes pasos:

1. ¿Qué problema tengo?
   Respuesta: Buscar información para hacer un ensayo sobre un tema de biología.
2. ¿Cómo identifico el problema?
   Respuesta: El nombre puede ser **Tarea 1 de biología** o **El oído**.
3. ¿Cuáles son mis limitaciones?
   Respuesta: No tengo en casa una enciclopedia, ni una enciclopedia virtual en la computadora.
   Solución: Puedo buscar información sobre el tema en Internet o acudir a una biblioteca.
4. ¿Qué herramienta informática puedo utilizar para resolver el problema?
   Respuesta: Word, Publisher o PowerPoint.

Actividad 5.12

1. ¿Qué nombre le darías al problema de resolver el modelo que calcula el volumen de cualquier cono circular recto?

   ____

2. ¿Qué herramienta informática, que conozcas, utilizarías para resolver el problema?

   ____

Volumen de un cono circular recto

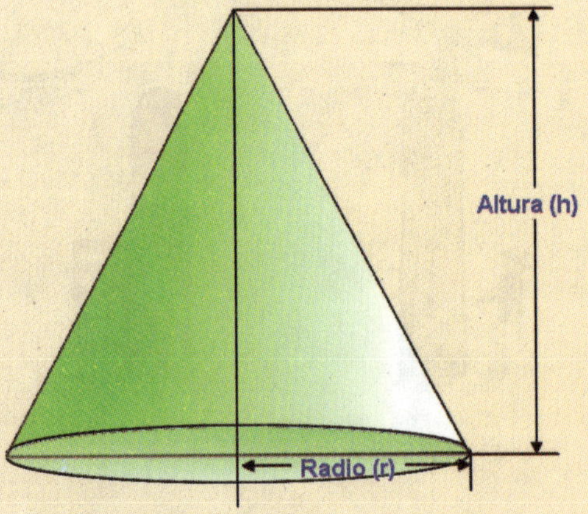

Ecuación:

$$V = \frac{\pi}{3} r^2 h$$

3. Inicia una sesión de Word y escribe los datos de la tabla:

Encabezado	Tus datos personales
Título (WordArt)	Nombre del algoritmo
Cuerpo del texto (Listado con viñetas)	Desarrollo del algoritmo Dibujo y ecuación Diagrama de flujo
Conclusiones	Escribe tus conclusiones

4. Guarda el documento con un nombre apropiado.

Analizar el problema

Se hace un estudio profundo del problema, se plantean varias posibles soluciones y se opta por la mejor. Algunas veces, para realizar el análisis se parte del final hacia el principio; es decir, primero se identifica el objetivo y después, se determinan los elementos que se requieren para alcanzarlo:

1. Define los datos que debe arrojar la solución del problema.
2. Se identifican todas las variables que participan en el problema.
3. Se crean los modelos que relacionan las variables y constantes del problema (los modelos pueden ser matemáticos).

Ejemplo:

Rutina que realiza la suma de dos números.

1. Nombre: Suma dos números.

2. Análisis:

¿Qué se busca?	Conocer el resultado de la suma de dos números.
¿Qué datos se necesitan?	Número 1 Número 2
¿Qué fórmula algebraica utilizar?	Suma = Número 1 + Número 2
¿Qué variables se deben definir?	NUM1 para guardar el Número 1 NUM2 para guardar el Número 2 SUM para guardar el resultado de la suma
¿Cuál es la fórmula informática?	SUM=NUM1+NUM2

Actividad 5.13

1. Realiza el análisis para diseñar el modelo que calcule la velocidad de un automóvil que recorre un trayecto, en un lapso de tiempo.

¿Qué se busca?	
¿Qué datos se necesitan?	
¿Qué fórmula algebraica utilizar?	
¿Qué variables se deben definir?	
¿Cuál es la fórmula informática?	

Diseñar la solución del problema

Una vez realizado el análisis del problema, el siguiente paso consiste en diseñar el algoritmo que dé solución al problema. Recuerda que los algoritmos se pueden representar con un diagrama de flujo y en seudocódigo.

Diagrama de flujo y programa en seudocódigo que resuelven el problema de sumar dos números.

Diagrama de flujo

Seudocódigo

INICIO	
Escribe	"Conocer el resultado de la suma de dos números"
Escribe	"Números a sumar"
Captura	NUM1, NUM2
Fórmula	SUM=NUM1+NUM2
Escribe	"El resultado de la suma es:"
Imprime	SUM
FIN	

Actividad 5.14

1. Realiza el análisis para diseñar el modelo que pregunte el nombre de un alumno y calcule su calificación promedio, conociendo los datos de calificaciones de las materias: español (o lengua), matemáticas, historia, geografía y biología.

   a) ¿Qué nombre le pondrías al procedimiento?

   ____

   b) Llena los datos de la tabla

¿Qué se busca?	
¿Qué datos se necesitan?	
¿Qué fórmula algebraica utilizar?	
¿Qué variables se deben definir?	
¿Cuál es la fórmula informática?	

Actividad 5.15

1. Diseña el algoritmo para resolver la **Actividad 5.14**, dibujando un diagrama de flujo y escribiendo el programa en seudocódigo.

Diagrama de flujo

Seudocódigo

Trasladar la solución a un lenguaje de programación

Se conoce como etapa de programación porque consiste en traducir el algoritmo a un lenguaje informático, respetando su estructura y su sintaxis.

Los programas que se generan con un lenguaje de programación deben tener las siguientes características:

- Conjunto de instrucciones que entiende la computadora, escritas con un lenguaje de programación.
- Deben ser claros y documentados para que los entienda cualquier persona.
- Se ejecutan en una computadora.
- Realizan tareas específicas.

Verificar la solución

Es la prueba exhaustiva del programa desarrollado, para eliminar todos los errores que pudiera tener. Los resultados de las pruebas se comparan con soluciones conocidas del problema resuelto.

Verifica el algoritmo que calcula el área de cualquier triángulo, probando con datos enteros y positivos:

Prueba	La base mide	La altura mide	Fórmula	Operación	Resultado
1	5	4	= (BASE * ALTURA) / 2	(5 * 4) / 2 =	10
2	2	6	= (BASE * ALTURA) / 2	(2 * 6) / 2 =	6
3	8	8	= (BASE * ALTURA) / 2	(8 * 8) / 2 =	32

Actividad 5.16

Verifica la solución del algoritmo que calcula el área y el volumen de cualquier esfera.

1. Inicia una sesión de Word.
2. En el encabezado escribe tus datos generales.
3. Escribe el título **Algoritmo que calcula el área y volumen de una esfera**.

4. Escribe la definición de esfera.
5. Dibuja una esfera indicando su radio.
6. Inserta una tabla de 4 filas y 5 columnas.
7. Coloca el encabezado de la prueba en la fila 1.
8. Realiza tres pruebas del algoritmo.
9. Da una presentación agradable al documento.
10. Guarda el documento con el nombre **Esfera.doc**.

Entregar la interfaz de solución

Los programas son realizados por desarrolladores, pero la finalidad es que los utilice cualquier usuario de computadoras para sus funciones específicas. Por eso, una vez que has concluido todo el procedimiento, hay que entregar la interfaz a otros usuarios para que ellos sean quienes hagan las pruebas finales.

Actividades complementarias

Actividad 5.17

1. Realiza un algoritmo que calcule el promedio de calificaciones de un alumno y lo compare con 9.5.
2. Si el promedio es igual o mayor que 9.5, el alumno es apto para participar en las Olimpiadas Escolares del Conocimiento.
   a) ¿Qué nombre le pondrías al procedimiento?

____

Actividad 5.18

1. Llena los datos de la tabla para el algoritmo anterior

¿Qué se busca?	
¿Qué datos se necesitan?	
¿Qué fórmula algebraica utilizar?	
¿Qué variables se deben definir?	
¿Cuál es la fórmula informática?	

2. Por último, dibuja un diagrama de flujo y escribe el programa en seudocódigo.
3. Guarda el archivo con un nombre apropiado como **Olimpiadas Escolares del Conocimiento**.

Actividad 5.19

Elabora el análisis y diseña el algoritmo que calcule e imprima el cuadrado y el cubo de todos los números enteros que se encuentren dentro de un intervalo definido por el usuario.

1. Inicia una sesión de PowerPoint.
2. En la diapositiva 1 diseña una portada.
3. En la diapositiva 2 realiza el análisis del problema.
4. En la diapositiva 3 escribe el seudocódigo.
5. En la diapositiva 4 dibuja el diagrama de flujo.
6. Da un formato agradable a la presentación.

7. Guarda el archivo con el nombre **Potencia cuadrada y cúbica**.

8. Presenta ante el grupo la solución que diste al problema.

Actividad 5.20

Realiza el análisis y diseña el algoritmo que calcule la solución de cualquier ecuación de la forma: Ax + B = C.

1. Llena los datos de la tabla para el algoritmo anterior

¿Qué se busca?	
¿Qué datos se necesitan?	
¿Qué fórmula algebraica utilizar?	
¿Qué variables se deben definir?	
¿Cuál es la fórmula informática?	

2. Inicia una sesión de PowerPoint.

3. En la diapositiva 1 diseña una portada.

4. En la diapositiva 2 realiza el análisis.

5. En la diapositiva 3 escribe el seudocódigo.

6. En la diapositiva 4 dibuja el diagrama de flujo.

7. Da un formato agradable a la presentación.

8. Guarda el archivo con el nombre Solución de ecuaciones.ppt.

9. Presenta ante el grupo la solución que diste al problema.

5.4 Reafirmación del aprendizaje

1. Define con tus propias palabras lo que es programar.

____

____

____

2. Describe brevemente lo que es un algoritmo.

____

____

3. ¿Cuáles son las tres principales reglas a las que se sujetan los lenguajes de programación?

____

____

____

4. ¿Cuántas generaciones de lenguajes de programación se conocen hasta ahora?

____

5. Realiza las siguientes operaciones, tomando en cuenta la jerarquía de los operadores aritméticos.

a) 7+(4*3)–6= ____________________

b) 3^2*2^3= ____________________

c) (6+3)*4/2= ____________________

d) 6+4*3= ____________________

e) 8/2*12–6^2= ____________________

6. Di qué función realizan los siguientes operadores de relación:

Operador	Función
=	
>=	
< >	
<	
<=	

7. Elabora un algoritmo con un diagrama de flujo y seudocódigo con los pasos lógicos que seguirías para cambiar un neumático a un automóvil.

8. Verifica la siguiente expresión: $y = 2x + 4$

Prueba	Si x vale	Entonces y vale
1	–5	
2	0	
3	5	

9. Analiza la expresión $y = 2x - 8$ y crea un algoritmo que determine para qué valores enteros de x dentro del intervalo $0 \geq x \geq 10$, y tiene un valor positivo.

10. Crea un algoritmo que permita convertir grados Fahrenheit a Celsius.

a) Hazlo en una presentación de PowerPoint.

b) Dibuja un diagrama de flujo y escribe el programa en seudocódigo.

c) Guarda el archivo con el nombre **Conversión de grados.ppt**.

Apéndice A Virus y Antivirus

A.1 Virus informáticos

Los virus informáticos son sólo programas; es decir, secuencias de instrucciones que realizan funciones específicas al ejecutarse en una computadora. Están escritos generalmente en lenguaje de máquina o en ensamblador, y algunas veces en un lenguaje de alto nivel como **C++**, **Turbo Pascal o Visual Basic**, por lo que se deduce que están hechos por programadores expertos.

Un virus informático es todo aquel código de programa que al ejecutarse altera el correcto funcionamiento del sistema y puede destruir programas o datos sin autorización ni conocimiento del usuario. Son programas que de manera automática hacen copias de su propio código para introducirlas en otras aplicaciones o en algunos sitios de las unidades de almacenamiento de la computadora.

NOTA

Los virus informáticos casi siempre son introducidos en las computadoras a través de **copias ilegales** o **piratas** de programas de juegos o aplicaciones. En la actualidad, otra forma de adquirir virus informáticos es a través de Internet; ya sea bajando programas infectados a tu computadora, o mediante mensajes de correo electrónico que incluyen archivos adjuntos con virus.

Figura A.1 Las copias piratas de programas de aplicación y juegos, pueden ser fuente de infección de virus.

Características de los virus

Estos programas tienen algunas características especiales:

1. Son muy pequeños (en muy pocas líneas de código contienen instrucciones, parámetros, contadores, etcétera.
2. Casi nunca incluyen el nombre del autor, ni el registro o copyright, ni la fecha de creación.
3. Se reproducen a sí mismos y toman el control de la computadora o modifican otros programas.
4. Se auto reproducen en los discos, o en programas ejecutables y de sistema.
5. Existen virus para casi todas las plataformas de computadoras: UNIX, Windows, LINUX, Macintosh, Amiga, etcétera.
6. Algunos sólo producen molestias al usuario y otros causan graves daños a los datos almacenados en el disco duro de la computadora.

Cómo funcionan los virus

Los virus informáticos tienen muchas formas de operar. Algunos se ejecutan como cualquier programa normal y se instalan en la memoria convencional o RAM. Permanecen ahí mientras se mantenga encendida la computadora. También se produce una infección cuando se ejecuta un programa infectado, que llegó como archivo adjunto en un correo electrónico.

Hay virus que esperan una determinada fecha u hora, o la ejecución de alguna orden o comando para activarse, como el **Miguel Ángel**, que iniciaba su acción destructiva (borrar la FAT), cuando detecta que el reloj de la computadora indica el 6 de marzo de cualquier año.

Figura A.2 El virus **Miguel Ángel** borra la FAT los días 6 de marzo de cualquier año.

Clasificación de los virus informáticos

Los virus informáticos pueden clasificarse, según el área del disco donde se alojan o infectan:

- **Infectores del área de carga inicial**. Infectan disquetes o el disco duro, alojándose en el área de carga o sector cero. Al programa de carga lo envían a otro sector del disco. Toman el control de la computadora desde el momento del encendido.
- **Infectores de sistema**. Se introducen en los programas de sistema y se cargan a la memoria cada vez que se inicia el sistema.
- **Infectores de programas ejecutables**. Insertan su código en los programas ejecutables con extensiones **.com**, **.exe**, **.ovl**, **.dll**, etcétera. Son los más peligrosos porque se diseminan fácilmente en los archivos ejecutables como hojas de cálculo, juegos, procesadores de texto y otros. De esta manera, cada vez que se ejecuta uno de estos programas infectados, se infectan todos los programas que se utilicen en esa sesión.

Otra clasificación basada en su forma de ataque es:

- **Caballos de Troya**. Se introducen al sistema bajo una apariencia diferente a la de su objetivo final. El virus **Maddona**, por ejemplo, presentaba una imagen en la pantalla de la famosa cantante bailando alegremente, mientras el disco duro era formateado.

- **Bombas de tiempo**. Se ocultan en la memoria o en ciertas áreas de los discos y en un día u hora determinada, desencadenan una serie de actividades, generalmente dañinas para la computadora.
- **Autorreplicables**. Son los virus que realizan las funciones más parecidas a los virus biológicos, ya que se auto reproducen e infectan los programas ejecutables que encuentran en el disco.
- **Esquemas de protección**. Aunque no son propiamente virus destructivos, son dañinos porque se activan cuando se ha copiado o se intenta copiar un programa que está protegido contra copia. Ello obliga al usuario a comprar el programa original si quiere seguir utilizando la información que creó con la copia pirata.
- **Gusanos**. Programas que se reproducen a sí mismos y no requieren de un programa anfitrión ejecutable. Se arrastran literalmente por las áreas de la memoria de la computadora o a través de las redes. Borran los datos de las áreas de memoria que ocupan y producen fallas en los programas que se están ejecutando, y pérdida de datos.
- **Mutantes**. Se ocultan y engañan a los antivirus. Cambian su código utilizando esquemas de ***encriptación*** o ***codificación***.
- **Macrovirus**. Son ***macroinstrucciones*** de programas como Word, Excel o PowerPoint, que se reproducen en el sistema al abrir un archivo infectado.
- **De correo electrónico o Internet**. Estos virus generalmente llegan a las computadoras como archivos adjuntos a los mensajes de correo electrónico, o al transferir archivos desde una computadora remota, utilizando el protocolo FTP.

Lee y deduce

Un caso típico de ética

Quienes desarrollan los virus informáticos tienen que ser programadores expertos, de otra manera carecerían de las herramientas para desarrollarlos. Este dato es importante, porque sus conocimientos y habilidades también les permitirían crear programas útiles, que ayudarán a personas de todo el mundo a resolver problemas específicos, como lo hace la mayoría de los programadores.

Este caso ilustra la importancia de la ética en el mundo de la informática. Es obvio que debe haber un código de ética entre los usuarios y los desarrolladores de sistemas informáticos.

El ejemplo más claro de este tipo de código es el de los médicos. ¿Imaginas a un médico que decidiera esparcir un virus mortal entre sus pacientes? ¿O a un investigador que decidiera usar sus conocimientos para desarrollar nuevos virus que produjeran enfermedades para las que no hay cura?

Imagina, ahora, que te encargan a ti aportar ideas para crear este código de ética, que no sólo se aplicaría a los creadores de virus sino a todos los usuarios y desarrolladores de sistemas informáticos. Escribe abajo algunas de estas ideas. Sigue para ello los ejemplos.

1. No distribuir ni vender copias ilegales (piratas) de programas.
2. No utilizar las direcciones de correo electrónico para enviar mensajes ofensivos.
3. ____________________
4. ____________________
5. ____________________
6. ____________________

Encriptación: Modificación de un mensaje de texto, con el fin de que sólo pueda descifrarse utilizando una clave.

Macroinstrucciones. Se conocen como macros. Una macro registra una serie de tecleos, comandos y funciones, y la reproduce en el mismo orden cuantas veces sea necesario.

Entre los virus más conocidos en todo el mundo se encuentran los siguientes:

- **AirCop**. Virus del sector de arranque. Se originó en Taiwan. Al activarse despliega el mensaje *Red State, Germ Offensive. AIRCOP.*
- **Jerusalén**. Es un virus que infecta archivos ejecutables. También se le conoce como Viernes 13. Este nombre se debe al día en que se activa (la fecha coincide con el 13 de mayo de 1998, 40 aniversario del último día de Palestina como nación).
- **Miguel Angel**. Se descubrió en abril de 1991. Es del tipo de los infectores del sector de carga. Al encenderse la computadora infectada, lo primero que hace el virus es verificar si la fecha que indica el sistema es 6 de marzo. (Ésta es la fecha de nacimiento de **Miguel Angel Buonarroti**, el famoso escultor, arquitecto y pintor italiano del Renacimiento). Si es la fecha, procede a borrar todos los datos de la ***tabla de asignación de archivos*** (File Allocation Table, FAT). Esto hace que se pierda toda la información del disco.
- **Natas**. Se cree que es un virus originario de México, aunque nunca se ha comprobado. Esparce su código por diferentes lugares del disco duro y luego se integra para producir daños. Utiliza esquemas de encriptación y cambia de forma para evitar ser detectado por algún ***antivirus***.
- **Paquistán**. Este virus fue creado por dos hermanos de Lahore, Paquistán. Su intención era infectar las computadoras de quienes copiaban uno de sus programas sin pagar los derechos correspondientes. Se difundió con rapidez por todo el mundo con el nombre de Brain (Cerebro).
- **Stoned**. Es uno de los virus más conocidos en todo el mundo. Gracias a su sencillo código, ha dado lugar a gran cantidad de variantes. Entre éstas se encuentran *No int, Hemp, New-Zeland, Marijuana, San Diego, Stoned II* y muchos más.
- **Vienna**. Es uno de los virus que se multiplica con mayor rapidez, porque existe una gran cantidad de familias y variantes de su código.
- **Virus de la galletita**. Se cuenta que las computadoras DECsystem 10 se contagiaron hace muchos años con un virus muy extraño. Al activarse, el virus mostraba el mensaje *I Want a Cookie!* (¡Quiero una galletita!). El pequeño personaje y el mensaje no se quitaban hasta que se tecleaba la palabra *cookie*. Luego se mostraba el mensaje *Burps*...
- **Virus de Turín o de la pelotita**. Este virus es uno de los primeros que se conocieron. Presenta una pelotita que rebota de un lado a otro de la pantalla de la computadora. No produce daños a la información.

Algunos de los virus más recientes que se distribuyen por Internet son:

- **W32.Beagle.U@mm**. Gusano que se envía por correo electrónico sin un texto en el campo **Asunto**. Contiene un archivo adjunto que si se ejecuta abre un puerto de la computadora que permite el acceso a extraños a través de Internet. Infecta a los sistemas Windows 95, 98, Me, 2000 y XP, pero no afecta a Linux, Macintosh ni UNIX.
- **W32.Nimos.Worm**. Gusano de Internet que se dedica a recolectar contraseñas o passwords y los envía a su creador para utilizarlas con fines malignos. Se conoce también como W32/Nomis.worm y se distribuye mediante el correo electrónico.
- **W32.Netsky.B**. Gusano de Internet que mediante su propio servicio de correo electrónico, genera envíos masivos recolectando direcciones de los sitios de Internet. Guarda una copia de sí mismo en las carpetas de los discos duros que contienen indices de búsqueda de direcciones de correo. Cuando se ejecuta crea el archivo AdmSkynetJKIS003 que le permite ejecutarse en la memoria de la computadora infectada.

- **Love letter**. Virus hecho en Visual Basic Script que se propagó en forma masiva a través de mensajes de correo electrónico el viernes 4 de mayo del año 2000, mostrando un texto que decía **I love you**. Fue uno de los más grandes ataques de virus por Internet de los nuevos tiempos, ya que se cree que causó daños a la información de millones de computadoras de todo el mundo. Atacó directamente al Pentágono y a otros sistemas del ejército de Estados Unidos, causando pérdidas por más de 7 000 000 000 de dólares.
- **Worm_Klez.A**. Gusano capaz de infectar carpetas compartidas en una red. Se propaga mediante el correo electrónico. Aprovecha los "huecos" de seguridad de Internet Explorer y Outlook Express para entrar a las computadoras conectadas a Internet. Microsoft ha puesto en su página Web, "parches" para estas fallas, que permiten protegerse de estos tipos de virus.
- **I-Worm.Sircam.c**. Este Gusano de Internet cuyo origen se atribuye a México se ha escrito en Delphi y tiene cerca de 130K. Se distribuye mediante el correo electrónico y se reproduce a una gran velocidad, de tal manera, que en un solo día infectó a miles de usuarios de Internet, quienes vivieron una pesadilla al perder sus archivos y programas. El mensaje presenta los siguientes datos:

> **Asunto**: El mismo nombre que el archivo adjunto
> **Cuerpo del mensaje**: "Hola como estas ?"
> "Te mando este archivo para que me des tu punto de vista"
> o "Espero me puedas ayudar con el archivo que te mando"
> o "Espero te guste este archivo que te mando"
> o "Este es el archivo con la información que me pediste"
> "Nos vemos pronto, gracias."

En su código incluye el mensaje de derechos de autor:

[SirCam Version 1.0 Copyright © 2001 2rP Made in / Hecho en - Cuitzeo, Michoacan Mexico]

- **W32/Moe**. Pequeño Gusano que mide 6 031 bytes, con capacidad para infectar archivos ejecutables. Se propaga por correo electrónico, enviándose a sí mismo, a todas los contactos que encuentre en la libreta de direcciones, y a todas las direcciones de correo que localice dentro de los archivos con extensión .HTM o .HTML.
- **W32/Mylife.I**. Otro Gusano de correo electrónico que se propaga automáticamente a las direcciones que encuentra en la libreta de direcciones de Outlook, así como a las de MSN Messenger. Ha sido programado en Visual Basic y su tamaño es de 12 288 Bytes. Se ha comprimido con UPX.
- **CokeBoy**. Virus de macros de Word que infecta documentos de Word 97 hasta Word XP. Se envía automáticamente por correo electrónico a todas las entradas de la libreta de direcciones, con un mensaje adjunto, con un nombre que puede variar, con la palabra COKEBOY en el campo **Asunto**. En el cuerpo del mensaje se muestra el texto "A confidential document is for you... only for u!". Al activarse crea un archivo denominado coke4u.drv con el código del virus, y desactiva la protección de Office para ejecutar documentos con macros.
- **Code Red (Código Rojo)**. Se trata de un Gusano que se auto copia de máquina en máquina a través de las redes. Se considera que este virus ha sido uno de los más destructivos de los últimos tiempos, ya que reprodujo más de 250 000 copias de sí mismo en un solo día.

Tabla de asignación de archivos: Índice oculto que contiene información sobre la manera en que están guardados los archivos en las unidades de almacenamiento de un disco flexible o duro.

Antivirus: Programa que protege a la computadora de una posible infección por virus informáticos. En caso de que ya se haya producido ésta, elimina los virus de los discos.

A.2 Antivirus y medidas de protección

Desde la aparición de los primeros virus de las computadoras, también se creó una industria dedicada a tratar de erradicarlos. Los programas que se encargan de rastrear, detectar y eliminar los virus informáticos se conocen como **antivirus**.

La única manera de "matar" o desactivar a un virus informático es apagando la computadora. Esto es muy sencillo: el virus se encuentra en alguna parte del disco duro y se "carga" en la memoria cada vez que se enciende la computadora. Al apagarla el virus se desactiva, ya que se borra la memoria RAM, que es volátil.

Si se "carga" la computadora desde un disquete de sistema, libre de virus, se puede garantizar que el virus no se encuentra en la memoria, y revisar con un antivirus el disco duro y todas las unidades de almacenamiento, para buscar y eliminar los que pudieran existir.

Las 10 medidas de protección que no deben dejarse a un lado para evitar las infecciones de virus informáticos son:

1. No utilizar copias ilegales o piratas de los programas.
2. No olvidar disquetes en las unidades lectoras. Si el disquete está infectado, fácilmente se puede contagiar la computadora.
3. Crear respaldos o copias de seguridad de toda la información generada, diaria y semanalmente.
4. Contar con un programa antivirus, y actualizarlo constantemente.
5. Proteger los accesos a la red con claves (passwords).
6. Las escuelas que tengan sistemas computarizados deben establecer métodos de control para que sus alumnos no introduzcan disquetes de dudosa procedencia en sus computadoras.
7. Proteger contra escritura los disquetes que tengas que introducir a una computadora extraña.
8. No permitas que personas desconocidas introduzcan disquetes de dudosa procedencia en tu computadora.
9. No abrir todos los correos electrónicos que llegan, sobre todo cuando se desconoce su procedencia.
10. No "bajar" archivos de sitios Web desconocidos.

Apéndice B Componentes internos de la computadora

Desde los inicios de las microcomputadoras, allá por 1980, se ha considerado que una computadora se compone esencialmente de tres elementos básicos: ***CPU***, teclado y monitor. En la actualidad, gracias a la miniaturización de los componentes electrónicos y al avance de las nuevas tecnologías, una computadora "completa" debe tener CPU, teclado, ratón, monitor, bocinas o altoparlantes, micrófono, impresora, cámara Web y una conexión a Internet, mediante módem o a través de una red de área local.

El interior de una computadora te sorprenderá por la simpleza de su construcción, ya que debido a la estandarización, se construyen computadoras "para armar"; es decir, que cualquiera puede ensamblar, desensamblar o reparar, aún sin conocimientos técnicos o de ingeniería electrónica.

Los componentes exteriores llamados periféricos, se compran en conjunto o por separado y simplemente se conectan a la parte trasera del gabinete. En la parte interior del gabinete se encuentran los conectores de todas las partes de la computadora, y el microprocesador o cerebro del sistema.

CPU: Central Processing Unit o unidad central de procesamiento. Durante algún tiempo se consideró al gabinete de las computadoras como la CPU, porque ahí se aloja el microprocesador, pero la unidad central de proceso es propiamente el microprocesador que realiza todos los procesos de cálculo que se llevan a cabo en la computadora.

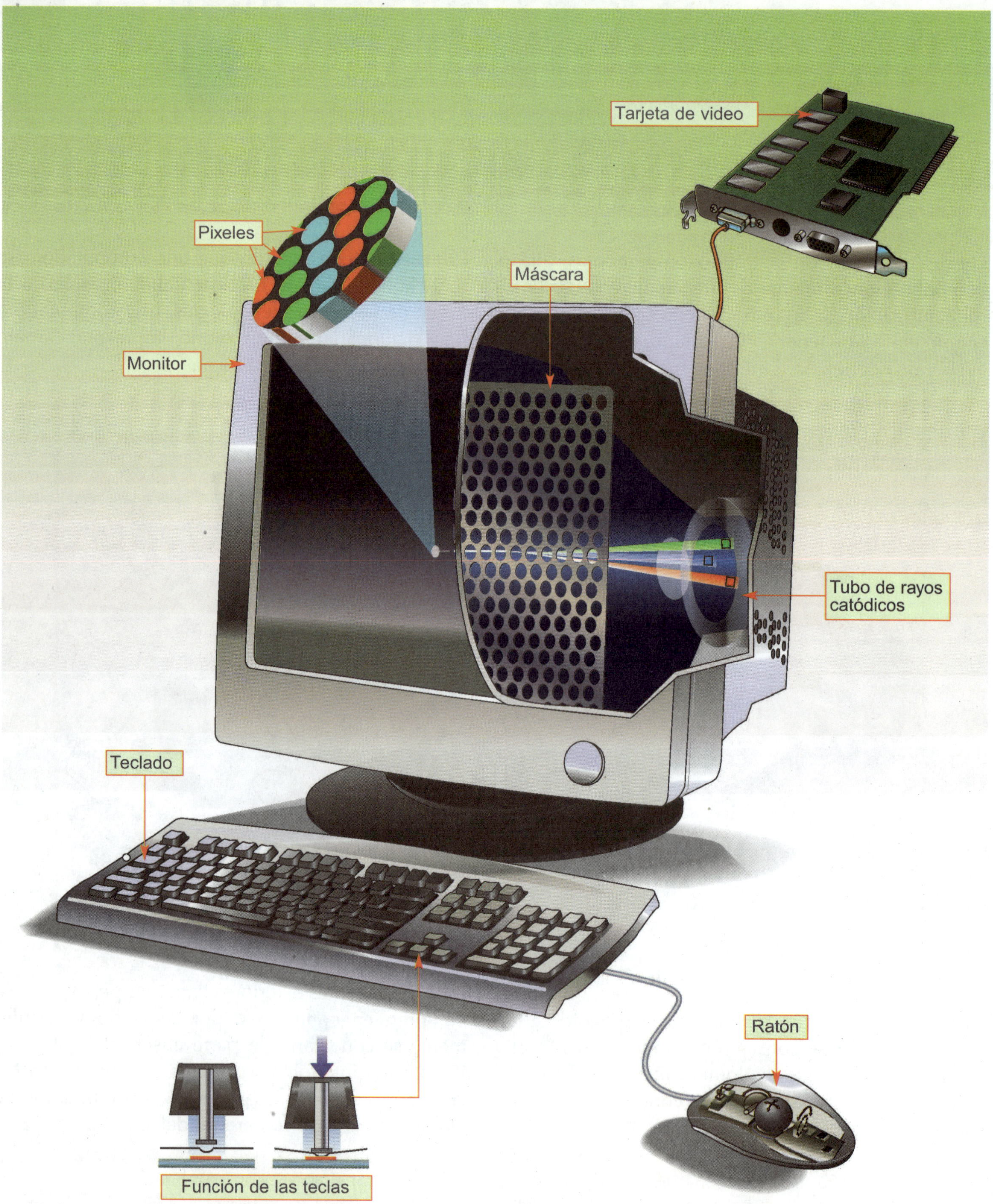
Tarjeta de video
Pixeles
Máscara
Monitor
Tubo de rayos catódicos
Teclado
Ratón
Función de las teclas

Dispositivos periféricos

Cuando surgen necesidades específicas, es necesario integrar un nuevo dispositivo a la computadora, ya sea externo o interno. Para extender estas nuevas funciones, es para lo que sirven las ranuras de expansión y los conectores, tales como puertos paralelos, seriales, USB y Firewall. Los principales dispositivos periféricos de entrada y salido son:

Monitor

Es el principal dispositivo de salida de información. Se conecta al procesador mediante la tarjeta adaptadora de video, que convierte la información procedente de la CPU a un formato usado por el monitor. La imagen de la computadora se forma al sensibilizar gran cantidad de puntos de imagen, llamados pixeles.

La calidad de los monitores se mide en función de la resolución (número de pixeles) que puedan desplegar: entre mayor sea el número de pixeles más nítida será la imagen. Los monitores más utilizados son los CRT (Catode Ray Tube) y los de cristal líquido o LCD (Liquid Crystal Display). Las calidades de los monitores son:

Tipo	Resolución
VGA (Video Graphics Array)	S640 x 480 píxeles.
SVGA (Super VGA)	800 x 600 píxeles.
UVGA (Ultra VGA)	1024 x 768 píxeles.
XGA (eXtended Graphics Array)	1024 x 768 y más píxeles.

Teclado

Es el dispositivo más utilizado para comunicarse con la computadora. La parte principal del teclado es similar al de una máquina de escribir, pues incluye el alfabeto y los números en una configuración conocida como QWERTY, por la disposición de las letras de la segunda línea superior izquierda.

El teclado se divide, básicamente, en cinco secciones:

- Sección alfanumérica.
- Sección numérica.
- Teclas de movimientos del cursor.
- Teclas de corrección de texto.
- Teclas de función.

Ratón

Dispositivo de entrada que permite introducir información gráfica. Dispone de dos botones pulsadores con los que se envía la información. Las operaciones que se realizan con el ratón son:

Acción	Efecto
Señalar	Colocar el apuntador o puntero sobre un objeto.
Pulsación	Seleccionar el objeto señalado.
Doble pulsación	Ejecutar la función del objeto señalado.
Arrastrar	Presionar el botón principal sobre un objeto y mantenerlo presionado, para cambiarlo de lugar.
Pulsar el botón secundario	Despliega un menú contextual con funciones básicas de la aplicación con la que se está trabajando.

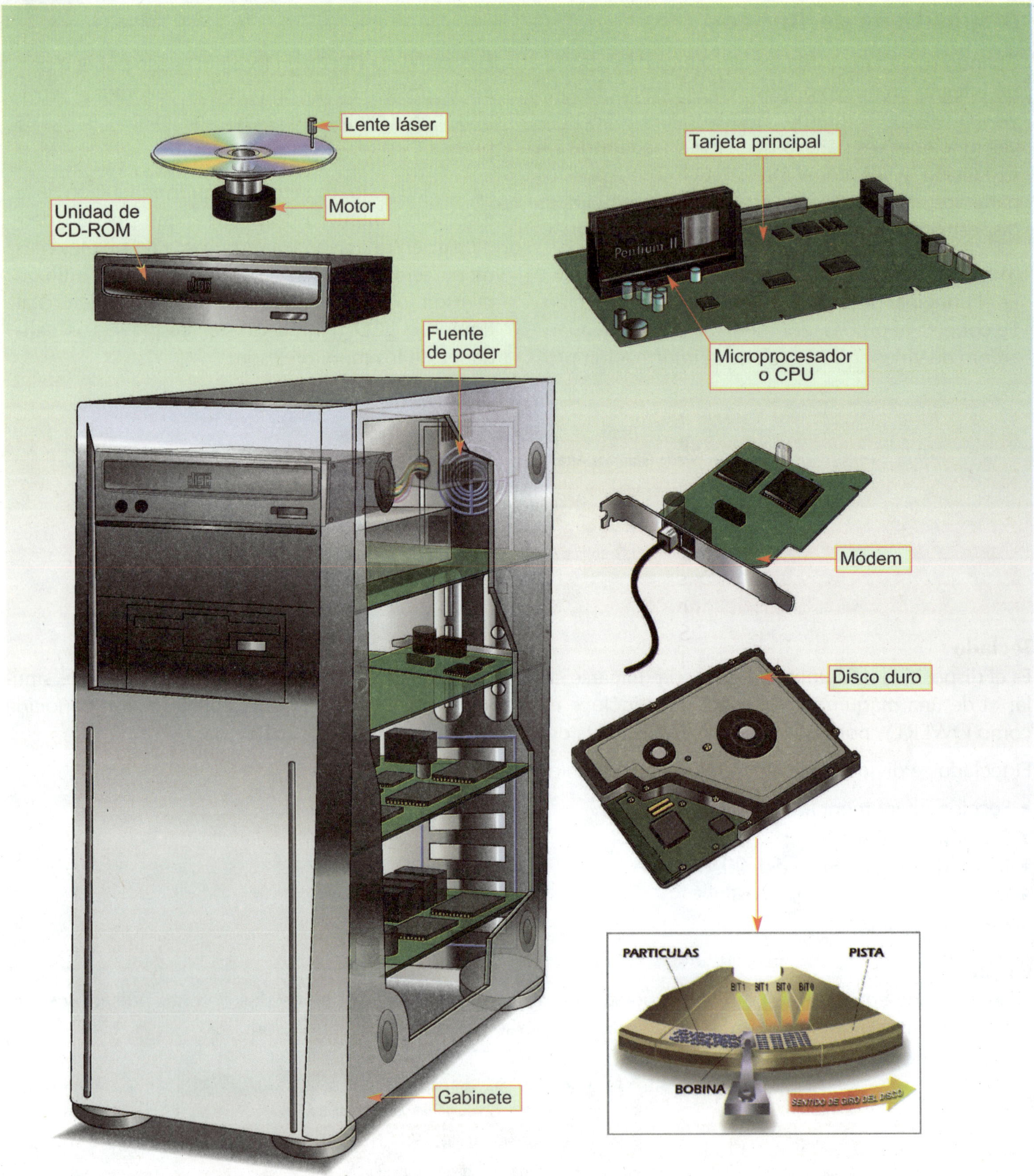

Lente láser
Tarjeta principal
Unidad de CD-ROM
Motor
Microprocesador o CPU
Fuente de poder
Módem
Disco duro
PARTICULAS
PISTA
BIT1 BIT1 BIT0 BIT0
BOBINA
SENTIDO DE GIRO DEL DISCO
Gabinete

Unidad central de procesamiento

El gabinete o carcasa contiene en su interior los componentes más importantes de la computadora. Además de la tarjeta principal o tarjeta madre y los circuitos, aloja a la fuente de poder, a las unidades de almacenamiento de datos y las tarjetas de sonido y video, entre otras.

La tarjeta madre está compuesta por circuitos integrados, denominados chips, o microprocesadores. Los ***circuitos integrados*** son pequeños módulos de silicio que contienen en su interior elementos electrónicos microscópicos: transistores, capacitores, conductores y resistencias.

Existen básicamente dos modelos de gabinetes: de *escritorio* y tipo *torre*. El primero de ellos se usa más en el hogar y el segundo en las empresas y oficinas.

Tarjeta madre

Placa base compuesta por varios circuitos integrados, a la que se conectan el microprocesador y los dispositivos periféricos.

Microprocesador

Circuito integrado que realiza todos los procesos de cálculo en la computadora. Existen varias empresas que se dedican a fabricar procesadores, la principal y más conocida es Intel. Sus partes principales son la unidad aritmética lógica y la de control.

Unidad aritmética y lógica. Es el conjunto de circuitos que realizan las operaciones aritméticas: suma, resta, multiplicación, división y funciones avanzadas, así como las funciones de comparación mayor que (>), menor que (<), igual que (=) y los operadoras lógicos (O), (Y) y (NO). Se conoce como ALU por las siglas en inglés de Arithmetic and Logic Unit.

Unidad de control. Es el conjunto de circuitos que coordina todas las actividades del proceso de instrucciones y datos, ejecuta las instrucciones del programa que se encuentra en uso en el momento y ordena a la ALU que efectúe las operaciones, comunicándose con todos los elementos del sistema.

Memoria

Los chips de memoria de las computadoras son los elementos que almacenan los datos y programas cuando trabajas con la computadora.

RAM. Memoria de acceso aleatorio (Random Access Memory). En ella se alojan temporalmente el sistema operativo, los programas y los datos para que puedan ser ejecutados por el microprocesador. La información almacenada en la memoria RAM se perderá al momento de apagar la computadora, ya que es volátil.

ROM. Conjunto de chips que contienen las instrucciones del procedimiento de encendido y configuración de la computadora. Se denomina memoria de sólo lectura por sus siglas en inglés: **R**ead **O**nly **M**emory. Al prender la computadora, se leen las instrucciones que controlan los procedimientos de inicio, que se encuentran grabadas en el BIOS (**B**asic **I**nput **O**utput **S**ystems).

Unidades de almacenamiento

Las unidades de almacenamiento como discos duros, lectoras y quemadores de CD-ROM y DVD, se conectan a la tarjeta principal y se instalan en el interior del gabinete, aunque existen algunas que se conectan fuera de la computadora, llamadas unidades exteriores.

Tarjetas de expansión

Los aditamentos de comunicación con equipos periféricos se conectan a las ranuras o puertos de expansión. Pueden ser módems, tarjetas de sonido, gráficas, de conexión a redes, etcétera.

Esta edición se terminó de imprimir en junio de 2005.
Publicada por ALFAOMEGA GRUPO EDITOR, S.A. de C.V.
Apartado Postal 73-267, 03311, México, D.F. La impresión
se realizó en IMPRESORA Y EDITORA XALCO S. A. de C.V.,
J.M. Martínez 301, Chalco Edo. de México C.P. 56600.